U0024995

探索臺灣原住民住家研究的出路

兼談博物館展示與部落文化的重建

主編

黃蘭翔

撰文

黃蘭翔　佐藤浩司　許勝發
吳金鏞　林建成

原住民族委員會原住民族文化發展中心
Indigenous Peoples Cultural Development Center

目　次

中心主任序⋯⋯⋯⋯⋯⋯⋯⋯⋯⋯⋯⋯⋯⋯⋯⋯⋯⋯⋯ vii

推薦序⋯⋯⋯⋯⋯⋯⋯⋯⋯⋯⋯⋯⋯⋯⋯⋯⋯⋯⋯⋯⋯⋯ ix

感想序文⋯⋯⋯⋯⋯⋯⋯⋯⋯⋯⋯⋯⋯⋯⋯⋯⋯⋯⋯⋯⋯ xiii

1 前言：研究臺灣原住民建築應有的視野⋯⋯⋯黃蘭翔　1

　1.1　古代中國南方的建築文化⋯⋯⋯⋯⋯⋯⋯⋯⋯　3

　1.2　東南亞的建築文化⋯⋯⋯⋯⋯⋯⋯⋯⋯⋯⋯⋯　8

　1.3　臺灣的原住民族建築⋯⋯⋯⋯⋯⋯⋯⋯⋯⋯⋯　13

　1.4　臺灣平埔族建築⋯⋯⋯⋯⋯⋯⋯⋯⋯⋯⋯⋯⋯　20

　1.5　本書收錄的文章⋯⋯⋯⋯⋯⋯⋯⋯⋯⋯⋯⋯⋯　26

　1.6　今後臺灣建築史研究的課題與方向⋯⋯⋯⋯⋯　29

2 理解臺灣原住民族住家的序言：印度尼西亞的木
造建築⋯⋯⋯⋯⋯⋯⋯⋯⋯⋯⋯⋯⋯⋯⋯⋯佐藤浩司　37

　2.1　序言⋯⋯⋯⋯⋯⋯⋯⋯⋯⋯⋯⋯⋯⋯⋯⋯⋯⋯　38

　2.2　試論印度尼西亞木造建築史⋯⋯⋯⋯⋯⋯⋯⋯　41

　2.3　印度尼西亞建築文化資產所面臨的危機⋯⋯⋯　76

　2.4　後記⋯⋯⋯⋯⋯⋯⋯⋯⋯⋯⋯⋯⋯⋯⋯⋯⋯⋯　88

3 排灣族望嘉舊社頭骨塚紀念碑的時代意涵探討⋯⋯⋯許勝發　103

　3.1　前言⋯⋯⋯⋯⋯⋯⋯⋯⋯⋯⋯⋯⋯⋯⋯⋯⋯　104

3.2 資料來源與書寫程序 ⋯⋯⋯⋯⋯⋯⋯⋯⋯⋯⋯⋯ 104

3.3 相關文獻 ⋯⋯⋯⋯⋯⋯⋯⋯⋯⋯⋯⋯⋯⋯⋯⋯⋯⋯ 105

3.4 人頭骨架的族群文化象徵意涵 ⋯⋯⋯⋯⋯⋯⋯⋯ 106

3.5 望嘉人頭骨架的歷史轉變 ⋯⋯⋯⋯⋯⋯⋯⋯⋯⋯ 113

3.6 時代意義 ⋯⋯⋯⋯⋯⋯⋯⋯⋯⋯⋯⋯⋯⋯⋯⋯⋯⋯ 127

3.7 結論 ⋯⋯⋯⋯⋯⋯⋯⋯⋯⋯⋯⋯⋯⋯⋯⋯⋯⋯⋯⋯ 129

4 臺灣都市原住民居住文化：溪洲部落參與式規劃
設計 ⋯⋯⋯⋯⋯⋯⋯⋯⋯⋯⋯⋯⋯⋯⋯⋯⋯ 吳金鏞 133

4.1 緣起：都市原住民的社會運動 ⋯⋯⋯⋯⋯⋯⋯⋯ 134

4.2 參與式規劃與設計的過程 ⋯⋯⋯⋯⋯⋯⋯⋯⋯⋯ 139

4.3 實踐都市原住民集體居住文化 ⋯⋯⋯⋯⋯⋯⋯⋯ 183

4.4 都市原住民研究初探 ⋯⋯⋯⋯⋯⋯⋯⋯⋯⋯⋯⋯ 188

5 耙梳臺灣新聞的報導回顧蘭嶼國宅興建的時代背
景與反思 ⋯⋯⋯⋯⋯⋯⋯⋯⋯⋯⋯⋯⋯⋯ 黃蘭翔 193

5.1 前言 ⋯⋯⋯⋯⋯⋯⋯⋯⋯⋯⋯⋯⋯⋯⋯⋯⋯⋯⋯ 194

5.2 達悟族意識的覺醒與反抗運動 ⋯⋯⋯⋯⋯⋯⋯⋯ 195

5.3 蘭嶼國民住宅興建的簡史 ⋯⋯⋯⋯⋯⋯⋯⋯⋯⋯ 203

5.4 興建國宅為何要拆除傳統舊房住屋 ⋯⋯⋯⋯⋯⋯ 211

5.5 榮民、軍方與受刑人的入駐對蘭嶼環境的衝擊 ⋯⋯ 228

5.6 代替結論兼論從被忽視到自我的存在 ⋯⋯⋯⋯⋯ 241

6 樂舞文化保存和重建：國立臺灣史前文化博物館
與 Taromak（達魯瑪克）的合作實例 ⋯⋯⋯⋯ 林建成 263

6.1 前言 ⋯⋯⋯⋯⋯⋯⋯⋯⋯⋯⋯⋯⋯⋯⋯⋯⋯⋯⋯ 264

6.2　從歌舞看部落生活……………………………………… 264

6.3　博物館樂舞展演實踐文化平權……………………… 267

6.4　近代 Taromak 部落文化復振………………………… 271

6.5　Taromak 部落的樂舞重建…………………………… 280

6.6　博物館進行 Taromak 部落文化調查………………… 285

6.7　Taromak 部落的樂舞文化展演……………………… 295

6.8　結語……………………………………………………… 305

7　代結論：以蘭嶼為例思考原住民族建築研究之可
能進路…………………………………………………黃蘭翔　311

7.1　從干闌構建築型態所見的蘭嶼建築………………… 313

7.2　從南島語族「海—山軸線」空間宇宙觀看蘭嶼建築 .. 323

7.3　足立崇的居住場所論：〈台湾ヤミ族における親柱
tomok と「住まう」こと〉………………………足立崇　330

編後語……………………………………………………………… 355

圖片來源………………………………………………………… 357

索引……………………………………………………………… 363

主編、作者與譯者簡歷………………………………………… 367

中心主任序

　　臺灣的原住民族研究很早就邁入了國際舞台。從20世紀初期，人類學、民族學與先史學、建築學各領域的學者們，以寬大視野對臺灣原住民族文化進行相關研究。最早由1916年人類學者鳥居龍藏關注臺灣原住民的研究，促使日本建構了日本文化人類學領域這門學問；失蹤於婆羅洲的鹿野忠雄，則是著力於探究臺灣原住民（蘭嶼）文化與東南亞文化脈絡的學者。建築史的專門領域，則有1936年日本學者千千岩助太郎於台灣所從事的各種族田野調查，及藤島亥治郎的《臺灣建築》、田中大作的《臺灣島建築之研究》等著書論述，皆將臺灣原住民族建築視爲台灣建築的重要成分。

　　進入21世紀之後，本書的主編與作者之一國立臺灣大學黃蘭翔教授，一方面繼承延續這樣的歷史傳統，另一方面也關注自20世紀末開始，南島語族文化圈的概念逐漸被介紹進入臺灣的新氣象。立基於這兩個思潮脈絡，從歷史的時間與地理的空間等寬廣角度，思考臺灣原住民住家的根源、現況與未來發展的方向，進而集結了目前第一線從事臺灣原住民家屋研究的學者，以實際的田野出發，建構獨自的理論性觀察，藉以理解原住民建築文化，合作完成了這本成果論文集。

　　本書首篇爲著名民族建築學者佐藤浩司教授的〈理解臺灣原住民族住家的序言：印度尼西亞的木造建築〉。佐藤氏從學生時代即已開始在範圍廣大、棲息繁多異民族的東南亞，從事實地的田野調查工作，

本文綜整其多年來採集的第一手田野資料，建構為東南亞多民族干欄式住家的理論性文章。許勝發教授著述〈排灣族望嘉舊社頭骨塚紀念碑的時代意涵〉一文，做為專研南臺灣排灣族傳統住家與聚落的學者，在千千岩助太郎的研究成果之上，提示出新的研究方向。吳金鏞博士則是長期關心從原鄉花蓮移民來臺北，聚集居住在新北市新店溪畔阿美族都市部落的學者，〈台灣都市原住民居住文化：溪洲部落參與式規劃設計〉一文，是他親身落實參與式規劃設計的研究積累。

　　黃蘭翔教授反省了1960年代至2000年前後，臺灣政府於蘭嶼所實施的「住宅改善政策」，撰寫為〈耙梳臺灣新聞的報導回顧蘭嶼國宅興建的時代背景與反思〉一文。林建成教授以〈樂舞文化保存和重建：國立臺灣史前文化博物館與Taromak（達魯瑪克）的合作實例〉一文，說明臺東的史前博物館，如何走在美術館與部落結合需求的時代尖端，回應自身發展與在地地域社會之間的緊密繫連，展現出博物館在文化保存與原住民族參與式展示的核心價值之一面。

　　最後，期許本書的編輯與出版，有助於臺灣原住民族傳統住家的研究與未來在新的住家進行規劃設計時，作為參考的材料。

原住民族委員會
原住民族文化發展中心

主任　曾智勇

推薦文

本書爲總編輯黃蘭翔老師（及其研究團隊）長年研究臺灣原住民住家的集大成，且爲一級作品。我相信，今後本書必定成爲臺灣原住民住家研究的經典文獻。

本書談起人類在地球上的擴散，將臺灣定位爲南島語族的原鄉。蒙古人種中，選中央路徑、經阿爾泰山脈至中國的集團，走向南中國海，渡海至臺灣，接著沿著島嶼南下。此族群，據白樂思（R. Blust）的語言系統分析，稱爲南島語族。因此，比對分析各民族的語彙，可回溯到以臺灣爲原鄉的南島祖語（原南島語）。南島語族分布範圍，東到復活節島，西至馬達加斯加島，幅度之廣橫跨經度210度，包含太平洋及印度洋、繞地球半周以上的海域。南島語族約在西元前三千年後開始擴散，即是進入農耕階段以後的事。在本書的基層，有著這樣俯瞰全球的視野。

南島語族的擴大始自臺灣，分爲高砂族各語及馬來-玻里尼西亞語，覆蓋菲律賓、婆羅、蘇拉威西；馬來-玻里尼西亞語再分兩股系統，一爲往西至爪哇、蘇門答臘、馬來半島，二爲往東至大洋洲。本書雖然稱爲臺灣原住民住家研究，但其視線不只向著臺灣原住民，而且必然地朝向中國南部、東南亞、甚至大洋洲。黃蘭翔老師曾經在中國建築史研究泰斗田中淡老師門下研究，因此他理所當然深諳中國傳統建築；加上東南亞傳統住家的部分，本書收錄長年聚焦田野現場調

查的佐藤浩司老師的研究，他以印尼木造建築爲主題的報告，讓本書內容在時空上更爲深遠與寬大。

　　觀看南島語族世界整體，干闌式建築的住家爲主流。梯子、抬高地板等語彙，在南島語族普遍可見。但在臺灣，也有地上建築（平地土間式）；在東南亞，受中國南部影響濃厚的越南沿海、爪哇、婆羅，欠缺干闌建築的傳統。南島祖語的語彙中，可見稻作栽培、雜穀、甘蔗、狗、豬、水牛、機織、獨木舟等單字，但（可能始自菲律賓北部的）馬來-玻里尼西亞語的語彙中，有芋頭、麵包樹、香蕉、山藥、西米、椰子等在南島祖語不見的單字。由此可見，南島語族的生活樣貌，憑藉著熱帶的根莖類及水果而產生變化。我期望本書會啓發關於東亞、東南亞住家建築的深入討論。

　　黃蘭翔老師的建築史、都市史研究，亦涵蓋來自中國的移民、荷蘭等西歐各國的影響，及日治時期等層次的議題。我又期待，近日黃蘭翔老師會成就這些主題的集大成之作。

　　（翻譯：岸野俊介）

日本大學特任教授

布野修司

推　薦　文

　　本書は、編者である黄蘭翔先生（を中心とする研究グループ）による長年にわたる台湾原住民住家研究の集大成であり、一級の作品である。今後の台湾原住民住家研究の基礎文献として必ず参照されるべき古典となる快著である。

　　本書は、人類の地球への拡散から説き起こされるが、台湾はオーストロネシア語族と呼ばれる言語グループの原郷とされる。モンゴロイドのうち中央ルートを抜けたグループ，すなわちアルタイ山脈を抜けて中国へ至ったグループの一部は，南シナ海に突き当たって台湾に渡った。そして，やがて島嶼を伝って南下していった。このグループが，R. ブラストによる言語の系統分析からオーストロネシア語族と呼ばれる。すなわち，各民族の語彙を比較分析すると，台湾を原郷とするオーストロネシア祖語（プロと・オーストロネシア語）にいきつくのである。東はイースター島，西はマダガスカル島まで，太平洋，インド洋の広大な，経度にして210度，地球半周を優に超える海域に広がっている。このオーストロネシア語族の拡散は，紀元前3000年頃以降である。すなわち，農耕発生以降である。本書に基底にあるのはこのグローバルな視野である。

　　オーストロネシア語族の拡大は，台湾に始まり，高砂族諸語とパラヨ＝ポリネシア語が分かれて，フィリピン，ボルネオ，スラウェシに及び，パラヨ＝ポリネシア語がさらに大きくは2つに分かれ，一方は西部

のジャワ，スマトラ，マレー半島に，他方は中東部（中部，東部）のオセアニアに及ぶ。台湾原住民住家研究というのであるが、台湾の原住民の住家のみならず、中国南部、東南アジア、さらにオセアニアに視野を広げるのは必然である。日本の中国建築史研究の大家である田中淡先生の下でも学ばれた黄蘭翔先生が中国の伝統的住居についての造詣に深いのは当然であるが、東南アジアの伝統的住居については、長年にわたってインテンシブなフィールドワークを展開してきた佐藤浩司先生の印度尼西亞的木造建築についての報告は本書の深度を増している。

　オーストロネシア世界全体をみると、高床式住居が支配的である。梯子とか、高い床とか、そうした言葉が共通に見られることがオーストロネシア語族に共通であるともされる。しかし、台湾には、地床（土間）式住居も見られる。東南アジアをみても、中国南部の影響を受けたヴェトナム南シナ海沿海部、ジャワ、そしてブル島は高床の伝統を欠いている。オーストロネシア祖語の語彙には，栽培イネ，雑穀，サトウキビ，イヌ，ブタ，水牛，機織，カヌーが見られるが、フィリピン北部起源の可能性があるマラヨ・ポリネシア語には，タロイモ，パンノキ，バナナ，ヤムイモ，サゴヤシ，ココナツなど，オーストロネシア祖語には見られない語彙が見られる。オーストロネシア族の生業が熱帯における根栽類や果物に依存するかたちに変化していったことが示される。本書をもとに、東アジア、東南アジアの伝統的住居をめぐる議論がさらに深められることを期待したい。

　黄蘭翔先生の建築史研究、都市史研究は、さらに中国から移民の層、オランダ島西欧諸国の影響、さらに日治時代の層にも及ぶ。それらについても、近いうちに集大成されることを切に期待したい。

日本大学特任教授

布野修司

感想序文

　　原住民族是臺灣研究的基礎，但是原住民空間議題卻很少有人深入研究，只有零星學者孤獨地在這條路上前行。一方面可能因為原住民空間研究需要大量田野工作，往往要投入龐大時間與精力，另一方面，原住民建築研究視野尚待開拓，需要建構全新的建築史研究領域。

　　從空間上可以看到與臺灣原住民住居相關的建築文化分布廣大，當前學術研究顯示臺灣原住民是亞洲南島語族與大洋洲族群的起源，是各方研究的重心。同時現實中，可以看到亞洲與大洋洲在世界的影響力日益增加。然而，位居影響力中心的臺灣，卻還沒有發展原住民研究的長期野心與動力。從建築文化的演變與發展，來分析臺灣原住民建築文化的地位，是重要的建築歷史研究課題；如果要研究亞洲的建築文化，那麼臺灣原住民的住家必定是其中重要一環。然而，臺灣原住民建築文化研究的價值被長期低估或忽略，也錯過了建構完整亞洲建築史視野的機會，實在是非常可惜。

　　這本書號召了臺灣少數長期投入原住民建築文化的學者專家，以開展研究議題的方式，展現了建築史從文化保存到現代展演空間、居住文化議題等研究成果。追溯臺灣原住民居住文化與住屋的歷史源頭，觀察演變與影響，可以看到在地建築文化對其他文化的影響力，這些都充滿潛力與進一步探究的價值。

　　然而，臺灣的現實中，具有歷史價值的建築研究對象日益凋零，

這同時關係著文化保存議題，與保存行動的未來策略。在了解臺灣原住民族建築史的價值後，也必須正視原住民在當代所面臨的社會經濟處境，以及城鄉住居問題。在臺灣位居劣勢的原住民，生活地位艱難，常常在田野工作中顯現出來，雖然與研究工作多半沒有直接相關，但是建築文化的根源始終來自於真實生活與行動，沒有了原住民族生活，留下來的也只是空盪盪的建築空殼而已。在當前臺灣仍留存了原住民集體聚居的文化，透過生活與自力營造，創造出多元多樣的住居形式與文化，值得進一步考察，並發掘其中的價值。現代社會空間中，公共生活貧乏；當代建築已無法回答的問題，也許在進一步追溯原住民營造空間的創意中，可得到意想不到的解答。

　　從追溯歷史、深究南島語族與亞洲其他地方關連的歷史研究，到串連語言傳播、生活住居演變等跨領域議題，及當代住宅問題的解決，需要更多研究者投入。跨領域與跨文化的臺灣原住民族建築史研究能量，正可以作為跨出臺灣的核心動力，創造機會與國際相關領域交流，成就臺灣本土研究的深度與廣度。臺灣原住民族文化的豐富與多元展現於建築空間上，這些研究成果不僅是自己的，同時也是亞洲的文化議題，將臺灣文化的影響力放大到別的區域。

國立臺灣大學藝術史研究所
專案助理研究員

吳 金 鏞

前　言

研究臺灣原住民建築應有的視野

黃 蘭 翔

國立臺灣大學藝術史研究所教授

我在日本留學期間，除了留意閩粵漢人移民臺灣後的傳統建築之外，也注意到在1990年代初期，語言人類學家，或是基因種族傳播學家指出南島語族（Austronesian）原鄉在臺灣之說盛行，（圖1.1, 1.2）因此受到啟發開始從廣域性觀點思考臺灣原住民族的建築文化之特質。回臺持續作一樣的思考與追尋。在1995年12月，參加中央研究院臺灣史研究所籌備處與臺灣大學歷史系合辦之「臺灣史研究回顧與專題研討會」，發表了〈回顧臺灣建築與都市史研究的幾個議題〉（簡稱〈回顧議題〉），會後這篇文章被收錄於1997年出版的《臺灣史研究百年與回顧研討會論文集》，[1] 也於2013年被收錄於拙著的《臺灣建築史之研究：原住民族與漢人建築》。[2] 於〈回顧議題〉文中觸及七個可以期待的臺灣建築與都市研究議題，包括了「臺灣原住民族建築」。後就原住民族建築文化發展中心，於1999年2月，參加中華海峽兩岸文化資產交流促

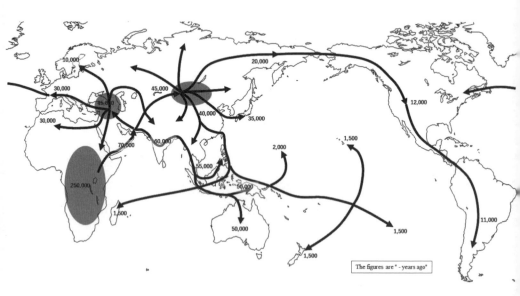

圖1.1　世界人類類移動史圖（Human migration）

進會主辦「傳統民居資產保存研討會」，發表了〈從廣域尺度對達悟建築幾項特質的初步思考〉（簡稱〈達悟建築〉），[3] 以及在2002年3月，於《新史學》雜誌，發表〈干闌構建築在北、東台灣原住民分佈的範圍及其脈絡關係之探討〉（簡稱〈臺灣干闌建築〉），[4] 持續深化這個議題。

1.1　古代中國南方的建築文化

　　要從廣域性看臺灣建築，就要看古中國南方，以及南島語族分布區域之一的東南亞的建築文化。在古代南中國的建築方面，戴裔煊於1948年著書《干闌——西南中國原始住宅的研究》，[5] 提出了古代中國與東南亞普遍分布干闌構形式的建築，該書受限於當時資料的缺乏，確實是花了不少心血的作品。後來在1963年，安志敏所撰著的〈「干闌」

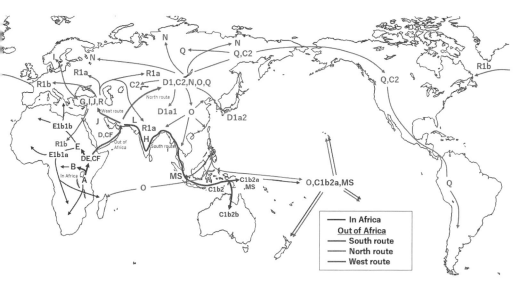

圖1.2　Y染色體單倍群傳播和種族

式建築的考古研究〉，[6] 該文加入了1949年以後的新資料，進行綜合性的論考，推翻了過去抱持先入為主觀念看古中國，實屬劃時代的作品。誠如安氏所言，這種建築形式並不一定限定在南方或西南地方，而是在長江流域及其以南地區，早在新石器時代就已經萌芽。

安氏指出了干欄式建築是古代（至少西漢以前）中國南方的建築主流樣式，而這干欄式建築擁有兩種主要特徵，抬高地板及長脊短簷屋頂。這種建築中有一著名的實際考古出土遺物，1959年由《雲南晉寧石寨山古墓群發掘報告》[7] 所披露的銅製貯貝器蓋子上的屋形銅器。（圖1.3）另外，於江西清江營盤里出土的陶屋也具有長脊短簷之特徵。進一步，中國建築史大家的田中淡在1981年，於日本建築學會的《建築雜誌》，登載了〈干欄式建築の傳統──中國古代建築史からみた日本〉。[8] 該文雖然不長，但卻受到日本建築學及民族學界極為重視，後來他將該文併入1980年於日本人文科學研究所《東方學報京都》所發表的，劃時代不朽之作〈先秦時代宮室建築序說〉之第三章「干欄式建築」，一起收錄於《中国建築史の研究》。[9] 後來，田中淡又與日本國立奈良文化財研究所淺川滋男等多人組織建築調查隊，對中國西南少數民族建築進行詳細的田野調查，在1990年發表的調查成果報告，[10] 田

圖1.3　雲南晉寧石寨山儀式場景銅製貯貝器屋形

圖1.4　廣西合浦西漢墓葬出土的銅屋

中淡進一步收集更完整的考古挖掘資料與中國古文獻,以〈中国の高床住居——その源流と展開〉為題,提出了對古代中國南方干闌式建築完整的論文。[11]

在考古出土文物及相關報告書方面,他蒐集了以浙江餘姚縣河姆渡遺址出土的木造建築遺址與建築部材,(圖1.5)以及浙江桐鄉縣羅家角出土有榫頭、榫眼的干闌構建築之木材構件[12]為主的遺址資料,(圖1.6)顯示其傳統之源遠流長。除了上述的考古遺址之外,於江蘇省吳江縣錢山漾、江蘇省丹陽縣香草河、江蘇省吳江縣梅堰的新石器時代後期的住宅遺址,檢驗出干闌構木柱列的遺跡。還有,於四川省成都市十二橋的殷代建築遺構,出土了大量的原木、角材、原竹、竹蓆建築構件。這個遺址隨著大、中、小的建築規模,其結構形式亦有所不同。若為大型建築有橫向材的地樑,上刻有榫孔眼,立上列柱;另一面,小型建築則用埋地柱,上架以原木,做成低矮的干闌式建築。關於前者建築有復原圖案,這個遺構令人感到興趣的不只同時存在干闌構與地樑型式的建築,也在理解過去討論干闌構建築之分佈地域擴及到廣大的範圍之意義上有重要角色。[13]

另外,時代雖然往下降,但是在過去發掘的雲南省劍川海門口的

圖1.5 浙江餘姚河姆渡「干闌」建築遺址出土部材

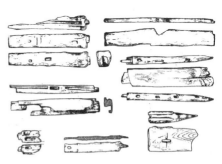

圖1.6 浙江桐鄉羅家角「干闌」建築遺址出土部材

金石並用時代的住宅遺址，也有柱子與橫樑構件的發現。還有，湖北省圻春毛家嘴的西周時代遺址，有直徑20公分，厚2–3公分的厚板，檢驗出規模相當大的干闌構建築遺構。[14] 時代再下，江蘇省六合縣的西漢時代的建築遺址，檢驗出有楠木的列柱，江蘇省揚州市東郊也發現了相同的遺址。

另外，亦發現了如剛才提及的雲南省石寨山西漢墓出土青銅器祭殿等之類的建築模型。最古的案例是雲南省祥雲縣大波那戰國時期墳墓出土的家屋型銅棺，似乎表現出附有短柱之低矮干闌構類型的建築。[15] 到了漢代以後，發掘了不少家屋型的明器。其中代表性的案例有廣西壯族自治區合浦西漢墓葬出土的銅屋，表現出正式鋪瓦屋頂的建築，地板是由板下短柱（緣束）所支撐，明顯的是干闌構件建築遺物。[16]（圖1.4）還有陶製的家屋型明器，表現干闌構建築的實例，首先有四川省成都市天迴山東漢時代，光和7年（184）左右，從摩崖墓所發現的懸山式樓房。[17] 這個建築模型上層大，地板下有4根角柱支撐，恐怕與今天在貴州或雲南等地的少數民族之干闌構建築型式同樣，上層為居住空間，下層穿透、畜養家畜或放置物品的，屬於空間一致的古老案例。其次是廣西壯族自治區貴縣東漢墓葬出土的陶屋，若依據報告書所述，屬於干闌構建築類型，下層是方型的畜圈（飼養家畜的圍圈），畜圈的背後的牆壁有出櫓，[18] 應該也是上層居住，下層家畜的空間組成古老的案例。

其他，漢代家屋型式的明器中，數量最多的是穀倉。例如湖北省宜昌縣西漢的墓出土了一群形塑成圓形穀倉的囷之陶製明器，都在地板下有4根粗壯的柱子支撐。[19]（圖1.7）廣東省廣州市一帶也發掘出不少形塑成同類的倉（方形穀倉）與囷（圓形穀倉）之明器，也都是地板下由4根巨大的柱子支撐；至於昇降用的梯子，與現在貴州省侗族穀倉所使用的，也與日本彌生時代住宅遺址所出土的相同，是用單一原木

圖1.7　西漢前期（2世紀）廣州漢墓
出土穀倉「困」明器（廣州博物館藏）

圖1.8　西漢前期（2世紀）廣州漢墓
出土穀倉「倉」明器（廣州博物館藏）

刻成鋸齒形的梯子，非常寫實地表現出來。[20]（圖1.8）廣州的西漢墓出
土的文物，除了這些陶倉之外，還有懸山式屋頂（屋頂的建材好像是
木板或是樹皮）的木造建築，設有前面凸出的側緣之干闌構穀倉。田
中淡聲稱這宛如與他們在巨洞調查所得的木造穀倉群類似的型態。關
於圓形困與方形倉的明器，除了上述的遺址之外，亦可在湖南省長沙
市東漢墓群，[21] 或是其他的遺址中發現。

　　只限上述的考古出土資料，亦可以確認中國干闌構建築的傳統比
想像要有更悠久的傳統，而且屬於最古遺構的河姆渡或是羅家角出土
的建築構件，製作接頭的榫卯與榫眼，可以知道在非常早的時期就已
開發了高度的純木造建築的技術與構法。這種干闌構木造建築的傳統，
當今雖然只傳給了居住在西南中國山岳地帶的少數民族，但是在遠古
時期，絕非僅限於這些特殊地區的住宅而已。全面收集這些新發現的
資料，絕對數量的干闌構建築遺構雖然不多，但是可以知道廣泛分佈
在浙江、江蘇、湖北、湖南、福建、廣東、廣西、貴州、四川、雲南地
區，而且這些遺址的年代橫跨從早期的新石器時代至殷、周、春秋、

戰國、漢代等各個時代。從這種情形來推測，干闌構建築分佈的範圍囊括以長江流域中、下游爲主，擴及華南、西南地方廣大區域，技術優越先進的建築傳統。田中氏在研究戰國、秦代、漢代以前的建築時，提出一個非常重要的觀點：如同中原地區的「台榭」所象徵、金字塔式的高層建築，所謂「土」的建築，就是後世所見、發展成熟的土木混造建築——以木造爲主體，附加土製的墻壁。可以想像這類建築的背景，其實是受長江流域中、下游以南一帶優秀的木造建築所啓發的成果。[22]

　　順便一題，現在佔中國總人口絕大多數的漢人，住宅型式是屬於地上建築（平地土間式），不用這種干闌構型式。居住在干闌構住宅的種族主要是以中國西南地方的山區地帶，加上華南地方的一部份之少數民族。亦即雲南省的傣族、哈尼族、景頗族、傈僳族、拉祜族、基諾族、佤族、崩龍族（德昂；獨龍）、布朗，貴州省的侗族、水族、苗族、布衣族，廣西壯族自治區的壯族、毛南族，海南島的黎族，臺灣的高砂族等的種族。這些種族聚集居住的地域在今日中國廣大的區域中，確實分佈在相當侷限的特定範圍裡。但是追溯歷史，必須注意這種分佈狀況並不一定反應古代以來的中國建築的分佈情形，倒是反應了在漫長的歷史中，漢人與少數民族間的勢力消長所呈顯目前結果。

　　就如同，前面三位中國建築或是考古學家所作的研究，雖然不是他們專門的研究地理範圍，但是他們也都提及分布在中國西南、華南地方的干闌構建築也分布到東南亞的大陸區域、島嶼部分，甚至到密克羅尼西亞（Micronesia）極爲廣大的區域範圍。若不問其空間組成，或是結構與技法的細部，可說是非常強勢的住宅型式。

1.2 東南亞的建築文化

　　在東南亞，一方面存在與中國西南地區有密切關係，被稱爲青銅

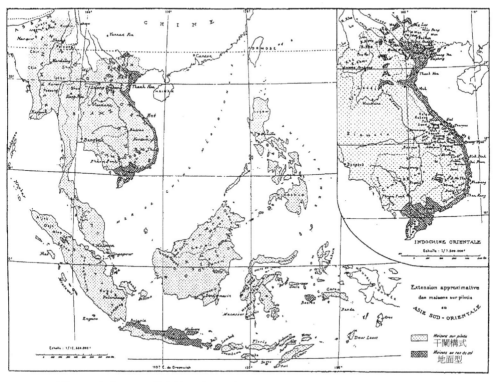

圖1.9　東南亞干闌構與地面建築分布圖

器、鐵器時代之東山文化（Dong-Son是一地名，其位置在北越，因為東山文化最早發現於此，故名之）。一方面，在中國所發現之干闌構建築形態，現今仍普遍存在於現在的東南亞。例如，印度尼西亞的蘇門答臘上米南加保（Minangkabau）族住宅、巴塔克（Batak）族住宅及穀倉、呂宋島上的伊富高（Ifugao）族住宅等，都似乎與中國的干闌構建築有著密切的關係。[23]（圖1.9）

　　雖然臺灣學者不太熟悉，但是，其實東南亞建築的相關研究也有相當的進展。不但東南亞普遍分布干闌式建築，還有一個建築型態與船

圖1.10　東南亞原住民族屋頂型態與脊飾

隻載體形狀象徵之密切關連的論述。於沃特森（Roxana Waterson）所著
的 *The Living House: an anthropology of architecture in South-East Asia*[24] 中提到
Vroklage的撰著〈東南亞與南太平洋區域巨石文化的船〉，[25] 該文中收
集了干闌構、馬鞍形屋頂、交叉形的山牆裝飾建築型式的多數案例，
將此建築樣式連結上Heine-Geldern所主張的「新巨石文化」（圖1.10）。
Vroklage認為，那具兩端尖銳的曲線屋頂（類似臺灣的「燕尾型」屋頂
造型），是象徵那些將文化帶進印度尼西亞群島的人們所乘坐的船形狀
之載體。（圖1.11, 1.12）他為了能表達「真實的」意義，稱其為「船形屋
頂」。他引用了相當多的案例作為證據，有將住家或是聚落比喻成船隻
的案例，亦有用船隻的術語稱呼住家、村落各部落的名稱。例如將村
長或是德高望重者比擬成「船長」、「舵手」，或者相信死者的靈魂將乘

圖1.11　蘭嶼達悟族人的新船進水
儀式

圖1.12　蘭嶼達悟族人的新船進水
儀式

坐船隻航向來世（所謂的來世是指他們的祖先航向新的居住島嶼之故鄉方位），屍體置於船形的棺木，或是埋於稱為「船隻」的石甕棺、墳墓中。這些都是在印度尼西亞常見的案例。[26] 沃特森雖然指出Vroklage這種傳播主義者的理論確實有再進一步討論的必要，但是著者於1998

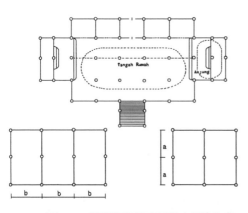

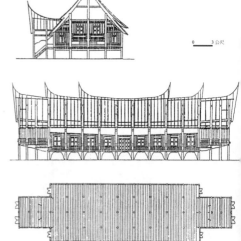

圖1.13　蘇門答臘米南加保人傳統住家平面分隔圖

圖1.14　蘇門答臘米南加保人傳統住家立面圖

圖1.15　蘇門答臘上的米南加保族船形住家（著者攝，1998）

圖1.16　蘇門答臘上的米南加保族船形住家內部空間（著者攝，1998）

年4月調查蘇門答臘上的米南加保（Minangkabau）族住家時，確實與其說是住家建築，倒不如說完全就是「船隻」的造形（圖1.13–1.16）。由此看來，世界聞名的蘭嶼大船與東南亞以及臺灣北部平埔族建築文化之間到底有沒有任何關係，確實值得注意的研究課題。

1.3 臺灣的原住民族建築

臺灣於1996年12月成立行政院原住民委員會，官方正式承認語言人類學家移川子之藏所建立的9族的族群。至2001年8月8日承認9族之外的邵族開始，至今由政府承認的原住民族共有16民族。約在近15年來，臺灣學術界逐漸用「南島語族」來指稱臺灣的原住民族。隨著臺灣史研究受到重視，「平埔族」則仍然沿用日治時期獨立於「高砂族」平埔之名。當逐漸使用南島語族來指稱臺灣原住民族時，日治時期的「高砂族」，亦即戰後被用的「山地同胞」所指稱的種族，卻失去了較爲精確的稱呼。在此恐怕會引起誤會，但是在不得已的情況下，本文用「原住民族」與「平埔族」來指稱全體的臺灣南島語族，本文用的原住民族是指日治時期用的「高砂族」。

今天的建築界談起臺灣原住民族傳統建築，因爲原住民的生活環境與戰前都已發生不可逆的變遷，原住民的傳統住家與部落已經瓦解，甚至已經湮沒無存，除了蘭嶼達悟族家屋以外，幾乎無法再從事田野的調查，因此要超越日治時期千千岩助太郎的研究並不容易。他針對臺灣原住民族之泰雅族、賽夏族、布農族、鄒族、排灣族、阿美族及雅美族（達悟族）各族的家屋，[27] 先後在《台灣建築会誌》上以〈台湾高砂族の住家〉第1報到第5報的調查報告發表他的田野調查報告，並在戰後集結成書《台湾高砂族の住家》。[28]

又曾於1935年，前來臺灣從建築調查的東亞建築史家的藤島亥治

郎，在他的著書《台湾の建築》[29] 也直接了當地說臺灣原住民族建築是南洋系建築之一支。千千岩氏也於著書舉出阿美族太巴塱（Tafalong）社的住家、排灣族之穀倉、鄒族的集會場、泰雅族之雞舍穀倉，還有宮本延人的著書《台湾の原住民族》,[30] 也指出卑南族青年集會所，這些屬於干闌式建築的案例。

另外，昭和27年（1952），鹿野忠雄在《東南亞細亞民族學先史學研究》（下卷）[31] 中，對臺灣原住民族建築作了綜觀性的描述。而在1968年，陳奇祿也綜合了日治時期各人類學者的研究業績與他本人的研究，將建築綜合整理於 *Material Culture of the Formosan Aborigines*[32] 書的第6章 "Houses and boats" 中。這些學者都陳述了臺灣原住民族建築，就接地型式而言可分為3種類型，亦即，地面住家（ground house）、豎穴式住宅（pit-dwelling）、干闌式住家（pile-dwelling）。至於這3種住家型式的產生原因，鹿野忠雄作了綜合性的思考，本文簡略地將其觀點整理於後。[33] 千千岩助太郎將臺灣的建築特徵整理成表（表1.1），該表對於要瞭解臺灣原住民族整體的住家情形有很大的幫助。

關於地面住家，在東南亞地區只有帝汶島的一部份、爪哇島的一部份、以及呂宋島西北部原住民族之一部（Karinnga, Bontoc 兩族）屬於這種地面建築，其餘的主要是屬於干闌式建築，這一型的住家大約可說是屬於大陸系的建築。至於中南半島上的情形，漢人與安南人以外，確實可在數處看到地面建築的分布。亦即苗族、傜（猺）族兩族，西藏緬甸系種族的玀玀、喀欽、栗粟各族（但於同系種族中也有羅婆、Aka族是干闌構）也是採取地面住家形式。又分布於安南山脈南部的中央高原之Mnong族也是採用地面住家形式，海南島上除了當地的黎族之外，其他的都用此一形式。鹿野氏認為這些臺灣原住民族的地面住家形式，相較於南方的島嶼之型式，或許應較近於大陸居住文化。（圖1.9）

豎穴式住宅被視為是上述提及地面住家的一種變形，臺灣的山地

表1.1　千千岩助太郎之臺灣原住民族住家類型之分類表

種族	分類記號	平面形式與入口位置	地板高低與地面鋪設	壁的構造與材質	屋頂形式與材料	寢臺的隔間	穀倉位置	附註
泰雅族 (Atayal)	A1	單室、矩形、入口與楹木垂直	豎穴式、地面不鋪地板	疊木式	懸山形、黏板頁岩、檜木皮頂、茅草頂	無	屋外	泰雅族基本型
	A2	單室、矩形、入口在山墻邊	平地式、地面不鋪地板	疊木式	曲線栱卷型、茅草頂	無	屋外	
	A3	單室、矩形、入口與楹木垂直	平地式、地面不鋪地板	竹壁	懸山型、茅草頂	無	屋外	
	A4	單室、矩形、複室、入口與楹木垂直	平地式、地面不鋪地板	竹壁	懸山型、竹造頂	無	屋外	
賽夏族 (Saisiat)	S	複室、矩形、入口與楹木垂直或入口在山墻邊	平地式、地面不鋪地板	竹壁	懸山型、竹造頂	有	屋外	
布農族 (Bunun)	B1	單室、矩形、入口與楹木垂直	豎穴式、地面鋪黏板頁岩	砌石壁	懸山型、黏板頁岩頂	有	屋內	布農族基本型
	B2	單室、矩形、入口與楹木垂直	平地式、地面不鋪地板	木板壁	懸山型、木板頂	有	屋內	
鄒族 (Tsou)	T1	單室、近似橢圓形	平地式、地面不鋪地板	茅草壁、竹壁	半截橢圓球體型、茅草頂	有	屋內	鄒族基本型
	T2	單室、矩形	平地式、地面不鋪地板	茅草壁、竹壁	半截橢圓球體型、茅草頂	有	屋內	
排灣族 (Paiwan)	P1	單室、矩形、入口與楹木垂直	豎穴式、地面鋪黏板頁岩敷	砌石壁	懸山型、黏板頁岩頂	無	屋內屋外	排灣族基本型－1－2
	P2	單室、矩形、入口在山墻邊	平地式、地面不鋪地板	木板壁、砌石壁	龜甲型、茅草頂	無	屋內	
	P3	單室、矩形、入口在長邊	平地式、地面不鋪地板	土埆壁	懸山型、茅草頂	無	屋外	
	P4	單室、矩形、入口與楹木垂直	豎穴式、地面不鋪地板	木板壁、砌石壁	懸山型、茅草頂	無	屋外	
	P5	單室、矩形、入口與楹木垂直	豎穴式、地面不鋪地板	砌石壁	懸山型、茅草頂、龜甲型、茅草頂	無	屋內屋外	
	P6	單室、矩形、入口與楹木垂直	平地式、地面鋪黏板頁岩敷	竹壁、木板壁	懸山型、茅草頂	無	屋內屋外	
阿美族 (Amis)	M1	單室、矩形、入口與楹木垂直	類似干欄構、地面鋪藤或竹	木板壁	懸山型、茅草頂	無	屋外	阿美族基本型－1－2
	M2	單室、矩形、入口在山墻邊	類似干欄構、部分地面不鋪地板	竹壁、茅草壁	懸山型、茅草頂	有	屋外	
達悟族 (Yami)	Y	單室、矩形、入口與楹木垂直	階梯式、地面鋪地板	木板壁、茅草壁	懸山型、茅草壁	有	屋外	

資料來源：千千岩助太郎，《台湾高砂族の住家》，1988年南天書局復刻版，頁77。

原住民族住家，多多少少都帶有豎穴居的傾向，一般於入口處平面挖下約1尺（約30公分）深左右的基地，泰雅族、布農族住家的深度則有2尺，其中如泰雅族的萬大社挖有約2公尺深的室內地面，出入必須靠架在內部的階梯升降，可稱爲半豎穴居住家了。(圖1.17)

這種豎穴式住宅雖然分布在山區，但是其分布地區廣及高低海拔山地溫暖的地區，所以鹿野忠雄認爲不應歸因於簡單的氣候因素。豎穴式住宅在亞洲大陸上是一種原始的形式，從《易經》、《禮記》[34]中都記載有這類住家的存在，也因爲中國古代也有這種的住家形式，所以他認爲臺灣這種豎穴式住宅或許是中國大陸影響的一種結果。

已如上述，干闌構住家在中國漢代以前的長江流域以南地區，廣

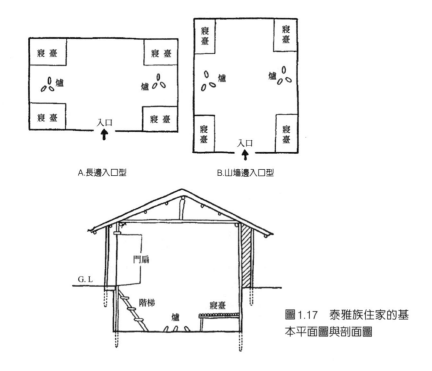

A.長邊入口型　　　　B.山墻邊入口型

圖1.17　泰雅族住家的基本平面圖與剖面圖

及東南亞各地都是以此爲主流的住家形式。干闌構建築也可見於一些非主屋型的建築，例如見於鄒族與排灣族之一部份（圖1.18, 1.19），及卑南族、阿美族兩族的青年集會場或是住家（圖1.20），泰雅族、賽夏族、排灣族、達悟族諸族的穀倉（圖1.21, 1.22）。鹿野忠雄認爲在思考建築文化時，將住家與這些附屬建築作同一文化來考慮存有危險性，且臺灣的建築必須同時考量大陸文化與島嶼文化。在此應該特別注意的是，鹿野氏也指出蘭嶼的建築較特殊必須另外加以考量。

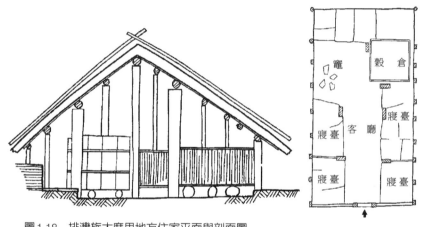

圖1.18　排灣族太麻里地方住家平面與剖面圖

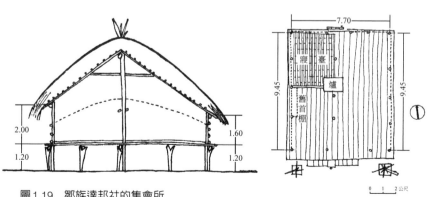

圖1.19　鄒族達邦社的集會所

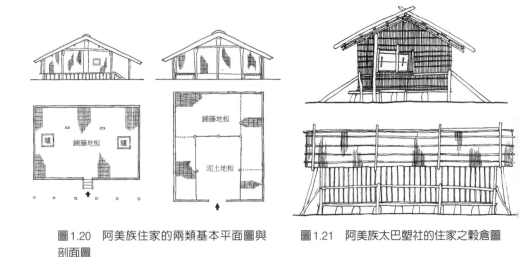

圖1.20　阿美族住家的兩類基本平面圖與剖面圖

圖1.21　阿美族太巴塱社的住家之穀倉圖

圖1.22　排灣族托咕坌社的住家之穀倉圖

圖1.23　鄒族住家之基本平面與剖面圖

　　除了上述較有系統的將原住民族居住家分成地面住家、豎穴式住宅與干闌式住家3類之外，臺灣原住民族建築中也有幾個較特殊的形態，如橢圓形平面（圖1.23）、弓形梁建築（圖1.24）、黏板岩屋頂建築（圖1.25）等。橢圓形住家的平面只見於鄒族；在印度尼西亞地區，可發現此種平面於帝汶島、蘇門答臘西南的尼亞斯（Nias）島、Enggano島，

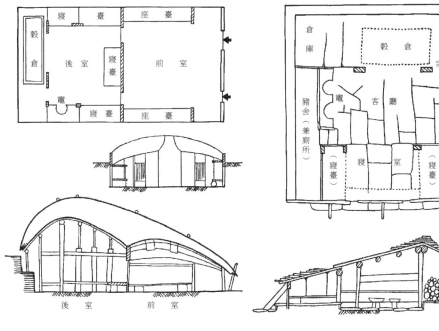

圖1.24　排灣族斯泵社、納坴社住家基本平面、立面圖

圖1.25　排灣族北部地方住家基本平面、剖面圖

以及弗洛勒斯（Flores）島的芒加萊（Manggarai）族。如同 Heine-Geldern 所說，這種形式屬於印度尼西亞古文化層，可以注意在印度也有圓形住家的源流文化。而這種橢圓形住家雖可多見於越南安南山脈中的 Moi 族，但是不見於菲律賓與婆羅洲等大部份的印度尼西亞地區，鹿野推測這種建築與印度支那有密切的關係。

弓形梁家屋特色侷限於排灣族的一部份，不見於菲律賓及其他南方島嶼，類似的例子只能見於海南島的黎族。鹿野忠雄推想或可在印度支那發現類似的案例。黏板岩屋頂建築住家則可發現族泰雅族、布農族、排灣族3個種族的多數建築中，於東南亞地區則可以發現於Kasi

族，以及海門道夫（Christoph von Fürer-Haimendorf）所調查的Kario Kenngu族、Santamu Naga族南部。[35]

　　阿美族、卑南族兩族，以及鄒族或是排灣族的一部份擁有青年集會所。另外平埔族中的巴宰族（Pazeh）也有不同年齡級制度，有未婚男子集合夜宿的集會所，稱其為taoburu。而這些集會所的建築物都是干闌構建築。著者於1998年前往蘇門答臘調查巴塔克（Batak）與米南加保族（Minangkabau）的建築物，這兩種民族的建築物也有集會所。[36] 換言之，青年集會場的設施在東南亞各地是很普遍的設施。但是據鹿野忠雄說，鄰接臺灣的菲律賓、波羅洲等地卻不存在，這是一個奇怪的現象，有待進一步去解謎。鹿野氏引海門道夫的說法，認為集會所的設施也是那加（naga）文化中屬於較古層的文化。蘭嶼達悟族的建築中也不見集會所的建築類型。

　　在臺灣的原住民族之中，對於貯藏粟、米等的其他穀類的設施有特別製作的穀倉，也有利用主屋內部空間當作倉庫者。除了阿美族的獨立穀倉是屬較接近地面之干闌建築外，其他種族的穀倉大都屬於立有4根柱子的干闌構建築，這種干闌構穀倉相當普遍分布在整個東南亞地區。穀倉底部與柱子接續的柱頭部份，一般裝有木板圓盤，以防鼠害；臺灣各族以及達悟人的穀倉也不例外，都設置此種圓盤，雖然菲律賓的其他種族也大略相同，唯獨與達悟族極為相近的巴丹島上的穀倉竟然沒有此類圓盤構件。

1.4　臺灣平埔族建築

　　日治以來臺灣建築史研究者，完全忽視了平埔族建築的探究，倒是有人類學家李亦園與歷史學家杜正勝等人，經由文獻的蒐集與分析，提出了對平補族住家研究有啓發性的著作。李亦園於很早的時候

之民國44年（1955）與民國46年（1957），分別提出了〈從文獻資料看臺灣平埔族〉[37] 以及〈臺灣南部平埔族平臺屋的比較研究〉[38] 兩篇文章，而杜正勝則在1998年3月提出了〈蕃社采風圖題解——以臺灣歷史初期平埔族之社會文化〉（簡稱〈蕃社采風〉）。[39] 李亦園先驅式的文章提供了已經不存在的平埔族建築形式一個文字性的想像。而杜正勝的文章提供了圖像式想像。

李亦園引用清代的黃叔璥的《臺海使槎錄》，[40] 說明臺灣西部平埔族的建築型式從南到北有3種型式。亦即南部西拉雅和安雅等族的：

> 自新港、蕭壠、麻豆、大武郡、南社、灣裏以至東螺、西螺、馬芝遴，填土為基，高可五、六尺：編竹為壁，上覆以茅。茄藔深邃垂地，過土基方丈，雨暘不得侵；其下可舂，可炊，可坐，可臥，以貯笨車、網罟、雞塒、豕欄。架梯入室，極高聳宏敞，閒繪紅毛人像。他里霧、斗六門，亦填基為屋，較此則卑狹矣。麻達夜宿社藔，不家居；恐去社遠，致妨公務也。[41]

這段述說指稱填土為基的「高臺式」建築。李氏在〈臺灣南部平埔族平臺屋的比較研究〉中，對抬高的地基之相關資料有更完整的整理。雖然他所收集到的資料中，確實有抬高1公尺左右的案例，但也有不少只有提高20–60公分的例子：前者無疑就是屬於李氏所言的抬高平臺之類的建築特色之一，而後者則為普遍的建築現象，很難一併討論。從李亦園研究平埔族西拉雅族高臺建築，他把它連上密克羅尼西亞（Micronesia）、玻里尼西亞（Polynesia）及菲律賓等地區的高臺式之建築。（圖1.26）

關於「填土為基，高可五、六尺；編竹為壁，上覆以茅。茄藔深邃垂地，過土基方丈，雨暘不得侵。其下可舂，可炊，可坐，可臥，以貯笨車、網罟，雞塒，豕欄」，我有不同的解釋，或許也可以視為

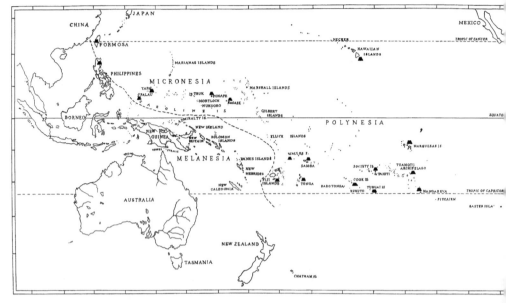

圖1.26　平（高）臺屋分布圖（李亦園，1957）

在一個大屋頂下，臺基之外的附屬空間，亦即從高臺基步下梯子的兩旁，屬於倉儲作業空間。這裡的「茆簷深邃垂地，過土基方丈，雨暘不得侵。」，這就如印度尼西亞東努沙登加拉州（East Nusa Tenggara）的一個城鎮巴阿（Ba'a），桑高恩村（sanggaoen）羅蒂列斯人（Rotirese People）的住家。（圖1.27, 1.28）

　　關於臺灣中部，李氏則以：「大肚諸社屋，以木爲梁，編竹爲墙，狀如覆舟，體制與各社相似。貓霧諸社，鑿山爲壁，壁前用木爲屛，覆以茅草，零星錯落，高不盈丈，門戶出入，俯首而行，屋式迥不同外社。」[42] 來描述。其中「鑿山爲壁，壁前用木爲屛」，李氏用「畚箕式」建築來形容。

　　另外，位於臺灣北部的住家，則爲「澹水地潮濕，番人作室，結

圖1.27　印度尼西亞東努沙登加拉州（East Nusa Tenggara）的一個城鎮巴阿（Ba'a），桑高恩村（sanggaoen）羅蒂列斯人（Rotirese People）的住家

圖1.28　印度尼西亞東努沙登加拉州（East Nusa Tenggara）的一個城鎮巴阿（Ba'a），桑高恩村（sanggaoen）羅蒂列斯人（Rotirese People）住家剖面示意圖

草構成，為梯以入，鋪木板於地；亦用木板為屋，如覆舟，極狹隘，不似近府縣各社寬廣。前後門戶式相類」[43] 的「干闌構」建築。

　　總結，李亦園提出他分析後結論：1. 北部凱達格蘭、噶瑪蘭等族的干闌式住家。2. 中部貓霧捒、巴則海等族的「畚箕式」建築。3. 南部西拉雅和安雅族的高臺式建築。即使他戰後不久即已提出上述這3種建築樣式，但其背後可能隱含的文化異質性，卻被長期擱置，頂多以「南島語系」或是「黑潮文化」來作籠統的說明。

　　杜正勝在〈蕃社采風〉中，則簡略地以大甲溪為界，將平埔族建築形式分為兩種，大甲溪以南，居屋多蓋在土臺上；而干闌式建築是與其北部居室相通的型式。他論述臺灣北部平埔族干闌式建築的時候，除了蒐集漢籍文獻解析之外，亦有引用當時的實地調查報告以為

驗證。他在〈蕃社采風〉文中，稱平埔族建築形式可簡略分爲兩種。以大甲溪爲界，大甲溪以南居屋多蓋在土臺上，而干闌式建築則是北部的住家相通的型式。杜氏引用包樂史（Blusse）與若新（Roessingh）的資料，提示了在1623年時，荷蘭商人描述平埔族建築爲：

建築前端呈圓拱形，宛若船頭，後端則平坦若船尾。有3根粗桅木撐住家頂，其支撐承重比例分配恰當，最重居中，其次居前，最輕居後，恰若船上的主桅、前檣和後檣。這3根柱的上端削尖，插入一根細長的屋梁，屋梁貫穿前後兩端，成爲建築最頂一條線，恰似船桅最底部的龍骨。屋頂編竹，堆疊3、4層，上面再覆蓋1尺半茅草。[44]

杜氏所舉《番社采風圖》中所描繪的干闌式建築，如「織布圖」（圖1.29）的題記，有淡防廳岸裡、大甲東、大甲西等社之字眼，「瞭望圖」（圖1.30）中記有竹塹、南嵌、芝包裏、八里坌等社的字眼（這些地方指今天臺中豐原到臺北一帶的地區），所以可將干闌構建築之分布地區往南劃到大甲溪以北。但是，若回到黃叔璥的《臺海使槎錄》對中部臺灣的記載，有「大肚諸社屋，以木爲梁，編竹爲墻，狀如覆舟；體制與各社相似。貓霧捒諸社，鑿山爲壁，壁前用木爲屏，覆以茅草，零星錯落」，其界線應在更南的大肚溪。

關於臺灣北部平補族干闌式與船型屋頂的建築，還有伊能嘉矩的〈淡北方面に於ける平埔蕃の実査〉（三）中的記載可以爲驗證。他作了如下的記述：「搭搭攸社、里族社的家屋都是木造的建築，用木板蓋屋頂，也用木板鋪地（日文的「床」），蹲臥其上。蜂仔峙社的建築與此不同，作成船的形狀，撐以木柱，接以竹枝，作成圓蓋形（就像當時漢人所用的舢舨船形狀），起居飲食都在此圓蓋中，用樓梯上下出入」。[45]這些敘述都加強了包樂史及若新所描述的建築形態存在的證據。這些記載不但說明了臺灣北部平埔族建築爲干闌構之外，而且都將平埔族建築描述成船的形狀。

圖1.29 《番社采風圖》織布圖　　　　　圖1.30 《番社采風圖》瞭望圖

　　議題重回關於臺灣島上的平埔族與現今原住民族（日治時期稱為
「高砂族」）經過戰前人類歷史學家如伊能嘉矩、鳥居龍藏、鹿野忠雄
等，以至今人的研究成果，已可將臺灣原住民的文化放至亞洲，甚至
世界的架構裡來論述。伊能嘉矩應用現代科學性手法對臺灣原住民整
體的研究，奠下先驅性的研究基礎。鳥居龍藏將臺灣原住民視為固有
馬來人印度尼西亞人種之一支。伊能氏與鳥居氏之後，鹿野忠雄以蘭
嶼的海洋住民之達悟族為中心，拓展了臺灣原住民族研究的東南亞
視野。藤島亥治郎也直接了當地說臺灣原住民族建築是南洋系建築
之一支，臺灣原住民族建築特性並非單獨的存在是不爭的事實。以
中國長江以南至東南亞各地存在的干闌構建築而言，阿美族太巴塱
（Tafalong）社的住家、排灣族之穀倉、鄒族的集會場、泰雅族之雞舍穀

倉，卑南族的青年集會所，這些例子都說明臺灣原住民建築是屬於這個寬廣地域中的一部分之意義。

1.5　本書收錄的文章

佐藤浩司的〈理解臺灣原住民族住家的序言：印度尼西亞的木造建築〉以南島語族的觀點，並以他畢生在東南亞從事田野調查的所得到的第一手資料，以表現多樣的印度尼西亞在地傳統住家形式為中心，企圖建構印度尼西亞木造建築之理論論述。文章也觸及印度尼西亞建築文化資產保存的危機議題。在論證南島語族建築、干闌樣式建築之傳播、船型象徵意義的論述裡，也將臺灣原住民的傳統住家放進整體體系之中確認它所處的位置。在觀察或理解包括臺灣在內的東亞、東南亞傳統木造建築時，這是一篇賦予關鍵性觀點之重要文章。文章的後半，透過針對松巴哇島（Sumbawa）與弗洛勒斯島（Flores）的傳統住家，以及普蘭巴南寺院（Prambanan temples）之修復保存事業，以他敏銳的觀察力，揭露了因復原與修復工作而扭曲了傳統文化真實性的事實狀況。

許勝發的〈排灣族望嘉舊社頭骨塚紀念碑的時代意涵探討〉，利用擁有排灣族傳統舊社傳統的望嘉社部落外留存的頭骨紀念碑為案例，探討它的形塑過程，經由減少傳統出草獵人頭後放置的人頭骨架之量體，於前方增添一紀念碑所組成之複合式建築物。依據望嘉耆老的口訪資料，此一複合式建築物最終的建造工作完成於日治末期太平洋戰爭的最後階段，整體的建築形式融合了傳統壁龕式人頭骨架、日治時期外來的紀念碑、日式墳墓等多樣之建築風格，本文嘗試探討此一建築形式的出現其隱含在後之族群認同轉變的時代意義。

吳金鏞的〈臺灣都市原住民居住文化：溪洲部落參與式規劃設計〉，

本文敘述以花蓮阿美族人為主的部落民集體遷居臺北，具有在異地營造族人故鄉的特質。本文著重參與式規劃設計，詳述各階段的計畫項目和完整過程，經由參與觀察訪談，規劃團體理解到族群生活文化活動與空間的互動關係，此正是部落空間最為核心的部分，提出8個主要模式，也相當符合阿美族人的傳統生活文化，尤其是沿水而生的部落規劃，例如捕魚（Mifuting）、戶外吃喝聚會（Badaosi）、菜園灌溉系統、Pangcah（邦查）母系空間、生活內巷的兒童互動、以及重建都市原住民生活工作、人與土地關係的生態社區，這些都是重要且具有意義，也是規劃設計團隊的長期用心投入，以族人的需求為主的規劃設計理念，對都市原住民生活空間和都市的多樣性文化，此案頗值得以往專業者和公部門的重視。本文提供了一個可以觀察與思考原住民面在對新的時代挑戰時，如何轉變與應對的個案。

　　黃蘭翔的〈耙梳臺灣新聞的報導回顧蘭嶼國宅興建的時代背景與反思〉透過對二次大戰後到1980年代為止，逐條耙梳分析了以《中央日報》為主，輔以聯合報與中國時報臺灣兩大報系對蘭嶼的相關報導後，讓我們發現不只核廢料的存放場，或是本文主題的改善蘭嶼居民住宅，或是在發展國內、國際觀光事業，安置榮民、受刑人與軍隊的駐守，甚至對蘭嶼開發農漁資源事業、交通飛機場碼頭及生活所需的水電建設，乃至整個島的改造計畫與建設，都忽視蘭嶼人的存在，幾乎將蘭嶼視為無人島，站在臺灣政治統治者、臺灣人投資開發者、或是觀光客的立場為所欲為。但是到了1980年代開始，蘭嶼人意識的覺醒，開始對核廢料存放場與海砂屋的國民住宅表示自我，他們不但出現在首都臺北街頭，也讓全臺居民意識到蘭嶼人的存在。

　　但是，現在的蘭嶼面對過去尚未解決的問題，又要面對1980年代以後至21世紀以後新的挑戰時，這沉重的包袱與新問題的挑戰，讓蘭嶼成為還處於尚未掙脫過去遭受忽視與操弄下受傷、因自覺而憤怒、

面對外來者之封閉心靈的蘭嶼社會文化。換言之，蘭嶼人要如何奪回自己傳統穿著、傳統住家所代表的公平正義與生命生存的尊嚴，進一步建構一個兼顧重視自己的傳統文化，又能與外來文化取得相互尊敬，與時代並進的和藹親切而開放性社會，1980年反核與海砂國宅重建事件其實只是起步，要面對的問題還非常之多。

林建成的〈樂舞文化保存和重建：國立臺灣史前文化博物館與Taromak（達魯瑪克）的合作實例〉，本文的出現不只是針對原住民，其實提供了一個契機去思考臺灣整體文化之保存與重建問題。於這項工作裡，原住民部落的樂舞文化之保存或重建更是其典型的課題。現在包括臺灣在內的世界，儘管積極地從事「原民中心」與「民族劇場」的創立與建設，但是在展演空間的設計是否對真正的原住民文化之保存與傳承有所貢獻值得省思。

因為本文的撰寫，也提供了一個嚴肅的問題，亦即本來原住民的樂舞應該與在劇場等場所的表演完全無關，也不是要提供外人觀賞的對象。例如被收錄於《臺灣原住民族的音樂》之戰爭出征、出草獵首前，出現的戰士們歌舞儀式裡演唱的具有美感的合唱，這是在特殊的環境裡，秘密舉行的儀式，是不公開的場面。進一步而言，原住民的樂舞應與他們的部落所在的環境或是風景存在有密切的關係。這些問題在面臨保存與重建時，應該如何處理？

若要致力於文化的保存，國家去興建國立博物館是不可或缺的政策，但是因為國家的介入，確實可以創造出安穩的傳承環境，但是另一方面也減低了原住民文化自立更生的活力。然而，沒有伸出保存的援手，又要面臨滅絕的可能性。因此，如何在現代的空間與場所進行樂舞文化的保存，是今後必須認真面對的課題。

1.6 今後臺灣建築史研究的課題與方向

我在1993年，向日本京都大學提出的博士論文《臺灣都市之文化性的多重性格與其歷史性的形成過程》，當時並不特別意識到田中大作及藤島亥治郎兩人的臺灣建築史架構，但無可否認我受到了他們的影響。博士論文的嘗試雖然不很成功，但其背後就是企圖論述漢人聚居於原住民族部落的基址上，逐漸建造具有清代地方性的城牆都市，後來再接受日本殖民政府的都市規劃政策之過程。亦即視原住民文化爲臺灣建築都市之基層文化，進而討論漢人移民與西洋人的都市建構，最後討論日本殖民政策對臺灣都市的影響與新的都市規劃等課題。換言之，在論述臺灣建築史時，藉由臺灣原住民族的基層文化、閩粵移民的漢族文化、西方殖民文化與日本殖民文化的四重性，來思考並建構臺灣的建築文化。

這就是我以前常說的「解析臺灣歷史建築的四重文化觀」，本書著重在「基層的原住民文化觀」的建構。這裡所指稱的構成閩粵地區建築基層文化的原住民文化，並非只是針對戰後臺灣原住民族的論述，而是以寬廣的視野，將臺灣原住民族視爲南島語族，或是古印度尼西亞民族之一部分。根據過去史前學家、考古學家、語言學家、歷史學家等部門的研究，認爲包括平埔族在內的臺灣原住民族屬於南島語族，甚至認爲臺灣是南島語族的可能發源地之一。對建築文化史的研究者而言，曾經存在於長江流域以南至東南亞的建築文化之共通性，自然與臺灣的南島語系種族建築文化論述脫離不了關係。

從建築的角度來看，在西元紀元以前，長江流域以南至東南亞一帶，普遍存在漢化之前干闌構建築的共通文化。從古至今，各地的建築文化經歷複雜的變遷過程，今天有的受到近代文明的洗禮，有的甚至還保留著原始狀態，呈現出種種不同的實質面貌。在此稱這種整體

的文化內涵為「原住民族基層文化」。在這樣的思考方式之下，閩粵地區、東南亞、甚至包括沖繩群島在內的區域，都屬這種命題所關懷的範圍，也不僅僅在於臺灣的原住民族，也不只是分布於從臺灣延伸到東南亞島嶼、太平洋島嶼與馬達加斯加的南島語族，也包括古代南中國的建築文化，以及其漢化後的閩粵臺漢族的建築文化，這些都是我們關心的地理範圍與建築文化的內涵。

使這種討論閩粵漢人建築特徵的方法有其真實性，1972年在浙江省餘姚縣河姆渡遺址的發現，以及雲南省晉寧石寨山銅器、江西省清江縣盤營陶器等考古資料的陸續出土，讓長江流域以南的建築論述有一新的發展，閩粵與臺灣傳統建築是古代中國南方建築文化的一部份，當然是其論述的核心部份之一。換言之，原來從中國長江流域以南曾經存在過的非漢族建築，後來逐漸結合南遷而來的強勢中原文化，或被漢化的過程中逐漸形成了成熟的地方性之建築文化。而這個漢化前的原住民族建築，經由考古學者與民族建築史學者的努力，逐漸建構出一個值得進一步探究的具象建築文化假說。亦即從長江流域以南至東南亞，普遍存在「長脊短簷」的「馬鞍式屋頂」（或許在臺灣可以用「燕尾屋脊」樣態來理解與掌握這樣的屋頂形式），[46] 並且屬於干闌構之建築。原來是純「木造建築」，後來受中國北方夯土「土造建築」之影響，融合形成所謂的「內木構外土牆」的建築結構，這也可以視為閩粵與臺灣建築之所以有木造穿鬥式建築特性之背景原因。[47]

雖然長江流域以南與北方黃河流域的相異性，過去一直都是中國學研究者關心的議題，但是從建築學的角度論述倒還不是顯學。著者在撰寫〈臺灣閩粵建築『燕尾』屋頂形式之文化性思考〉（簡稱〈燕尾翹脊〉）論文時，即以建築的觀點，整理考古出土的資料、古文獻及越南的田野資料，提出燕尾屋頂的出現與原來鋪設於基層的原住民族干闌構建築文化應有傳承之關係。於2002年11月初，藉著前往福建武夷山

市參加「中琉歷史關係國際學術研討會」的機會，參觀了閩粵王國在漢時期所建的王城遺址，發現主要的宮殿建築形態屬於干闌式建築。這也藉以知道，漢化前確實存在所謂的干闌構的基層文化。

另外，值得注意的是，臺灣島面積雖小，但生活其上的原住民族建築文化卻是超出想像的複雜。若說臺灣原住民族固有的建築形態都屬干闌構建築，這是不符合事實的言說。然而臺灣原住民族與東南亞原住民族、或是與南島語族的大洋洲間的建築文化之比較研究，確實是今後臺灣原住民族建築研究無法逃避的重要課題。

我曾以上述所謂的「原住民族基層文化」之觀點，撰寫了3篇相關的文章，亦即前述的〈燕尾翹脊〉與〈達悟建築〉、〈臺灣干闌建築〉。在〈達悟建築〉裡推論蘭嶼建築是從共通於南部平埔族、分布於密克羅尼西亞與玻里尼西亞的南島語族，以及印尼龍目島（Lombok Island）的撒薩克族（Sasaks）的平臺建築變遷發展之結果。但是在〈臺灣干闌建築〉則修正蘭嶼的建築為從原有的干闌構建築形式發展後的結果。後文發表於2002年，後來知道田中大作著書《臺灣島之建築之研究》也懷疑達悟族建築是從干闌構演變而來，這令著者備感高興，尤其是在可被視為臺灣原住民族研究之父的千千岩助太郎著書《台湾高砂族の住家》裡，稱其為「豎穴居」住宅形式的情況下，因為持這種看法的人不僅是著者一人之見而已。進一步，〈臺灣干闌建築〉基於日治時期在臺的日人史前學家、考古學家、人類學家、語言學家、民族建築學家留下了相當豐富的文獻資料，再加上今天的蘭嶼島上仍存在達悟族的傳統建築可供作實地調查，也進行了巴丹島上的田野調查後完成的論文。這篇文章進一步強化了建築文化研究者也可以參與南島語族文化的論述。

註釋

1   黃蘭翔，〈回顧臺灣建築與都市史研究的幾個議題〉，黃富三、古偉瀛、蔡
    采秀主編《臺灣史研究百年與回顧研討會論文集》，臺北：中央研究院臺灣
    史研究所籌備處，1997.12，頁181–213。

2   黃蘭翔，《臺灣建築史之研究：原住民族與漢人建築》，臺北：南天書局，
    2013.4，頁3–36。

3   黃蘭翔，〈從廣域尺度對達悟建築幾項特質的初步思考〉，中華海峽兩岸文
    化資產交流促進會，《兩岸傳統民居資產保存研討會論文集》，1999.3，頁
    167–202。收錄於《臺灣建築史之研究：原住民族與漢人建築》。

4   黃蘭翔，〈干闌構建築在北、東台灣原住民分佈的範圍及其脈絡關係之探
    討〉，《新史學》13(1): 1–70，2002.3。收錄於《臺灣建築史之研究：原住民
    族與漢人建築》。

5   戴裔煊，《干闌——西南中國原始住宅的研究》，嶺南大學西南社會經濟研
    究所，1948。

6   安志敏，〈「干闌」式建築的考古研究〉，《考古學報》2: 65–85，1963。

7   雲南省博物館，《雲南晉寧石寨山古墓群發掘報告》，北京：文物出版社，
    1959。

8   田中淡，〈干闌式建築の傳統——中國古代建築史からみた日本〉，收錄於
    《建築雜誌》1175號「日本建築の特質」特集號，1981.2，頁23–24。

9   田中淡，《中國建築史の研究》，東京：弘文堂，1989；黃蘭翔中文翻譯《中
    國建築史之研究》，臺北：南天書局，2011。

10 建築思潮研究所，《住宅建築》，東京；建築思潮研究所，1990年4月號與
    1993年4月號。

11 田中淡，〈中国の高床住居——その源流と展開〉，收錄《住宅建築》1990
    年4月號，建築資料研究社，頁28–34。

12 羅家角考古隊，〈桐鄉縣羅家角遺址發掘報告〉，《浙江省文物考古所學
    刊》，文物出版社，1981。

13 四川省文物管理委員會、四川省文物考古研究所、成都博物館，〈成都
    十二橋商代建築遺址第一期發掘簡報〉，《文物》1987年第12期。

14 中國科學院考古研究所湖北發掘隊，〈湖北圻春毛家嘴西周木構建築〉，《考古》1978年第3期。

15 雲南省文物工作隊，〈雲南雲祥大波那木槨銅棺墓清理報告〉，《考古》1964年第12期。

16 廣西壯族自治區文物考古寫作小組，〈廣西合浦西漢木槨墓〉，《考古》1972年第5期。

17 劉志遠，〈成都天迴山崖墓清理記〉，《考古學報》，1958年第1期。

18 廣西文物管理委員會，〈廣西貴縣漢墓的清理〉，《考古學報》，1957年第1期。

19 湖北省博物館，〈宜昌前坪戰國兩漢墓〉，《考古學報》1976年第2期。

20 中國社會科學院考古研究所、廣州市文物管理委員會、廣州市博物館，《廣州漢墓》，文物出版社，1981。

21 高至喜，〈淺談湖南出土的東漢建築模型〉，《考古》1959年第11期。

22 田中淡，〈中国の伝統的な木造建築〉，《建築雜誌》1983.11。
田中淡，〈周原建築遺址の解釈〉，收錄於山田慶児編，《新発現中国科学史資料の研究・論考集》；重新收錄於京都大学人文科学研究所，1985，《中国建築史の研究》，弘文堂，1989。

23 黃蘭翔，〈蘇門答臘島上的Batak族與Minangkabau族之民族建築〉，東南亞研究論文系列. 27. PROSEA occasional paper. 27.，臺北：中央研究院，2000。

24 Roxana Waterson, *The living house: an anthropology of architecture in South-East Asia*, England: Thames and Hudson, 1997.

25 Vroklage, B.A.G., "Das Schiff in den Megalithkulturen Südostasiens und der Südsee," *Anthropos*, t. XXXI, Vienne, 1936, pp. 712–57.

26 Waterson, Roxana, *The Living House: An anthropology of architecture in South-East Asia, Singapore*, New York: Oxford University Press, 1991, pp. 20–23.

27 日治時期與戰後相當時間，引用人類學家移川子之藏的分類爲基礎，將臺灣的原住民族分爲泰雅、賽夏、排灣、魯凱、布農、鄒、雅美、阿美、卑南等9族。但是千千岩助太郎依建築特性用民族名，將建築類型別分爲7種族類型。今日行政院原住民族委員會承認之臺灣原住民族，再增加有邵

族、噶瑪蘭族、太魯閣族、撒奇萊雅族、賽德克族、拉阿魯哇族、卡那卡那富族等16族群。

28　千千岩助太郎，《台湾高砂族の住家》，東京：丸善株式會社，1960；臺北：南天書局，1988復刻版。

29　藤島亥治郎，《台湾の建築》，東京：彰國社，1948。

30　宮本延人，《台湾の原住民族：回想・私の民族学調査》，東京：六興出版社，1985。

31　鹿野忠雄，《東南亞細亞民族學先史學研究》上卷，1946.10；下卷，1952二刷，東京：矢島書房；臺北：南天書局復刻版，1995.9。

32　Chen, Chi-Lu, *Material Culture of the Formosan Aborigines*, Taipei: Southern Materials Center, Inc. 1968; 2nd printing, 1981.

33　因為臺灣的研究成果尚未完整，在現時點上要評論鹿野忠雄對臺灣原住民族所做的全面性描述並非易事，所以本文僅將之翻譯與介紹於此。

34　這裡應該是指《易經》中所言「上古穴居而野處」。或是《禮記》中所述的「昔者先王未有宮室，多則居營窟，下則居橧巢」。實際的案例有陝西西安市半坡村原始社會的大方形房屋。

35　Fürer-Haimendorf, Ch, "Through the Unexplored Mountains of the Assam-Burma Border," *Geographical Journal*, XCI (3): 208, 1938.

36　黃蘭翔，〈蘇門答臘島上的Batak族與Minangkabau族之民族建築〉，東南亞研究論文系列. 27. PROSEA occasional paper. 27.，臺北：中央研究院，2000。

37　李亦園，〈從文獻資料看臺灣平埔族〉，《大陸雜誌》10(9): 19–29，1955.4。

38　李亦園，〈臺灣南部平埔族平臺屋的比較研究〉，《中央研究院民族學研究所集刊》3: 117–144，1957。

39　杜正勝，〈番社采風圖題解——以臺灣歷史初期平埔族之社會文化為中心〉，《景印解說番社采風圖》，臺北：中研院史語所，1998，頁1–42。

40　黃叔璥，《臺海使槎錄》，1737，「臺灣文獻叢刊第4種」，臺北：臺灣銀行，1957。

41　黃叔璥，《臺海使槎錄》，〈北路諸羅番三〉，1737，「臺灣文獻叢刊第4種」，臺北：臺灣銀行，1957，頁103。

42 黃叔璥，《臺海使槎錄》，〈北路諸羅番八〉，1737，「臺灣文獻叢刊第4
種」，臺北：臺灣銀行，1957，頁124。

43 黃叔璥，《臺海使槎錄》，〈北路諸羅番十〉，1737，「臺灣文獻叢刊第4
種」，臺北：臺灣銀行，1957，頁136。

44 杜正勝，〈番社采風圖題解——以臺灣歷史初期平埔族之社會文化為中心〉，
頁1–42。

45 伊能嘉矩，〈淡北方面に於ける平埔蕃の実査〉（三），臺灣通信（第11回），
《東京人類學雜誌》12 (128): 38，1896.11。

46 黃蘭翔，〈臺灣閩粵建築『燕尾』屋頂形式之文化性思考〉，第一次收錄於
田中淡編著，《中國科技史の研究》（京都：京都大學人文科學研究所，
1998.2，頁205–245），後來以〈臺灣漢人建築「燕尾」翹脊之起源與文化探
討〉之章名，收錄於黃蘭翔著，《臺灣建築史之研究：原住民族與漢人建築》
（臺北：南天書局，2013.4，頁199–239）。

47 黃蘭翔，〈臺灣傳統建築結構隱含的中國南北建築文化〉，收錄於《美術史
研究集刊》23: 137–202，臺北：國立臺灣大學藝術史研究所，2007.9。後
來以〈臺灣傳統建築的「內木構外土牆結構」〉之章名，收錄於黃蘭翔著，
《臺灣建築史之研究：原住民族與漢人建築》（臺北：南天書局，2013.4），
頁351–438。

2

理解臺灣原住民族住家的序言[1]

印度尼西亞的木造建築

佐藤浩司 著
國立民族學博物館民族社會研究部退休教授

黃蘭翔 翻譯

2.1 序言

我第一次到訪印度尼西亞是在1985年。

我之所以對印度尼西亞木造建築感到有興趣,是啓發於世界還在打第二次世界大戰期間,而在日本國內所出版的建築相關的雜誌。

日本現存有上千年以上的木造建築。放眼世界,就維護保存這樣的文化資產之制度或是大木師傅的技術而言,日本可以說是最爲發達的國家之一。但是,在老舊的建築雜誌上卻登載了,與那些窮極洗鍊美的內斂日本工匠們所追求方向不同次元的卷首插圖。出現了爲數眾多的,完全與我們的常識不同的特殊造型木造建築,而且就好像在遊園地圖像裡海上島嶼群,分布著不同民族的建築樣態。(圖2.1–2.4)(大東亞建築俱樂部《建築雜誌》昭和17年(1942)9月號。)[2]

到底這些建築的樣態造型是經由怎樣的理念與方法,而被建造出來的呢?

就是因爲這樣被惹起的興趣,促成了我漫長的印度尼西亞之體驗生涯。當時,能夠找到的關於印度尼西亞木造建築的資訊非常有限。即使是在印度尼西亞本國,其建築學科學生們的興趣傾向現代建築,除了婆羅浮屠等石造寺院(即使那樣,那也是屬於考古學家的領域)之外,對於自身國家建築文化的關心僅止於表面,並不深入。

當時關於印度尼西亞唯一存在一本概說性著書 *Kompendium Sejarah Arsitektur*, 1978。 作者 Djauhari Sumintardja 在公共事業轄下的 Pusat Penelitian dan Pengembangan Permukiman(Research and Development Center of Settlements)所發行的機關雜誌上,就 'Masalah Bangunan'(建築問題)的主題,連載發表了屬於各民族具有特徵的傳統家屋之建築學的調查報告。[3]

另外,和公共事業省同樣,於教育文科省 Proyek Inventarisasi dan

圖2.1　蘇門答臘多巴巴塔克族
（Toba Batak）稱 為「卡 班 賈 赫」
（Kabandjahe）的最大型家屋，有
20個房間，住有約100人的大建築

圖2.2　阿達特房子（adat house）。
米南卡包族（Minangkabau）博物
館（Padang pandjang）

圖2.3　蘇門答臘多巴巴塔克族
（Toba Batak）的家屋

圖2.4　巴厘島（Bali）北部的穀倉

Pembinaan Nilai-Nilai Budaya (Project of the Inventorization and Management of Cultural Value) 一貫的作業，針對傳統家屋有作一系列的紀錄。很可惜的是那份計劃的工作成果無法回答建築學的疑問，但是在印尼獨立建國歷經40年後，終於整理出關於各州獨自的傳統家屋樣式，深具意義。[4]

　　若是海外的調查研究，其實這個地域的家屋是人類學者們重要的田野調查的場域。有克拉克・坎寧安（Clark Cunningham）的 "Order in the Atoni House", 1964（〈阿托尼家的秩序〉，1964），或是也收錄前文，由羅德尼・尼德姆（Rodney Needham）所編的 *Right and Left: Essays on Dual Symbolic Classification*, 1973（《左右：關於雙重符號分類的論文》，1973），還有詹姆斯福克斯（James J. Fox）所編的 *The Flow of Life: Ewways on Eastern Indonesia*, 1980（《生命之流轉：印度尼西亞東部隨筆》，1980）等著作，關於這裡的家屋位居研究象徵論的熱門話題之中心位置。[5]

　　另外一方面，於建築學領域有高登茲多梅尼格（Gaudenz Domenig）的 *Tektonik im Primitiven Dachbau*, 1980（《原始家屋的屋頂結構》，1980），包括印度尼西亞在內的南島語族（Austronesian languages），甚至還涉及史前時代的日本為範圍，打開了一扇建築文化論的窗戶。因為這本書，因而讓日本國內的建築學者打開眼界，開始對廣大的南島語族世界產生了興趣。[6]

　　至於，雅克杜馬凱（Jacques Dumarcay）所著 *The House in South-East Asia*, 1987（《東南亞的住家》，1987）與人類學者羅克薩娜沃特森（Roxana Waterson）所著 *The Living House: An Anthropology of Architecture in South-East Asia*, 1989（《有生命的住家：東南亞的建築人類學》，1989）的付梓還是相當後來的事情。[7]

　　以上就是我在1985年，空降雅加達舊哈林國際機場（Halim Old International Airport）的時候情景。

　　在此我想談談兩個話題。

首先是嘗試提出如何理解印度尼西亞多樣的木造建築的歷史。

第二點是印度尼西亞建築文化資產所面臨的兩大危機。

2.2 試論印度尼西亞木造建築史

要論述這個題目之前，必須先討論南島語族的建築。南島語族分布於玻里尼西亞（Polynesia）、密克羅尼西亞（Micronesia）、美拉尼西亞（Melanesia）與印度尼西亞、菲律賓等海洋島嶼地域，進一步有一部份分布於大陸地區。東邊到伊斯特復活節島（Easter Island），北邊的夏威夷島（Hawaii），南邊的紐西蘭島（New Zealand），西邊到馬達加斯加島（Madagascar）。（圖2.5）雖然日本民族不是南島語族，民族性也不同，但是歷史上曾有一個時期認為它是屬於這個文化圈裡的一部份。

在玻里尼西亞地區，家屋被稱為‘Fare’。菲律賓是在‘Fare’文化圈，印度尼西亞國內稱公共建築稱為‘Bale’的地域不少。另一方面，於密克羅尼西亞區域，稱家屋為‘lmu’。這或許是與馬來語的‘Rumah’有所關連的用語，在松巴島（Sumba）用‘Uma’，在薩武島（Savu）用‘Amu’，在巴塔克（Batak）用‘Rumah’，在尼亞斯島（Nias Island）用‘Omo’，以表達具有家族或是家屋意思的詞，可以推想其同屬一個系統的用詞。

南島語族在距今約5,000年前開始移動。根據近年來的考古學與語言學的研究成果，認為其出發點在臺灣。[8]（圖2.6）不管相不相信這種結論，但是在考慮南島語族建築時，必須論及三個面向的議題。

這三個議題的第一點，是南島語族剛開始移動的5,000年前，他們到底帶著怎樣的建築移動的？第二點，是現在分布於印度尼西亞的高腳干闌構住家是經由怎樣的過程擴展出去的？另一點，是在干闌構住居形式尚未擴展出去之前，分布於各地的建築型態如何？

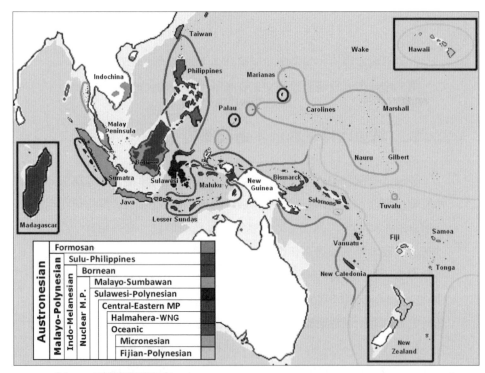

圖2.5　南島語族的分布

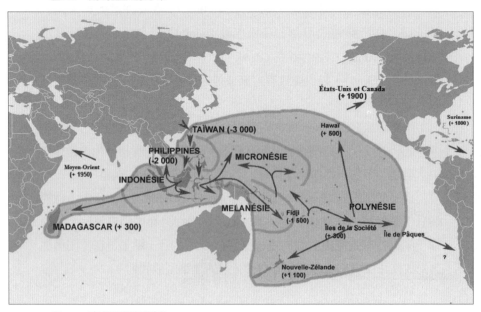

　　圖2.6　南島語族的遷移

從現在的干闌構住家的分布來看，第一個問題的答案是他們擁有的住家似乎並非是干闌構樣式。這樣一來，就出現了第二個疑問，當今存在於印度尼西亞如此眾多的干闌構住家，到底來自何方？進一步，第三個問題，亦即在南島語族尚未來到印度尼西亞之前，各處的住家到底是怎樣的建築呢？

2.2.1　南島語族的建築

首先，當時南島語族開始移動的時候，到底他們所擁有的是怎樣的建築型態？

若我們觀看玻里尼西亞與密克羅尼西亞的家屋，儘管一些帛琉島（Palau）是屬例外，一般而言並非是干闌構住家。而是整體建築建造在砌石基壇的上面，作為南島語族的出發地的臺灣，多數的原住民的家屋也是在其周圍砌石為基壇，或是作為牆壁。[9]（圖2.7–2.10）

玻里尼西亞東端的馬克薩斯群島（*Îles Marquises*）家屋平面，家屋的兩端有中脊柱支撐屋頂的中脊木，其家屋建築是直接從地面架掛椽

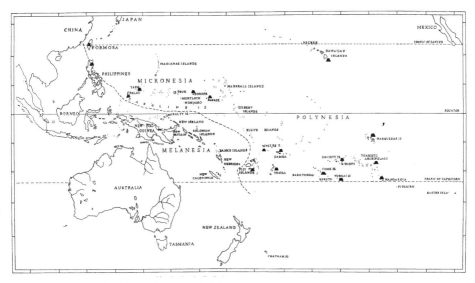

圖2.7　李亦園（1981）所繪製的家屋基壇分布圖

圖2.8　李亦園（1981）書中所示
的臺灣平補族家屋之一案例

圖2.9　臺灣泰雅族的半地下形式家屋

圖2.10　臺灣排灣族的家屋

木到中脊木的整個屋頂結構構成。在入口的一邊立柱作有牆面，但是
似乎不作離地的地板面。（圖2.11, 2.12）

　　密克羅尼西亞的雅浦島（*Waqab*）的家屋建築結構更爲明快。這裡
也是立中脊柱支撐屋頂的中脊木，這點與馬克薩斯群島相同，但是建
築物的橫向架構材全是個別由埋地柱所支撐。個別立柱的角色非常單
純，他們尚未有於礎石上架構主屋架之剛性架構（*Rahmen structure*）概
念。乍看之下，有一個巨大的船型屋頂，這可能是後世受到東山文化
（*Văn hóa Đông Sơn*）影響所致。不是干闌構，而是建在砌石基壇之上的
建築。（圖2.13, 2.14）

　　我基本上認爲，這樣的結構構造理念是南島語族開始移動之初，
所擁有的家屋型態。

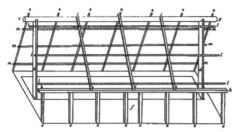

圖2.11　馬克薩斯群島（Îles Marquises）家屋

圖2.12　立於砌石基壇 'paepae' 上的建築（1910）

圖2.13　密克羅尼西亞的雅浦島（Waqab）的集會所 'Faluw' / 'Pebai'

圖2.14　集會所建於基壇 'dayif' 之上（1899）

2.2.2　干闌構的擴及傳播

　　如上所述的情形下，今日可見於印度尼西亞的干闌構家屋是從哪來的建築樣式。[10]

　　從菲律賓呂宋島的邦托克（Bayan ng Bontoc）族的案例來看，他們不作干闌構，而是直接生活於「土間」（與室外相同，不另鋪地板面，不脫鞋直接進入的室內空間。是日文的習慣用詞）之上。進入出入口後，右手邊是舂米場與火爐，左手邊作有板面床架。面對屋子的裏側，

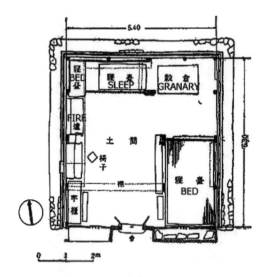

圖2.15　臺灣排灣族家屋的平面圖

圖2.16　菲律賓呂宋島的邦托克
　　　　（Bayan ng Bontoc）族家屋的平面圖

　　有用牆圍著的小房間。這裡是睡覺床面，於土面之上鋪草，直接躺臥
於草上。於睡覺床面的旁邊，用木板組構之大穀倉，用來貯藏稻米。
這樣的邦托克族家屋平面與臺灣原住民的家屋非常相似。（圖2.15, 2.16）

　　　　他們的生活不是干闌構的生活，但有趣的是他們稱為‘Farey’的家
屋卻是從干闌構家屋衍變而來的建築。於屋內中央有立4根柱子的抬
高地板倉庫構造。從家屋的建造過程來看，在建造的中途確實曾經出
現過干闌構的構造。即使稱其為抬高地板倉庫，但也不是為了貯藏稻
米，而是稻米收割之後，家主人爬上抬高地板倉庫內，起火於爐，舉
行雞祭儀式。（圖2.17）

　　　　於邦托克族鄰近處，是伊富高（Ifugao）族的生活場所。他們擁有
著名的優美的梯田世界遺產。他們轉用了邦托克族家屋內由4根柱子
所支撐的抬高地板倉庫，作為居住其中，稱為‘Bale’的家屋。應該可

圖2.17　菲律賓呂宋島的邦托克（Bayang Bontoc）族家屋興建過程照片（1981）

圖2.18　呂宋島伊富高（Ifugao）族（1982）

以推想，其干闌構住家是作為米倉，而與水稻耕作同時被帶到這個地區來，而米倉被作為住家使用的結果。（圖2.18）而水稻耕作沒有傳到臺灣的原住民手上，這也說明了這種干闌構住家不存在於臺灣的原因。

　　但是因為邦托克族的傳統生活習慣根深蒂固，沒有發生變化，最後仍然沒有利用抬高地板倉庫當作住家使用，而生活在抬高地板的下面。這是干闌構住家傳播的過程中，非常有趣的案例。於印度尼西亞亦有幾個相似的案例。

　　位於摩鹿加群島（Kepulauan Maluku）東南的萊蒂島（Leti）上的人

圖2.19　位於摩鹿加群島（Kepulauan Maluku）東南的萊蒂島（Leti）

們過著地面上的生活，進入其家屋‘Rumeh’，發現其組構了相當典型的干闌構之結構。於橫向桁枋方向與進深梁材方向相互組成，有如板木井幹造之抬高地板，這共通於邦托克族作法。

　　屋頂裏側空間不是日常生活的場所，而作為如結婚儀式等儀禮舉

圖2.20　象徵祖先的木雕‘yene’被安置於屋頂裏側空間

行時使用。或是在家族有人去世時，用木雕像象徵死去的人，置於屋頂裏側空間的山牆側的架子上。（圖2.20）萊蒂島的祖先像可廣見於南島語族的世界裡，以如日本相撲賽前準備，兩腿向外的蹲姿樣態，呂宋島伊富高族也有同樣的祖先像。伊富高族的像象徵稻作守護神，當稻米收穫後，用稻米作成的餅塗上神像的臉，舉行灑酒儀式。

　　我到萊蒂島進行田野調查的1986年，還保留有幾棟的傳統家

圖2.21　干闌構結構之變遷：原型

圖2.22　干闌構結構之變遷：支柱的省略與中脊柱的分離

圖2.23　干闌構結構之變遷：省略中脊柱

圖2.24　干闌構結構之變遷：抬高地板往屋頂裏側空間的變遷

屋。當追溯其構造的變遷過程時，可以明白知道從複雜的干闌構構造逐漸發生簡化，最後僅剩下天花板裏側空間的發展過程。若是於這個變遷的最後階段狀態，已經存在如萊蒂島家屋起源抬高地板倉庫的痕跡。（圖2.21–2.24）這樣就無從以建築結構的構造讀出其家屋發展的深層歷史了。

　　可以在巴厘島（Bali）找到更為熟悉的案例。一般清楚知道，巴厘島民以古農阿貢（Gunung Agung）聖山為中心，根據山邊／陸地的方位之 'kaja' 與海的方位 'kelod' 之相對性方位，形塑出巴厘人的世界觀。面對聖山的 'kaja' 方位與「生」有所關連，相反的，'kelod' 則與「死」

圖2.25 巴厘阿加
人（Bali Aga）的圖
格 南（Tenganan）
村落（1985）

有所關連的方位，因此所有的聚落與家屋的配置都跟從這個方位來決定。

　　原住民的巴厘阿加人（Bali Aga）的圖格南（Tenganan）村落，（圖2.25）確實守住這個方位軸線。通過聚落中央的道路有稱爲‘Jineng’的共同穀倉。而個人的稻米怎樣收藏呢？在各戶人家的宅院有稱爲‘Bale Tengah’的中心主要建築，作爲舉行儀禮時的建築。在這棟建築的屋頂裏側空間，則被作爲收藏稻米的倉庫。若用不同的描述方式，可以說他們是生活在米倉下面的空間。（圖2.26, 2.27）

　　龍目島（Lombok）的薩薩克族（Sasak）也屬例外不住干闌構住家的

圖2.26 通過圖格南（Tenganan）聚落中央道路稱為'Jineng'的共同穀倉

圖2.27 可看到稱為'Bale Tengah'建築的屋頂裏側空間的入口

民族。他們利用傾斜坡地，建造稱為'bale'的家屋於土造基壇上，生活在其中。（圖2.28）

　　然而，位在龍目島東北邊的巴彥地方（Bayan），薩薩克族人雖然住在土間的房子裡，於其屋內有稱為'Inan Bale'，亦即位於家屋中心的干闌構構造的置物場所。（圖2,29, 2.30）或許是因為受伊斯蘭教化的影響，這處的干闌構空間已經沒有儀禮性意涵，並且薩薩克族分布的其他地方也已經不存在這樣的空間了，但是這樣的構造作法或許應該視為是暗示薩薩克族家屋從干闌構發展來的結果。

圖2.28　龍目島（Lombok）的薩薩克族（Sasak）（1986）

圖2.29　薩薩克族家屋內的'Dalam Bale'，龍目島森巴倫村（Sembalun）（1986）

圖2.30　家屋內留下的'Inan Bale'痕跡，龍目島巴彥（Bayan）（2013）

　　其實，要利用抬高地板倉庫的簡單方法，就是直接居住進稻米倉庫。於印度尼西亞也存在與呂宋島伊富高族相同的案例。森巴瓦島（Sumbawa）上稱爲'Uma'的東戈人（Donggo）家屋，（圖2.31）其在支撐干闌構的柱子上部，還保留有防止老鼠上爬的「返鼠板」，因此可以知

圖2.31 森巴瓦島（Sumbawa）上稱為 'Uma' 的東戈人（Donggo）家屋（1985）

道家屋原型本來是稻米倉庫。居住空間的裏側還留有作為稻米倉使用的一個角落。

在此介紹幾個可以表示是從抬高地板倉庫發展出來的多樣干闌構建築之案例。

阿洛島（Alor Island）稱為 'Fala' 的家屋，與東戈人一樣，轉用了被置於4根柱子上的抬高地板倉庫。但是，阿洛島將抬高地板倉庫下的地面作成梯段狀，男人們的日常生活幾乎都在抬高地板倉庫下的梯段地板面上活動，因此，在梯段面設置有男性專用的火爐。（圖2.32）本來料理用的火爐在抬高地板倉庫空間的內部，女性與小孩們在完全漆黑的抬高地板倉庫空間內寢睡與活動。於阿洛島的抬高地板倉庫的屋頂裏側場所，存放保管著有稱為 'Moko' 的銅鼓等神聖的器物。

可以在森巴瓦島看到如於阿洛島（Alor Island）的從抬高地板倉庫下的梯段地板面發展出來的干闌構家屋形式。

圖2.32　在抬高地
板倉庫下的梯段地
板面上活動空間
（2013）

圖2.33　在森巴瓦
島家屋‘Uma’中
央立的4根神聖柱
子（1985）

　　森巴瓦島的家屋‘Uma’，聞名於屋頂中央處作出突出成為具有獨
特尖型屋頂結構之構造。於這個尖型屋頂內部祭祀稱為‘marapu’的祖
先神，安置有從祖先傳下來作為象徵氏族的家庭寶物。在家屋中央立
有4根神聖柱子用來支撐這個尖型屋頂。於森巴瓦島西部地方，在這
些柱子的柱頭，一定嵌鑲作有「返鼠板」，所以可以知道屋頂裏側部分
是起源於抬高地板倉庫的構造作法。（圖2.33）這件事說明了位處於其下
的人們居住空間是從抬高地板倉庫下的梯段狀地板面發展的結果。

　　類似的發展也可以被發現於在具有完全不同家屋樣式的案例裡。
如在蘇門答臘島上的多巴巴塔克族（Toba Batak），他們所擁有的巨大船

圖2.34　蘇門答臘島上的多巴巴塔克族（Toba Batak）家屋 'Ruma' 與穀倉 'Sopo'（1990）

型屋頂家屋 'Ruma'，仔細調查其建築結構的構造，可以理解它是從抬高地板倉庫的梯段狀地板發展來的結果。（圖2.34）

　　最後想針對爪哇家屋 'Omah' 作一些說明。爪哇家屋並非屬干闌構建築。其建築擁有由合體兩棟象徵性建築而成的形式，亦即由不設置牆壁的廳堂 'Pendopo' 與位於其後側的主屋 'Dalem' 所組成。（圖2.35）'Pendopo' 有由稱為 'soko guru' 的4根神聖柱子所支撐的尖型屋頂。於 'Dalem' 室內也有由4根柱子所支撐的空間，位於其裏側中央，被稱為 'Krobongan' 的房間，祭祀著稻子女神 'Dewi Sri'。存在主婦不能不供上給女神 'Dewi Sri' 供品的習俗。房間內堆放有高高的枕頭的床（bed），有儀禮性設置的人像造型等器物。於結婚儀式時，新郎新娘坐在房間的前面，舉行祭祀儀式。（圖2.36）'Dalem' 具有私密性的女性性格，相對的，'Pendopo' 屬於待客性的公共特質之空間，具有與祭祀祖先相關的男性的性格。（圖2.37, 2.38）

圖2.35　擁有廳堂'Pendopo'
的爪哇家屋（1991）

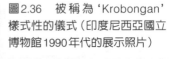

圖2.36　被稱為'Krobongan'
樣式性的儀式（印度尼西亞國立
博物館1990年代的展示照片）

圖2.37　'Pendopo'被視為象徵男
性的空間

圖2.38　'Dalem'為象徵女性的空
間

若回顧印度尼西亞干闌構住家的討論後，聲稱爪哇家屋原型是抬高地板倉庫的說法，也不會認爲是武斷粗暴的說法。因爲於干闌構的主軸空間構成上的稻米倉庫本身，作平行的移動成爲‘Krobongan’，作爲集會場所的抬高地板倉庫下的空間，以‘Pendopo’形式被保留下來。(圖2.39) 這樣思考就容易理解多了。這個爪哇家屋象徵性地將男女放於分離的不同空間。也就是說，印度尼西亞的干闌構家屋具有垂直方向的象徵性（抬高地板之下／抬高地板之上／屋頂的裏側）。但是爪哇卻變化成水平方向。所謂的水平方向的重重相疊式的空間營塑，最具代表的是中國建築，或是爪哇有受到它某種程度的影響所致。(圖2.40)

圖2.39　圖像化之垂直象徵──天上界與地下界交點之恩加朱達雅克族（Ngaju Dayak）的神聖家屋

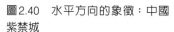

圖2.40　水平方向的象徵：中國紫禁城

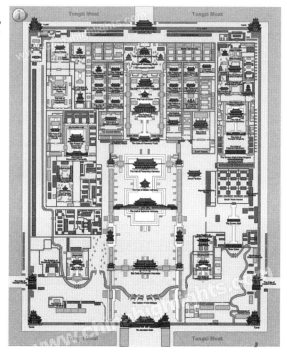

圖2.41　鹿兒島縣奄美群島最大島之奄美
大島（1999）

圖2.42　鹿兒島縣最南端島嶼之與論島
（1999）

圖2.43　鹿兒島縣奄美群島南西部的沖永
良部島（1999）

圖2.44　沖繩（1999）

　　這種抬高地板倉庫當然也傳到日本來。直到最近的日本西南群島
還使用著抬高地板的倉庫。（圖2.41-2.44）

　　在12世紀的中尊寺金字經見返繪（折頁畫），出現描繪木板井幹構
工法的抬高地板倉庫圖；（圖2.45）於朝鮮半島上的高麗時代，也可以在
定年在4-5世紀的八清里古墳壁畫裡看到同是井幹構的抬高地板倉庫
的圖。（圖2.46）

　　可以知道這樣的建築樣式被傳到相當北邊的地方去。其實，那也
是當然的現象，因爲它是隨著水稻耕作而傳播普及的建築。我們不清

圖2.45　中尊寺金字經見返繪（折頁畫）（12世紀）

圖2.46　朝鮮半島上的八清里古墳壁畫之井幹構的抬高地板倉庫的圖（4–5世紀）

圖2.47　據傳為日本香川縣出土之銅鐸上所描繪之抬高地板倉庫西元前2世紀至西元後1世紀

楚何時水稻耕作傳進印度尼西亞，但是日本出現抬高地板倉庫是在紀元前3世紀左右（近年有很多討論認為水稻耕作本身要更早約700年就已經實行了）。（圖2.47）但是這種爭論沒有太大的時代差別之意義。

2.2.3　船型的象徵性

作為印度尼西亞木造家屋之特徵的船型屋頂，其背後存在接下去要論述的信仰使然。

亦即，祖先從遙遠西方的故鄉，乘船來到此地。因此，死者的魂也再次乘著船沿著河川往下游的西方故鄉回去。

在這樣的觀念下，家屋被比喻成祖先乘坐的交通工具之船，棺木更是承載死者的船。

　　在東亞與東南亞所發現的，可以上溯紀元前數世紀以前的青銅製成的貯貝器，或是銅鼓上有出現船型屋頂建築的圖案。（圖2.48–2.50）

圖2.48　作為裝飾貯貝器頂的干闌構建築：祭人頭的場面（出土於雲南石寨山）（西元前2世紀至西元1世紀）

圖2.49　描繪於銅鼓面的干闌構建築（出土於越南黃河；Việt Nam Hoàng Hà出土）（紀元前3世紀?）

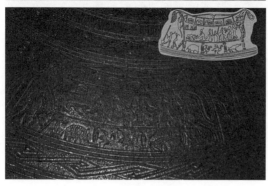

圖2.50　馬卡拉毛銅鼓（Makalamau drums），發現於松巴瓦島北邊桑厄昂島（Sangeang）（雅加達國家博物館藏）

這項考古學的發現當然可以視爲是提供解釋印度尼西亞家屋出身來源的線索。有一集團擁有青銅文化的祖先（同時帶著船型屋頂的建築）從故鄉的越南或是南方中國乘船出發航行至此地！？[11]

　　與在東山文化銅鼓上所描繪的建築極爲類似的家屋，出現在蘇拉威西（Sulawesi）島上的托拉杰（Toraja）地方。其托拉杰聚落由被稱爲佟科南（Tongkonan）的祖先之家與稱爲阿莨（Alang）的穀倉作平行排列的配置，組成了幽美的聚落景觀。托拉杰並不與其他南島語族社會一樣，它沒有南北的方位軸線。取而代之，它的方位軸是沿著河川上游爲「生」的方位與河川下游爲「死」的方位，而聚落就是跟隨著這個方位軸來配置。當祖先乘坐稱爲佟科南（Tongkonan）的船隻來到此地，向著河川上游建造佟科南（Tongkonan）之傳統家屋，相反的，穀倉阿莨（Alang）則向著河川下游建造。（圖2.51）於是，阿莨在喪禮儀式過程中，聯繫上與「死」的關係。

圖2.51　面向河川上游的佟科南（Tongkonan）（左）與面向河川下游的穀倉阿莨（Alang）（右），凱特克斯村（Ketekes）（2005）

與托拉杰相同，被視爲船型屋頂之代表案例，位於蘇門答臘島上的多巴巴塔克族（Toba Batak）。其船型的家屋'Rumah'與穀倉'Sopo'作成壯觀的互相相對之配置。（圖2.34）

　　過去較少被拿來與船型作關連性論述，但是其屋頂的形狀保有相同意象企圖的建築，在蘇門答臘還有別的案例。亦即蘇門答臘南部的帕塞馬族（Pasemah；Besemah）、南部的米南卡包族（Minangkabau）、北部的亞齊族（Aceh）等。（圖2.52-2.54）

　　特別是在印度尼西亞東部，廣爲接受船的象徵性觀念。

　　薩武群島（Savu）的家屋'Ammu'，常被用上下倒覆的形狀來形容。家屋的中脊方向經常面向東西，船首方有男性的出入口，船尾方有女性的出入口。於船尾方女人領域的上方，有屋頂裏側的房間，

圖2.52　蘇門答臘南部的帕塞馬族家屋（Pasemah；Besemah）（2013）

圖2.53　米南卡包族（Minangkabau）的家屋 'Rumah Gadang'，於左右突出 'anjung'

圖2.54　北部的亞齊族（Aceh）的家屋 'Rumoh'，有突出山牆兩坡頂的屋頂

圖2.55　有船首與船尾的家屋，薩武島（1987）

只允許一家的女主人，才有資格登上屋頂裏側空間。（圖2.55）當高粱（Sorghum）收成結束後，舉行收穫儀式祭典時，把收穫回來的一部份高粱作成粽子，置放入船裡，向西邊流去。在此同時，在立於屋頂裏側的柱子下面，供奉著粽子。農作物與人們一樣，都要回歸至故地去。

　　帝汶島（Timor Island）山區的布納克族（Bunaq）的家屋 'Deu'，為干闌構建築，並且在其牆面全面裝飾有乳房與迷路圖案紋樣的雕刻，兩根支撐中脊木的柱子，其被比喻為船的家屋屋頂由男性的「海柱」與女性的「火柱」所支撐。（圖2.56）

　　還有，佛洛勒斯島（Flores island）的家屋 'Lio' 或是羅地島（Rote Island）的家屋 'Uma' 等案例也被指出其家屋屋頂是船的象徵物。（圖2.57, 2.58）

　　日本古墳時代也可以知道存在擁有巨大船型屋頂的建築。排列放置於古墳裡的家屋形土器（「家形埴輪」），多為蓋上向外伸展的大型山

圖2.56　布納克族（Bunaq）的家屋‘Deu’正面的雕刻圖案（1987）

圖2.57　支撐祖靈依附中脊木的中脊短柱‘mangu’（帆柱），佛洛勒斯島（Flores island）的家屋‘Lio’（1986）

圖2.58　支撐抬高地板，稱為‘lolo kenik’（船的龍骨）之大梁。羅地島（Rote Island）（1987）

牆之船型屋頂建築物。（圖2.59）同樣的建築型態，也被描刻在著名的家屋文鏡上。其出現的時期是在3世紀至6世紀期間。（圖2.60）

　　若是把描繪於銅鐸上的干闌構建築案例也算在內，則年代可以上溯至西元前2世紀前後，（圖2.61）但是除了這狂熱時代的幾個世紀除外，後來的日本建築並不再出現這種船型屋頂的建築類型。從東山文化所傳播波及的情況來看，印度尼西亞出現船型屋頂的時代或許與日本出現的時代應該差不多。

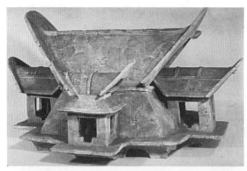

圖2.59　家屋形土器（「家形埴輪」；出土於日本宮崎縣西都原古墳；西元5世紀）

圖2.60　家屋形紋樣銅鏡（出土於日本奈良縣佐味田宝塚古墳；西元4世紀）

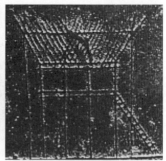

圖2.61　描繪於銅鐸上的干闌構建築紋樣（傳出土於日本香川縣；西元前2世紀）

2.2.4　南島語族分布之前印度尼西亞

　　最後想看看在南島語族還沒有來到印度尼西亞之前，這個地區的原住民們居住的是怎樣的家屋型態？

　　有一種可能性是圓型家屋。綜觀這個地區的全體範圍，從東端的新幾內亞島（New Guinea）或是西端的安達曼-尼科巴群島（Andaman and Nicobar Islands）都存在圓形家屋的現象呈現了一定的暗示意義。另外，於蘇門答臘西方的恩加諾島（Enggano Island），到了20世紀初頭還曾經保留有如鳥巢般的干闌構家屋‘Yuba Kakadie’，這些資訊都傳遞了在南島語族分布之前的印度尼西亞世界之建築樣式狀況。（圖2.62–2.64）

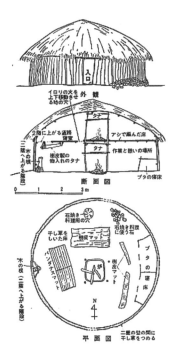

圖2.62　新幾內亞島（New Guinea）高地達尼族（Dani people）的家屋

圖2.63　新幾內亞西端的安達曼-尼科巴群島（Andaman and Nicobar Islands）的家屋

圖2.65　蘇拉威西島上山岳地帶的集會所
'Lobo'

圖2.64　蘇門答臘西方的恩
加諾島（Enggano Island），
到了世紀末還保有如鳥
巢般的干闌構家屋'Yûba
Kakadie'（圓形家屋）

圖2.66　臺灣卑南族的青年
集會所

　　於南島語族的聚落裡，除了滿足居住機能的家屋之外，多數案例
都還存在具有特殊用途的集會所。一般的家屋是女性生活聚居的場所，
這些集會所被用來當作年輕的未婚男子住宿，或是村落聚集駐留場
所，或是獵首等活動之祭祀空間。（圖2.65, 2.66）即使在全體村落居民聚
集居住的長屋（long house）為一般現象的婆羅洲（Borneo），在比達友
族（Bidayuh）裡亦存在保管獵首回來的首級之圓型的儀禮性建築'Bori
Baruk'。[12]（圖2.67, 2.68）

　　帝汶島（Timor）上的阿托尼族（Atoni）家屋'Ume'也屬圓錐型的

圖2.67　婆羅洲（Borneo）比達友族（Bidayuh）首級之圓型的儀禮性建築 'Bori Baruk'

圖2.68　同家屋內部（1992）

小建築。雖然與抬高地板倉庫一樣用4柱支撐的主體結構之構造，但是阿托尼家屋為「土間」形式建築。家屋以外，王族（首長）曾經擁有上蓋巨大蜂窩狀屋頂的抬高地板倉庫型之穀倉 'Lopo'。'Lopo' 是興建在砌石的高基壇上之公共建築，抬高地板下的空間兼作集會場所。阿托尼與印度尼西亞其他地方同樣，家屋 'Ume' 借用倉庫 'Lopo' 的構造作法。阿托尼族人的村落擁有與家屋一樣採用圓錐型，稱為 'Ume Leu' 的儀禮家屋。'Ume Leu' 不是採用4根柱的構造，而是中央立一根柱子支撐建築的作法。這根柱子具有神聖性，立於砌石的基壇之上，掛著祖先留下來的各種神聖的道具。這是在導入抬高地板倉庫構造之前的建築構造，以儀禮家屋的形式被保留下來。（圖2.69-2.70）

　　同樣是居住在帝汶島上的布納克族（Bunaq）家屋 'Deu' 也保有圓形家屋的痕跡（前述）。（圖2.72）其他，還有佛洛勒斯島（Flores island）的芒加萊人（Manggarai）的圓形家屋 'Mbaru'，（圖2.73）或是尼亞斯島（Nias Island）北部家屋 'Omo' 等，也都屬於這種圓形家屋的類型建築。（圖2.74）

圖2.69　帝汶島（Timor）上的阿托尼族
（Atoni）儀禮家屋 'Ume leu'（1987）

圖2.70　帝汶島（Timor）上的阿托尼族
（Atoni）穀倉 'lopo'（1987）

圖2.71　帝汶島（Timor）上的阿托尼族
（Atoni）圓形家屋與穀倉（1987）

圖2.72　布納克族（Bunaq）家屋 'Deu'
（1987）

圖2.73　佛洛勒斯島（Flores island）的芒
加萊人（Manggarai）的圓形家屋 'Mbaru'
（1986）

圖2.74　尼亞斯島（Nias Island）北部家屋
'Omo'（1990）

圖 2.75　緬甸克欽
族（Kachin）家屋

圖 2.76　臺灣西拉
雅族家屋

　　除了圓形家屋之外，還有具有古老傳統的長屋（long house）。（圖
2.75, 2.76）長屋有如今天的公寓之居住形式，在東南亞大陸地區的山地
居民，或是在婆羅洲島等地，沒有發展出強大的王權，多樣的民族作
馬賽克狀分布居住的土地上，長屋是非常一般性的生活型態。[13]

　　分布於越南高地的南島語族（The Austronesian languages）或是孟高
棉語族（Mon–Khmer；The Austroasiatic languages）的各民族，如今仍居
住在長屋型態的建築裡。屬於南島語族系的嘉萊族（Jarai）地區，（圖
2.77–2.80）除了長屋之外，還有建造巨大屋頂造型之男子集會所建築
'Nha Rong'。（圖2.81）

　　於婆羅洲島上，於熱帶雨林中交通道路之河川沿線，出現各民族
建造之長屋建築。一棟長屋本身即形成了一處的聚落。因為婆羅洲民
族施行移動性的刀耕火種（Slash-and-burn agriculture），因此長屋本身也

圖2.77　嘉萊族（Jarai）地區的長屋

圖2.78　同嘉萊族長屋屋內，越南嘉萊省（1997）

圖2.79　越南多樂省埃地族（Rade people）的長屋

圖2.80　同埃地族長屋屋內，越南多樂省（Daklak）（1994）

圖2.81　巴拿族（Bahnar people）的男子集會所 'Nha Rong'（1997）

圖2.82　緬甸克耶族（長頸族；Kayan people）的長屋（1992）

圖2.83　馬來西亞婆羅洲達雅克族（Dayak）
的長屋

圖2.84　達雅克族長屋屋內，馬來西亞砂
拉越（砂磱越；Sarawak）（1992）

圖2.85　馬來西亞沙巴（Sabah）龍骨斯族
（Rungus）長屋

圖2.86　龍骨斯族（Rungus）長屋屋內，馬
來西亞沙巴州（1993）

經常會發生以數年或是數十年為時間單位的移動。（圖2.83–2.86）在比達
友族（Bidayuh）分布地區，除了長屋之外，前文還曾經提及，他們還
有掛飾獵首來的頭顱骨骸之男性集會所‘Bori Baruk’。（圖2.67）

　　位於蘇門答臘西岸的明打威群島（Mentawai Islands Regency）中的
西伯魯特島（Siberut）也有稱為‘Uma’的長屋型態的家屋。西伯魯特
島上的人們現在還過著狩獵採集方式的生活。‘Uma’是同一氏族幾
戶家族的歸屬處，他們共同舉行祭祀活動，可以說就是社會性的連結
點。（圖2.87–2.89）

圖2.87　西伯魯特島（Siberut）家屋之祭祀空間 'Katengan Uma'

圖2.88　西伯魯特島家屋之生活空間 'Paipai Uma'（2013）

圖2.89　西伯魯特島家屋 'Uma'（2013）

　　雖然不屬於長屋建築型態，在蘇門答臘西方的尼亞斯島（Nias Island）的家屋 'Omo' 還保留有長屋時代的痕跡。（圖2.90–2.92）蘇門答臘的加約族（Gayo）家屋 'Umah'（圖2.93）。或是巴塔克族（Batak）家屋 'Ruma'，有複數戶家族同住，可以稱其為一種共同家屋的型態。（圖2.94, 2.95）

圖2.90　南尼亞斯島的聚落（1990）

圖2.91　南尼亞斯島的家屋（1990）

圖2.92　南尼亞斯島：相鄰家屋相通的室內門板

圖2.93　蘇門答臘的加約族（Gayo）家屋'Umah'（1990）

圖2.94　蘇門答臘西馬倫貢巴塔克族（Batak Simalungun）的家屋'Ruma'

圖2.95　蘇門答臘卡羅巴塔克族（Batak Karo）家屋屋內（2013）

2.3　印度尼西亞建築文化資產所面臨的危機

其中一個危機是近代化或是觀光化所造成的文化資產的破壞，這種世界各處同時發生的問題。關於這一點，這裡不需要重新再提。另一個危機是，常以修復之名從事的工程，同樣造成文化資產的破壞與偽造等等的問題。修復工程本來是為了維持文化資產的價值為目的，但是在印度尼西亞卻常常發生相反的事情，反而讓文化資產的真實性消失了。下面介紹幾個案例。

2.3.1　森巴瓦島的王宮大朗洛卡 'Dalam Loka'

於森巴瓦島上，曾在1885年建造了王宮'Dalam Loka'。是用99根柱子支撐，相當稀奇連棟干闌構建築，於2001年至2011年？，得到日本技術的合作，得以修復完成。(圖2.96, 2.97) 但是，這棟建築在1980年至85年，曾經被解體修理過。

從當時修復後的照片來看，知道只有柱子與門板還是保留舊有的木材，其他的部分在修復的時候，全部都遭到改變。這棟建築只保留了外觀，已經無法感受原來建造這棟建築時大木師傅高度的技術了。(圖2.98, 2.99)

我並不清楚日本文化廳是經由怎樣的背景，選擇了這棟建築作為修復的對象。日本從事文化資產的保存修復，會盡量考量舊有材料的使用，確實在2012年的修復工程時，留下了少量雕刻的梁材，盡可能接上新材料後繼續使用。若貴重的文化資產修復時能夠提供技術合作，勞心勞力的付出就不會浪費掉。(圖2.100, 2.101)

日本現在仍保有創建後經歷1000年以上的木造建築。例如法隆寺據傳是西元607年的創建，若不經過修理放置不管的話，應該現在已經不復存在了。該寺最古的建築五重塔，確實經過幾次修理的結果，

圖2.96 森巴瓦島的大朗洛卡王宮 'Dalam Loka'，森巴瓦貝薩爾（Sumbawa Besar）（1985）

圖2.97 森巴瓦島的大朗洛卡王宮（2013）

圖2.98 森巴瓦島大朗洛卡王宮修復後的室內之一（1985）

圖2.99 森巴瓦島大朗洛卡王宮修復後的室內之二（1985）

圖2.100 森巴瓦島大朗洛卡王宮修復後的室內之三（2013）

圖2.101 森巴瓦島大朗洛卡王宮修復後的室內之四（2013）

今天或許僅留有20%創建時候的舊有木材。即使如此，也不失建築物文化資產歷史文化的眞實性，是因爲留有過去修復的紀錄，盡量趨近於原始的建築構造，進行忠實地修理工作才有的結果。

相對於此，如今已經無從知道森巴瓦島王宮的原型了。雖說王宮或可作爲觀光資源之用，但已無法提供人們了解，1985年修復工程時的古老技術，或是建築構造了。

2.3.2　佛洛勒斯島 (Flores island) 中部的恩加達族 (Ngada)

印度尼西亞東部的佛洛勒斯島中部分布有恩加達族人。其中的貝納村 (Bena) 更是恩加達文化代表的觀光村落，於1980年代被州政府指定以聚落爲整體單位進行保存。聚落裡分散有支石墓 (dolmen) 或是立有巨石的紀念物，各種各樣的儀禮所需的設備也配備得完全，對於要知道恩加達族文化而言，是一個理想的聚落。(圖2.102)

家屋 'Sao' 的中心處，用木板牆壁圍出小的空間。在這個小空間裡設置有下沉式火爐（「囲炉裏」），而一般的印度尼西亞家屋，其特徵是在灰暗狹窄家屋中心部分都不開設窗戶。於對外出入口處，作雙重的平臺，作爲日常性生活的場所。

現在來看一下恩加達村落的保存。一旦接受補助進行實際的保存修復工作之後，發生了甚麼事情呢？若比較一下1986年與2013年的兩張照片，可以發現修復後的所有家屋的屋頂中脊要高出許多。屋頂作的高，自然屋頂鋪材的蘆葦草 (alang alang) 就要增加不少。(圖2.103, 2.104) 若是無法在周邊的山上取得，當然就要到遠處購買。但是，傳統的建屋習慣是根據經濟原則（或說是社會地位），來決定屋頂的高度的法則就不再被顧及。另一方面，因爲中脊提高後，屋面的斜率也較爲陡峻，漏雨的可能性也變小，也可以增長屋面的壽命。但是，這是應該受歡迎的變化嗎？

圖2.102　佛洛勒斯島
（Flores island）中部
的恩加達族（Ngada）
（1986）

圖2.103　佛洛勒斯島（Flores island）恩加
達族貝納村（Bena）（1986）

圖2.104　佛洛勒斯島（Flores island）恩加
達族貝納村（Bena）（2013）

　　其實，問題發生在別處。恩加達的小屋頂裏側，與其他地方相比，
保有非常獨特的氛圍。其原因在於屋頂蘆葦草的鋪設方法。構成屋頂
的主體架構，與別處的作法相同，都是橫材椽木橫向渡穿。但是恩加
達人鋪設蘆葦草的方法，僅是將一束束的蘆葦草半折在橫材處並排，
就看作是完成屋面鋪設了。因此，從屋頂裏側看起來，整體的蘆葦草
尖端就好像豎立的羽毛狀態。在羽毛端部，沾滿因火爐升起的煤炭，

圖2.105　恩加達族人家屋本來的屋頂裏側
的情景（1986）

圖2.106　恩加達族人家屋屋頂裏側的情景
（2013）

或有蜘蛛網盤結，讓屋頂裏側染成完全漆黑的空間，若要爬上這個狹
窄空間作業，需要很大的勇氣才能竟其事。（圖2.105, 2.106）並且，爲了
防風吹起屋頂，在中脊木中央位置，用稱爲 'ijuk' 的棕櫚樹纖維製成
的粗壯繩索，綁住中脊木與從牆面橫渡屋頂裏側的大橫梁。但是，因
爲屋脊的升高，中脊木與大橫梁距離過大，就不再可以應用此種工法
固定屋頂了。現在就在近鄰的森巴島（Suba island）上可以見到將蘆葦
草綁成一束束筒狀，固定排列於屋面橫材上。結果，往上看小屋頂裏
側，可以看到整齊清潔的裏側屋面。

　　問題是，這樣的變化所追求的文化資產的價值在那裡？至少，如
同我這樣的以建築爲專門職業人的眼睛所見，不傳承恩加達獨特的屋
頂鋪設方法，這個方法就會逐漸消失於印度尼西亞地域。

2.3.3　佛洛勒斯島（Flores island）西部的芒加萊人（Manggarai）

　　接著我們來看看芒加萊族人，他們與恩加達族一樣，分布在佛洛
勒斯島西部的案例。根據荷蘭人統治時期的紀錄，知道芒加來人也曾

經擁有巨大的圓錐形家屋。(圖2.73)但是好像芒加來的人們對於自己有這樣的文化卻感到羞恥。在我進行田野調查的1986年,當時還保存的傳統村落存在的瓦雷博村落(Waerebo)也只剩下4棟圓錐形家屋 'Mbaru'。(圖2.107–2.110)

圖2.107　芒加萊人家屋 'Mbaru'

圖2.108　芒加萊人家屋屋內中央的寬廣空間(1986)

圖2.109　佛洛勒斯島芒加萊人的瓦雷博村落(Waerebo)(1986)

圖2.110　佛洛勒斯島旅遊廣告～ www. floresexotictours.

家屋的內部所呈現的情形與只從外觀來想像推測不同，其實'Mbaru'是干闌構家屋住宅。沿著圓形平面外牆，間隔8-10戶家族個別居住的房間，於屋內的中央位置，依照家屋內家族戶數設置有相當數量之爐石火爐。火爐的旁側，立有一根從下往上至屋頂的頂部之中心柱，架上可以爬升至屋頂裏部空間的梯子。巨大屋頂裏部空間分為3層，作為貯藏之用，保管收穫到的玉米。

　　以上所述是在1986年的情形。現在的情形可以從航空照片確認，好像原來僅有4棟'Mbaru'家屋，但是現在增為7棟。芒加萊縣知事企圖要保留本身的縣定文化資產，在這數年期間，與印度尼西亞大學等機構合作，推動了復原傳統家屋'Mbaru'運動之結果。也舉辦了紀錄這些保存復原的過程之展覽會及出版介紹書籍。可能這項事業也獲得了聯合國教科文組織（UNESCO）的獎賞。

　　原來瓦雷博村的社會的家屋'Mbaru'是為外族婚姻單位，家族間討論婚嫁的場所。不清楚這種婚姻制度在復原家屋裡有怎樣的變化，但可以確定的是，在利用觀光導向所作的文化資產保存上，或許應該給與正面的肯定。問題是如何在學術上給與它的評價？

　　在出版的書中載有關於建築儀禮的詳細報告。但是在公開的記錄照片裡，卻有讓人懷疑的景象。芒加萊族人為何在舉行儀禮的時候，大家都戴有蠟染（batik）的傳統男子頭巾布蘭康（blangkon）？（圖2.111,2.112）他們多數為信仰耶穌的基督徒。於傳統家屋的興建時，於豎立中心柱時，宰殺豬、雞舉行祭儀，將豬雞的血灌入立柱的柱基。至少在我調查的1986年，芒加萊人還這樣進行家屋的興建。但是，這份報告書雖然記載著殺雞當作供祭的犧牲，但是完全沒有豬隻的照片。這可能是因為殺豬供祭共食，對於爪哇的人們而言並不喜愛，或是被村落的人們敬而遠之了。

圖2.111　芒加萊族人聚集舉行儀禮時，頭上均戴有蠟染（batik）的傳統男子頭巾布蘭康（blangkon）

圖2.112　芒加萊族人聚集舉行儀禮時，頭上均戴有蠟染（batik）的傳統男子頭巾布蘭康（blangkon）

　　對我而言，這份傳統文化的紀錄，卻是在印度尼西亞所發生，被爪哇支配的地方文化遭到殖民化過程裡的一項象徵性事件。

　　芒加萊族分布區域，除了瓦雷博村落（Waerebo）之外，另外還有被稱爲托荳（Todo），曾經是王族居住過的村落。於1986年，傳統的圓錐形家屋確實已經不存在了。但是在1992年，獲得瑞士的財團之援助，重新興建了國王之家。今天仍然可以見到重建的家屋。我在2013年重訪托荳村的國王之家，但是要進入參觀必須穿著傳統服裝的蠟染沙龍（Salon）。這是瓦雷博村落的觀光化再生產出來的新的創生傳統之一種現象。

　　這是因爲一股腦筋往文化資產的商業利用方向去，過度看輕傳統文化之結果。傳統家屋經過很長的歲月發展之後，出現在我們的眼前，若是對祖先曾經作過的努力有一點點的敬意的話，就不會作這些愚笨的事情吧！

圖2.113　普蘭巴南寺院（Candi Prambanan）（1985）

2.3.4　普蘭巴南寺院（Candi Prambanan）

　　最後想介紹一個稍微不一樣的案例。於普蘭巴南寺院的牆面的雕刻，描繪了不少建築的樣態。因此它對於建築史的研究佔有很重要的地位。（圖2.113, 2.114）

　　在此簡單地說明一下雕刻中所描繪的家屋特徵。屋頂山牆面向外傾斜成為船型，因此可以作為船型象徵之歷史性指標。它們與後代的雕刻不同，屋頂面上不作任何模樣的描繪，但是應該是鋪草為頂的作法。建築是屬於干闌構住宅，主建築的側面設置有稱為瑟蘭比（selambi）的平臺。其結構在支撐抬高地板的柱子下置有礎石，柱子與地板橫枋之間有斜撐的方杖，柱子與柱子之間，有聯繫的貫穿橫枋等等具特徵作法。在組構木造建築技術上相當成熟。

圖2.114　普蘭巴南寺院群裡的毗濕奴寺院（Candi Wishnu）上的雕刻紋樣
（1985年攝影）

　　相似的建築圖在婆羅浮屠寺院（Borobudur）或是普羅巴南寺院上
其他的雕刻描繪，大概擁有相同的特徵，因此可以推測他們所表現的
就是在西元7–9世紀爪哇島的家屋型態。（圖2.115, 2.116）

　　一般的印度尼西亞通史，知道後來的政治中心從中部爪哇移至東
部爪哇。在爪哇東部也興建很多寺院（Candi），但是其雕刻圖案與前者
有很大的差異。在普羅巴南寺院是船型的懸山兩坡屋頂，但是在爪哇
東部寺院裡所描繪的建築多為四坡廡殿頂或是攢尖頂。於屋頂也描繪
有魚鱗狀，可以想像這是表現鋪瓦或是鋪木片（sirap）的意思。雖是抬
高地板，但是高度也低許多，描繪有人們坐在低小的平臺狀的抬高地
板上的樣態。柱子下雖亦有礎石，但是其下還作有基壇。（圖2.117）

　　透過這些寺院的雕刻，可以大致知道印度尼西亞木造建築史的主
流趨勢。在此再追加說明一處有趣的案例。亦即位於諫義里市（Kediri）

圖2.115　婆羅浮屠寺院（8世紀至9世紀）

圖2.116　普蘭巴南寺院（9世紀至10世紀）

圖2.117　東爪哇信訶沙里王朝（Kingdom of Singhasari）時期的賈戈寺院（Candi Jago）（13世紀至14世紀）

近郊的色羅芒楞洞窟（Gua Selomangleng）內的壁畫。（圖2.118, 2.119）這個洞窟在地理上，位於政治據點從中部爪哇遷移至東部爪哇的過渡期，興建於10–11世紀左右的遺跡。其所描繪的建築也剛好兼具備了兩個時代的特徵。抬高的地板也較高，也可以看到在後代已經消失的支撐地板之方杖。屋頂也仍抱持著船型，但是已經出現魚鱗狀的模樣。

圖2.119 諫義里市近郊的色羅芒楞洞窟
（10世紀至11世紀）（1985年攝影）

圖2.118 諫義里市近郊的色羅芒楞洞窟內
的壁上雕刻紋樣

　　然而，歷史就是有不可思議的事情會發生，在普蘭巴南寺院
（Candi Prambanan）的雕刻圖案裡，存在一個在屋頂上描繪瓦片的案
例。但是，我們知道於普蘭巴南寺院群與婆羅浮屠寺院群都不存在有
描繪瓦片的雕刻圖案。而這個案例的存在，是否說明爪哇島上使用鋪
瓦工法的時間發生得更早呢？（圖2.120, 2.121）

　　若詳細觀看這個雕刻圖案，這個單獨存在的屋頂雕刻圖案線條相
當稚拙。必然是後世惡作劇的作品。應該是在修復時，工匠為了使看
不到的線條明顯化的結果。當從事文化資產修復時，當然必須要有嚴
謹的現場管理，或許現實上無法顧及到細部的修復作業。但是，若是
忽視這種行為，印度尼西亞的歷史將會被如何地重新改寫呢？現在發
生的現實希望不要發生。

図2.120　修理不當的普蘭巴南寺院　　図2.121　普蘭巴南寺院應有狀態

2.4　後記

　　我最初來到印度尼西亞進行田野調查的場所是從摩鹿加群島（Kepulauan Maluku）的一個小島開始的。其實在印度尼西亞任何地方的傳統社會都一樣，在那個小島上存在掌握傳統文化的，稱爲阿達特（adat）之習慣法組織。遵從阿達特習慣法，營運村裡的種種活動，進行司法裁判處罰，則存在有慣習會議扮演它的角色。另一方面，這個島有村長，有別於阿達特系統，他有由中央政府所委託指派的政治性權限。換言之，一個島共存有兩個政治性的權力結構。村長也兼爲教會的牧師，所以他掌握了從小島外部來的印度尼西亞政府與基督宗教之政治性與宗教性的權力。而一方面的慣習會議則是用傳統宗教，他們稱它爲「印度教」，其實是一種萬物有靈論與阿達特習慣法，使村落轉動運行。

如此一來，就常常有兩個組織對撞的情形發生。例如像我這樣的外國人，到小島來從事調查時，帶著向中央政府申請的許可文件進入村落，由村長幫忙工作的進行。但是，一旦遵從村長的指示進行調查時，卻被慣習議會拒絕了。像這類的問題似如家常便飯地頻繁發生。

　　關於島上的近代化問題，我們與村長希望往近代化發展，思考小島的開發事業，但是慣習議會希望維持傳統，常常出現想法上的差異問題。所以事情沒有那麼簡單。村長希望觀光化讓村裡的文化資產更為豐富。因此，作為觀光資源，反而更重視、更珍惜傳統家屋。相對於此，慣習議會希望阿達特慣習法能夠永久持續維持下去。為此，不會討厭將鋪草屋頂改為鋪鍍鋅鐵板，或是干闌構住家基礎改成混凝土造的變化。不，其實這樣的改變更可以使阿達特持續得更長久。並且，即使改變了家屋的素材與外觀，只要遵守阿達特慣習法來興建，換言之，只要承襲適當的儀禮，興建保有可以舉行祭祀的空間構成，那就可以被視為是阿達特房子（adat house）之慣習家屋。

　　圍繞傳統家屋的政治環境，不但只是這個小島的事情，在印度尼西亞到處都發生的現象。被我們稱為「傳統家屋」或是「文化資產」時，到底它們的真實性（Authenticity）在哪裡？我們有必要重新思考一次。還有，文化資產的保存與再利用，對於當地社會有怎樣的影響？又帶來了什麼樣的東西？這些都必須放在桌前，一再自我問答的課題。

　　現在我正在從事位於蘇門答臘西方的尼亞斯島，島上傳統聚落的保存工作。特別是位於南部尼亞斯的巴沃馬塔洛村（Bawömataluo），現存有超過100棟傳統家屋的大型聚落。（圖2.122, 2.123）初來到這個聚落時，大吃一驚的是島上來往的居民人數竟然如此地眾多。通常傳統聚落都發生年輕人不在的問題。也就是說，大多的聚落的年輕人都捨棄傳統生活，移居至都市去了，村落僅留下了老人的現象。但是尼亞斯島的村落，其聚落內竟然人潮群聚，過著平常的日常生活。可以看到

圖2.122 南部尼亞斯的巴沃馬塔洛村（Bawömataluo）家屋重新鋪設屋頂
（2012）

圖2.123 南部尼亞斯的巴沃馬塔洛村（2011）

圖2.124 南部尼亞斯奧諾洪多羅（Onohondoro）（2012）

小孩到處奔跑玩耍的姿態。這在其他地方的傳統聚落裡是不存在的光景。（圖2.124）

　　印度尼西亞除了尼亞斯島之外，在蘇拉威西島（Sulawesi）的托拉杰（Toraja）地方，或是森巴島等地，存在以聚落為單位的傳統家屋地

圖2.125　托拉杰（Toraja）的死者祭宴（2005）

域。托拉杰現在也仍然持續興建稱為佟科南（Tongkonan）之傳統家屋。
於托拉杰會舉行聞名的盛大之喪葬儀式，若是富裕的家族，則建造更
高、更為壯麗的家屋佟科南。（圖2.125）現在指稱佟科南居住的住宅，
不如說它屬氏族權威象徵物的意義為大。於南加拉村（Nanggala）有足
以代表托拉杰傳統的家屋佟科南，但是在2005年重建為全新的佟科
南。換言之，當今現在為了要讓他們的傳統可以存活，一棟棟老舊的
佟科南被拆除，而屋頂作得起翹的佟科南就不斷地被興建，數量也逐
漸地增加。（圖2.126, 2.127）

　　另一方面，傳統的佟科南屋內灰暗，換氣也不充分，讓小孩成長
在這樣嚴酷的環境裡非常不好。結果，傳統家屋的佟科南發生可以符
合現代生活的變化。若室內設置火爐，火燒濃煙就會充滿屋內，於是
就把火爐拆除，把廚房移到室外去。牆面也裝上採光的窗戶，擴寬了

圖2.126 托拉杰南加拉村（1991）

圖2.127 托拉杰南加拉村（2005）

圖2.128 薩丹-托拉杰村（Sa'dan-Toraja）
（2005）

圖2.129 科特克蘇-托拉杰村（KeteKesu-
Toraja）（2005）

原來小而窄的出入口，增高其家屋的牆壁。（圖2.128, 2.129）

　　托拉杰的問題點在於若要維持傳統家屋樣式，年輕人卻不喜歡居
住在那裡。若是實際到訪托拉杰傳統聚落，會發現沒有什麼居住者的
蹤影。大概，即使有佟科南建築，也在其後頭建造稱爲巴努阿（Banua）
的普通現代住宅，居民移住到後頭新住宅者多。

　　既然如此，那麼爲何尼亞斯島的聚落屬於傳統聚落，卻能感受居
民的生活氣息呢？其理由很簡單就是尼亞斯的傳統家屋也擁有適合現
代生活的舒適居住空間之特質。（圖2.130, 2.131）

圖2.130　南部尼亞斯的巴沃馬塔洛村
（1990）

圖2.131　南部尼亞斯的巴沃馬塔洛村
（2011）

圖2.132　西松巴島，普萊戈里村（Praigori）
（1987）

圖2.134　舉行對馬拉普（marapu）的祭祀
祖先儀禮，東松巴島翁加村（2009）

　　印度尼西亞的傳統家屋，一般都不開窗。松巴島（Sumba）的傳統
家屋的屋頂裏側空間，有稱爲馬拉普（marapu）的祭祀祖先神依附象徵
物之空間。每當村落裡有各種活動時，例如要建造家屋的時候，則面
對屋頂裏側的馬拉普舉行祭禮儀式，確認馬拉普的反應之後，才能進
入下一個作業程序。（圖2.132, 2.134）簡直就像居住者一邊向住在屋頂裏
側的馬拉普請示意見，居住者僅借住在馬拉普家屋下的空間一般。說
不定家屋存在的本來意義，並非是爲了人們的生活爲目的而興建。其
全黑而封閉的空間，眞正目的是爲了聚集的祖先們所營造的場所。

圖2.134　松巴島的屋頂重鋪，東松巴島翁加村（Desa Wunga）(2009)

　　從保存的觀點來考量，實際上人們並沒有生活於那托拉杰的家屋
裡，所以意外保存卻簡單可以推動。但是尼亞斯的聚落，有人們實際
生活的需要，當要維護保存家屋或是聚落時，必然發生要與現今生活
的需要作相互的折衝與協調，這才是難解決的問題。現實上，在尼亞
斯島上，因爲要過現代生活，所以出現要對廚房、洗澡堂等無數的課
題進行改造的問題。

　　這個討論的歸結點回到保存文化資產的目的爲何，也就是回到一
開始就出現的疑問點。文化資產保存當然必須是對文化本身的保存。
假若因爲文化資產的保存，造成出現沒有年輕人居住的聚落，這樣一
來，即使將傳統聚落重新建造成全新而乾淨美觀的聚落，若是不存在創
生文化的繼承者，那麼要維持保存下來的聚落也變成不可能。（圖2.134）

　　不要拒絕晾滿洗後衣物於整個村落的風景，即使有外人到訪，也

圖2.135　南部尼亞斯的巴沃馬塔洛村（2012）

不避諱暴露原原本本的生活狀況，接受村落自然發展的現況應該也可以作為文化觀光的主題表現。（圖2.135）沒有任何人想參觀沒有居民的村落，期待可以摸索出與參觀博物館不同的文化資產保存方法才好。

註釋

1　日文原稿出處：http://www.sumai.org/asia/refer/its2015j.htm
2　日本建築學會編集部，《建築雜誌》連載了下面幾篇文章。目前可以在《日本建築学会図書館デジタルアーカイブス》網站取得。

・建築雜誌編集部，〈大東亜建築グラフ（フィリッピン篇）〉，《建築雜誌》56–689，1942，頁1–16。
・建築雜誌編集部，〈大東亜建築グラフ（マレー、スマトラ、ジャワ、バリ篇）〉，《建築雜誌》56–690，1942，頁17–52。

· 建築雜誌編集部，〈大東亜建築グラフ⑶〉，《建築雜誌》57–694，1943，頁53–76。

3　Pusat Penelitian dan Pengembangan Permukiman（Research and Development Center of Settlements）的出版物，以及在他們的機關雜誌《建築問題》（*Masalah Bangunan*）出版了如下的主要報告書。

· SARGEANT, G. T. & Saleh, R. "TRADITIONAL BUILDINGS OF INDONESIA Vol.1: BATAK TOBA", Direktorat Penyelidikan Masalah Bangunan - U.N. Regional Housing Centre, Bandung, 41P, 1973.

· SARGEANT, G. T. & Saleh, R. "TRADITIONAL BUILDINGS OF INDONESIA Vol.2: BATAK KARO", Direktorat Penyelidikan Masalah Bangunan - U.N.Regional Housing Centre, Bandung, 48P, 1973.

· SARGEANT, G. T. & Saleh, R. "TRADITIONAL BUILDINGS OF INDONESIA Vol.3: BATAK SIMALUNGUN AND BATAK MANDAILING", Direktorat Penyelidikan Masalah Bangunan - U.N. Regional Housing Centre, Bandung, 51P, 1973.

· SUMINTARDJA, Djauhari "KOMPENDIUM: SEJARAH ARSITEKTUR Jilid 1", Yayasan Lembaga Penyelidikan Masalah Bangunan, Bandung, 217p, 1978.

· SARGEANT, P. M. "Traditional Houses in Indonesia: Traditional Sundanese Badui-Area, Banten, West Java", *Masalah Bangunan* 18-1, pp. 14–19, 1973.

· SARGEANT, G. T. "Traditional Houses in Indonesia: Batak Karo -- North Sumatra", *Masalah Bangunan* 18-3, pp. 2–4, 1973.

· SARGEANT, G. T. "Traditional Houses in Indonesia: Batak Simalungun and Batak Mandailing -- North Sumatra", *Masalah Bangunan* 18-4, pp. 10–15, 1973.

· SARGEANT, P. M. "Traditional Houses in Indonesia: Timor (Atoni) Nusa Tenggara", *Masalah Bangunan* 18-4, pp. 16–27, 1973.

· SUMINTARDJA, Djauhari "Traditional Housing in Indonesia: Central Java" 1 & 2, *Masalah Bangunan* 19-2, pp. 32–38; 19-3, pp. 23–28, 1974.

· SUMINTARDJA, Djauhari "Traditional Housing in Indonesia: East Java", *Masalah Bangunan* 19-4, pp. 31–38, 1974.

- SUMINTARDJA, Djauhari (ed.) "Traditional Housing in Indonesia: Minangkabau -- West Sumatra,*Masalah Bangunan*" 20-1, pp. 26–35, 1975.
- SUMINTARDJA, Djauhari (ed.) "Traditional Housing in Indonesia: Palembang -- South Sumatra" 1 & 2, *Masalah Bangunan* 20-3, pp. 31–34; 20-4, pp. 23–30, 1975.
- SUMINTARDJA, Djauhari (ed.) "Traditional Housing in Indonesia: the House of Lampung and Bengkulu in Southern Sumatra" 1 & 2, *Masalah Bangunan* 21-2, pp. 40–42; 21-3, pp. 23–27, 1976.
- SUMINTARDJA, Djauhari (ed.) "Traditional Housing in Indonesia: Bengkulu -- South Sumatra", *Masalah Bangunan* 21-4, pp. 34–37, 1976.
- SUMINTARDJA, Djauhari (ed.) "Traditional Housing in Indonesia: the Dayak Long-House Community", *Masalah Bangunan* 22-1, pp. 37–39; 22-2, pp. 42–44, 1977.
- SUMINTARDJA, Djauhari (ed.) "Traditional Housing in Indonesia: the Last "Lamins" of the Dayaks", *Masalah Bangunan* 23-1, pp. 33–40, 1978.
- SUMINTARDJA, Djauhari "Traditional Housing in Indonesia: Jakarta, Preserves Its Rural Part", *Masalah Bangunan* 23-2, pp. 24–34, 1978.
- SUMINTARDJA, Djauhari "Traditional Housing in Indonesia: Poso-Toraja", *Masalah Bangunan* 23-3/4, pp. 45–50, 1978.
- SUMINTARDJA, Djauhari "Traditional Housing in Indonesia: the House in Tana Toraja", *Masalah Bangunan* 24-1, pp. 38–40; 24-2, pp. 35–36, 1979.

4　這個計畫的主要報告書如下所示：
- MELALATOA, M. J. "ARSITEKTUR TRADISIONAL DAERAH ISTIMEWA ACEH", *Proyek Inventarisasi dan Dokumentasi Kebudayaan Daerah*, Departemen Pendidikan dan Kebudayaan, Jakarta, 142P, 1984.
- SITANGGANG, Hilderia (eds.) "ARSITEKTUR TRADISIONAL DAERAH SUMATERA UTARA", *Proyek Inventarisasi dan Dokumentasi Kebudayaan Daerah*, Departemen Pendidikan dan Kebudayaan, Jakarta, 194P, 1986.
- "Arsitektur tradisional Daerah Sumatera Barat".
- ABU, Rifai (ed.) "ARSITEKTUR TRADISIONAL DAERAH RIAU", *Proyek*

Inventarisasi dan Dokumentasi Kebudayaan Daerah, Departemen Pendidikan dan Kebudayaan, Jakarta, P, 1984.

· ABU, Rifai (ed.) "ARSITEKTUR TRADISIONAL DAERAH JAMBI", *Proyek Inventarisasi dan Dokumentasi Kebudayaan Daerah*, Departemen Pendidikan dan Kebudayaan, Jakarta, 143P, 1986.

· SIREGAR, H. R. Johny & ABU, Rifai "ARSITEKTUR TRADISIONAL DAERAH BENGKULU", *Proyek Inventarisasi dan Dokumentasi Kebudayaan Daerah*, Departemen Pendidikan dan Kebudayaan, Jakarta, P, 1985.

· ABU, Rifai (ed.) "ARSITEKTUR TRADISIONAL DAERAH LAMPUNG", *Proyek Inventarisasi dan Dokumentasi Kebudayaan Daerah*, Departemen Pendidikan dan Kebudayaan, Jakarta, 125P, 1986.

· "Arsitektur Tradisional daerah Sumatera Selatan".

· DAKUNG, Sugiarto & ABU, Rifai "ARSITEKTUR TRADISIONAL DAERAH KALIMANTAN BARAT", *Proyek Inventarisasi dan Dokumentasi Kebudayaan Daerah*, Departemen Pendidikan dan Kebudayaan, Jakarta, P, 1986.

· DARNYS, Raf & ABU, Rifai "ARSITEKTUR TRADISIONAL DAERAH KALIMANTAN TENGAH", *Proyek Inventarisasi dan Dokumentasi Kebudayaan Daerah*, Departemen Pendidikan dan Kebudayaan, Jakarta, 78P, 1986.

· DARWIS, Raf & ABU, Rifai "ARSITEKTUR TRADISIONAL DAERAH KALIMANTAN SELATAN", *Proyek Inventarisasi dan Dokumentasi Kebudayaan Daerah*, Departemen Pendidikan dan Kebudayaan, Jakarta, 156P, 1986.

· "Arsitektur tradisional daerah Kalimantan Timur".

· "Arsitektur Tradisional Daerah Sulawesi Utara".

· SYAMSIDAR BA (eds.) "ARSITEKTUR TRADISIONAL DAERAH SULAWESI TENGAH", *Proyek Inventarisasi dan Dokumentasi Kebudayaan Daerah*, Departemen Pendidikan dan Kebudayaan, Jakarta, 163P, 1986.

· MARDANAS, Izarwisma & ABU, Rifai & MARIA "ARSITEKTUR TRADISIONAL DAERAH SULAWESI SELATAN", *Proyek Inventarisasi dan Dokumentasi Kebudayaan Daerah*, Departemen Pendidikan dan Kebudayaan, Jakarta, P, 1985.

· MARDANAS, Izarwisma "ARSITEKTUR TRADISIONAL DAERAH SULAWESI TENGGARA", *Proyek Inventarisasi dan Dokumentasi Kebudayaan Daerah*, Departemen Pendidikan dan Kebudayaan, Jakarta, 181P, 1986.

· ABU, Rifai (ed.) "ARSITEKTUR TRADISIONAL DAERAH JAWA BARAT", *Proyek Inventarisasi dan Dokumentasi Kebudayaan Daerah*, Departemen Pendidikan dan Kebudayaan, Jakarta, 140P, 1983.

· REKSODIHARDJO, Soeleng et al. "ARSITEKTUR TRADISIONAL DAERAH JAWA TENGAH", *Proyek Inventarisasi dan Dokumentasi Kebudayaan Daerah*, Departemen Pendidikan dan Kebudayaan, Jakarta, 242P, 1984.

· DAKUNG, Sugiarto "ARSITEKTUR TRADISIONAL DAERAH ISTIMEWA YOGYAKARTA", *Proyek Inventarisasi dan Dokumentasi Kebudayaan Daerah*, Departemen Pendidikan dan Kebudayaan, Jakarta, 264P, 1983.

· GELEBET, I Nyoman "ARSITEKTUR TRADISIONAL DAERAH BALI", *Proyek Inventarisasi dan Dokumentasi Kebudayaan Daerah*, Departemen Pendidikan dan Kebudayaan, Jakarta, 476P, 1985.

· MUHIDIN, Lalu Ahmad "ARSITEKTUR TRADISIONAL DAERAH NUSA TENGGARA BARAT", *Proyek Inventarisasi dan Dokumentasi Kebudayaan Daerah*, Departemen Pendidikan dan Kebudayaan, Jakarta, 106P, 1986.

· ABU, Rifai (ed.) "ARSITEKTUR TRADISIONAL DAERAH NUSA TENGGARA TIMUR", Bagian Proyek Inventarisasi dan Pembinaan Nilai-Nilai Budaya Nusa Tenggara Barat, Departemen Pendidikan dan Kebudayaan, Mataram, 219P, 1991.

· PUDJA, Arinton I.G.N. & ABU, Rifai "ARSITEKTUR TRADISIONAL DAERAH IRIAN JAYA", *Proyek Inventarisasi dan Dokumentasi Kebudayaan Daerah*, Departemen Pendidikan dan Kebudayaan, Jakarta, 86P, 1986.

5 · CUNNINGHAM, Clark E. "Order in the Atoni House", *Bijdragen tot de Taal-, Land- en Volkenkunde* 120, pp. 34–68, 1964.

· NEEDHAM, Rodney (ed.) "RIGHT AND LEFT: ESSAYS ON DUAL SYMBOLIC CLASSIFICATION", The University of Chicago Press, Chicago & London, 449P, 1973.

- FOX, James J. (ed.) "THE FLOW OF LIFE: ESSAYS ON EASTERN INDONESIA", *Harvard Studies in Cultural Anthropology* 2, Harvard University Press, Cambridge, 372P, 1980.

6 　• DOMENIG, Gaudenz "TEKTONIK IM PRIMITIVEN DACHBAU: MATERIALIEN UND REKONSTRUKTIONEN ZUM PHANOMEN DER AUSKRAGENDEN GIEBEL AN ALTEN DACHFORMEN OSTASIENS, SUDOSTASIENS UND OZEANIENS: EIN ARCHITEKTURTHEORETISCHER UND BAUETHNOLOGISCHER VERSUCH", Organisationssstelle für Architekturausstellungen ETH Zürich, 197P, 1980.

7 　• DUMARCAY, Jacques (tr. by Michael SMITHIES) "THE HOUSE IN SOUTH-EAST ASIA", *Images of Asia*, Oxford University Press, Singapore, 74P, 1987.（佐藤浩司日文翻譯,《東南アジアの住まい》, 京都:學藝出版社, 1987, 111頁。）

　• WATERSON, Roxana "THE LIVING HOUSE: AN ANTHROPOLOGY OF ARCHITECTURE IN SOUTH-EAST ASIA", Oxford University Press, Singapore, 263P, 1990.（布野修司日文監譯,《生きている住まい:東南アジア建築人類学》, 京都:學藝出版社, 1997, 303頁）

8 　• BELLWOOD, Peter S. "MAN'S CONQUEST OF THE PACIFIC: THE PREHISTORY OF SOUTHEAST ASIA AND OCEANIA", Oxford University Press, 1979.

9 　棲息於臺灣東部的阿美族例外,不使用室內土間形式的生活方式。還有, 棲息於臺灣北部高山地帶的泰雅族,堆築砌石基壇,但又挖掘地穴,作半地下的生活方式。李亦園將平埔族家屋砌築基壇這種作法,連結上密克羅尼西亞、玻里尼西亞的砌石基壇。

　• 李亦園,〈臺灣南部平埔族平臺屋的比較研究〉,《中央研究院民族學研究所集刊》第3期, 1957, 頁117–144。

10 　這章的討論,於下面文章有詳細的陳述。

　• SATO, Koji "Menghuni Lumbung: Beberapa Pertimbangan mengenai Asal-Usul Konstruksi Rumah Panggung di Kepulauan Pasifik", *Antropologi Indonesia* 49, pp. 31–47, Jurusan Antropologi FISIP Universitas Indonesia, 1991 TO DWELL IN THE GRANARY（http://www.sumai.org/asia/refer/sem9102.htm）.

・佐藤浩司，〈高床をとおしてみた東南アジアの民家〉，收錄於《日本の美術》NO. 288 ＜民家と町並　近畿＞，1990，頁85–96。(http://www.sumai.org/asia/refer/nibijutu1990.htm)

11　
・VROKLAGE, B. A. G. "Das Schiff in den Megalithkulturen Sudostasiens und der Sudsee", *Anthropos* 31, pp. 712–757, 1936.

・LEWCOCK, R. & BRANS, G. "The Boat as an Architectural Symbol", in P. OLIVER (ed.) *SHELTER, SIGN & SYMBOL*, pp. 107–116, The Overlook Press, Woodstock-New York, 1975.

12　獵首的儀禮是這一地區普遍發生的習慣行爲。民族學者 Grubauer 詳細記錄了在蘇拉威西島山地居民具有特殊意義存在的集會所 'Lobo' 舉行獵首儀式。還有，伊能嘉矩也有報告指出居住在臺灣山區的居民亦興建類似的設施。

・GRUBAUER, Albert "CELEBES: ETHNOLOGISCHE STREIFZÜGE IN SÜDOST- UND ZENTRAL-CELEBES", Hagen, 152P, 1923.（清野謙次日文翻譯，《セレベス民俗誌》，東京：小山書店，1944）。

・伊能嘉矩，〈DYAKの HEAD-HOUSE と台湾土蕃の公廨〉，《東京人類学會雜誌》21-246，1906，頁455–459。

13　
・SCHERMAN, L. "Wohnhaustypen in Birma und Assam", *Archiv fur Anthropologie* 14, pp. 203–235, 1915.

・HOFFET, J. H. "Les Mois de la Chaine Annamitique Entre Tourane et les Boloven", Terre Air Mer la Geographie 59-1, pp. 1–43, 1933.

3

排灣族望嘉舊社頭骨塚紀念碑[1]的時代意涵探討

許 勝 發
國立臺北藝術大學建築與文化資產研究所助理教授

3.1 前言

臺灣本島的南島語族群在傳統部落自治時期皆保有出草的慣習，並有各自的人頭骨收納方式，及在文化儀禮中發展出相對應的宗教習俗。臺灣的原住民族群僅居住於蘭嶼島的達悟族無出草之慣習，達悟族向海域索取生活資源，海域資源的分享過程中，族人之間的「合作」關係大於「競爭」關係。其在陸域環境並未形成明顯的資源爭奪情形。

進入國家體制後，臺灣原住民族的出草慣習受到官方絕對的禁止，幾乎所有人頭骨都遭強制埋藏，收納人頭骨的頭骨架構造物也多半遭到拆毀，或任其荒廢傾倒，然排灣族望嘉社的人頭骨架是少數仍得以局部保存至今者，且在日治末期於原本人頭骨架的前方另外增設一座頭骨塚紀念碑，使兩者形成一複合的配置型態，然如觀察整體之配置關係，此局部留存之人頭骨架在視覺景觀上成為前方頭骨塚紀念碑的背座，類似其附屬設施，而整體配置的主體則為頭骨塚紀念碑，本文即探討前述人頭骨架與頭骨塚紀念碑設置的相關歷史發展脈絡，並探討頭骨塚紀念碑設置的時代意義，以作為了解近代排灣族進入國家時期的歷史變遷之參考。

3.2 資料來源與書寫程序

本文論述之對象已於2016年6月14日由屏東縣政府以「排灣族望嘉舊社人頭骨架、頭骨塚紀念碑」之名稱公告指定為縣定古蹟，受到《文化資產保存法》之保護。然如前述，留存之舊有「人頭骨架」在配置上傾向屬於「頭骨塚紀念碑」的附屬設施，此法定文化資產名稱日後仍有可斟酌之處。

本文的資料來源包含文獻史料、現地調查與耆老訪談等三大類，

其中關於人頭骨架的資料主要來自文獻史料之彙整，關於頭骨塚紀念碑之建築型態、設立時間與緣由，則主要來自2012–2018年現地調查、及望嘉村耆老訪談的結果，所歸納陳述或據以推斷。然受訪之耆老中並無直接參與設立頭骨塚紀念碑者，口述內容皆為其孩童時期在舊望嘉社生活期間的親身觀察與聽聞。訪談資料中母語的部分皆透過望嘉村長及社區發展協會人員協助翻譯。

　　書寫程序上則藉由前述資料，首先討論收納人頭骨在傳統部落時期的族群文化意涵，接著述明時代變遷過程中人頭骨架的改造與頭骨塚紀念碑的出現，並透過推測頭骨塚紀念碑可能的建造者、建造時間、建造動機等，進一步闡明族人認同感歸屬的挪移現象及其隱含的社會文化變遷意涵。

3.3　相關文獻

　　關於望嘉人頭骨架與頭骨塚紀念碑的相關文獻並不多，日治時期的文獻以文字的型態描述與照片為主，如臺灣總督府舊慣調查會1922年之《番族慣習調查報告書・第五卷・排灣族第三冊》、森丑之助1917年之《臺灣蕃族圖譜》等，另外1930年代千千岩助太郎曾進行基本空間及構造型態測繪，並留下照片資料，然這個時期的資料僅為人頭骨架的現況描述及圖繪、影像資料，並未涉及社會文化意涵的詮釋或跨部落之間的型態比較分析，同時，也欠缺日治後期的頭骨塚紀念碑相關紀錄資料。

　　至於出草相關之文獻，則多偏重於文化意涵的詮釋，而較少構造型態的探討，如森丑之助1917年《臺灣蕃族圖譜》的文字說明，以及許功明1991年《魯凱族的文化與藝術》中關於出草儀式的論述等。

　　1951年望嘉社遷村，由舊社址遷往西南方沿山公路旁，望嘉居民

離開舊社生活領域，人頭骨架與頭骨塚紀念碑隨著舊社一起淹沒於次生林中，逐漸遭到族人遺忘。一直到2010年9月20日中度颱風凡那比過境豪雨致災，造成頭骨塚紀念碑東側溪溝的向源侵蝕崩塌，危及紀念碑及頭骨架之穩固，才開始又重新受到重視。2012年屏東縣政府曾委託顏廷伃、許勝發等人進行人頭骨架與頭骨塚紀念碑的清理、緊急加固及相關調查研究，該研究最後集結成《望嘉舊社人頭骨架遺址搶救調查計畫成果報告書》，[2] 除緊急加固方法提出之外，已初步就人頭骨架及頭骨塚紀念碑設置緣由及相關歷史背景進行彙整，但在構造體的型態演變及時代意涵詮釋方面則較為缺乏。

3.4 人頭骨架的族群文化象徵意涵

3.4.1 出草的環境意義

人頭骨架乃收納敵人首級之構造物，與原住民傳統時期的出草文化相關。「出草」一詞指原住民族傳統時期割取敵人（或被偷襲者）首級並帶回收藏的行動。臺灣的史前文化在進入新石器時代的中、晚期階段開始出現無頭葬，可能是最早的出草行為，經常被認為是人口增加後，部族之間資源競爭的結果。

出草行動通常採取偷襲式或小規模正面交戰的方式進行，有強烈的目的性及保持有限度的規模，從族群整體互動的觀點而言，出草可作為緩和部落緊張的一種有限度武力平衡方式，以相對少數的人員傷亡來取得短暫的部落間安寧，其中對峙、威嚇的警告意味高於毀滅式的攻擊意味，是一種抑制部落間資源、領域過度競爭的「恐嚇平衡」方式，乃類似「負性互惠negative reciprocity」[3] 的族群互動模式，可避免大規模戰爭造成更多的人員傷亡與物資消耗。

在傳統時期，擁有出草能力被視為男子身分地位及武勇的象徵，

有出草成功經驗者在部落中會被視為英雄，社會地位高於善獵者，此非先天命定的階層差異，是靠後天努力及機運可以達成的，提供族人身分地位晉升的方式。而部落間持續的出草威脅，無形中在部落領域的交界處形成一雙方人群較少靠近的危險地帶，此可視為部落間生活領域的緩衝空間，緩衝空間外即為相對安全的活動區域，間接達成部落維持安全生存領域範圍的目的。

而在原住民族間的認知，出草的動機從一般的個人性復仇、解決糾紛、武勇象徵到全部落性的驅除疾病、祈求豐收等皆相關連。然出草獵取首級的更深層意義在於永久保有首級的觀念，因為動物的頭部被視為個體最重要之部位，富含生命活力，是每個生命的靈魂寓所以及精神力量之泉源，[4] 因此掌握了動物的首級，便等同於捕捉了其生命力與靈力，故獵首的終極目的在於獲取首級魔術性的力量以壯盛個人及部落之生命力。而這種保留並供奉首級的慣習，事實上也含有尊重生命之意味。

然而，與首級魔術性力量的結合需藉由儀式的進行來完成，亦即從出草到永久保有首級，進而分享首級之靈力，需經過一連串的祭祀活動過程始得完成。以魯凱族好茶社為例，出草的動機確立後需經頭目允許（代表行動的合法性），然後於祭屋舉行「出陣祭」祈求祖靈庇佑（代表行動的公開性與獲取祖靈的支持），待出發後需視鳥占判（不可預測之隨機性）定吉凶，選擇去向，因此經常出現臨時變更目的地，轉向不同部落出草的情形，亦即在不觸犯禁忌的前提下增加成功的機會，明示獲取首級的強烈企圖。出草成功後將頭顱攜回靈地 Dadaudawan，置於祭壇中央標柱上，並舉行全部落性「凱旋祭」儀式，熱烈慶祝。待一段時日後獵頭勇士需親自為該頭顱洗淨腐肉，並「餵食」首級與祈禱，然後將其安奉於靈地 Dadaudawan 旁的頭骨架上完成「首級收藏祭」，表示該頭骨正式成為部落永久保存之對象，以後每年

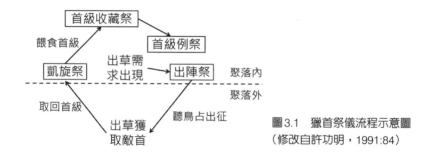

圖3.1　獵首祭儀流程示意圖
（修改自許功明，1991:84）

的豐收祭典期間獵頭勇士們皆需前往頭骨架獻祭及祈禱，爲歷年獵得
之首級舉行「首棚例祭」，這種持續的禮遇使首級所蘊含之靈力願意永
駐部落。[5] 上述這一連串的儀式活動（圖3.1）乃是一種外部靈力的收納過
程，企圖將出草所得之個別頭顱所具有的靈力轉化成爲部落共同之生
命力，其消極的作用在於安撫被出草者或被獵殺者的靈魂，積極的作
用則是進一步使得部落能支配該首級所具有的魔術性力量。

　　由部落整體的立場言之，爲持續增加部落之生命力，需不斷地有
成功的獵首活動完成，因此，魯凱族與排灣族的傳統社會中相對應的
衍生出一套公開鼓勵的文化認同機制，使得獵首不但作爲男子武勇的
表徵，亦進一步成爲身分地位提昇的管道，這在階級分割嚴明的社會
中，成爲個人身分地位提昇的重要方式，而爲魯凱族與排灣族內部貴
族與平民兩大階層身分地位的命定差異之對立緊張，提供一舒解緩和
之管道。亦即，獵首在魯凱族與排灣族的傳統社會中，除了賦予增強
部落生命力的功用外（巫術性功能），更是階級社會中人群甚或家族累
積社會地位的表徵方式之一（社會性功能）。

3.4.2　收納人頭骨的目的

　　傳統文化中收納人頭骨的主要目的在將敵人的靈力轉換成爲守護
部落的力量。頭部被視爲是動物靈力的所在，因此，收納動物頭部骨

頭，等同收納動物的靈力，並可藉其靈力庇佑豐獵，招來更多獵物，同理，人的首級被視為人的靈力所在，帶回敵人的首級，意味著獲取對方之靈力。一般動物的頭骨，都收納在家屋內或掛於屋簷下，但排灣族對於出草所得的人頭骨則較少直接收納於家屋或部落內。這或許與靈力的根本來源有關，狩獵所得動物多來自部落傳統領域內，甚少跨區到異族領域獵取，因此，被接納置入家屋或部落內，但出草所得人頭骨是來自外部落領域的他者靈力，因此，不能進入部落內（內外之分），且需奉養、定期祭拜以慰亡者的靈魂，故排灣族部落一般皆會建造人頭骨架用以收納出草所得之敵人首級，一方面祈求為部落帶來福祉與庇佑，一方面祈求避免招來厄運或遭惡靈作祟。總之，人頭骨的收納，根源來自頭部所指涉之靈力概念。由於這種靈力的象徵才使得人頭骨的收納等同於吸收具生命力個體的能力、靈力之意味。

3.4.3　人頭骨架的構造形式

1. 傳統部落自治時期的人頭骨架構造形式

　　魯凱族與排灣族群收納出草所得人頭骨有個人收藏、共同收藏及無特定場所者等多種類型，其中，無特定場所者較為少見，而個人收藏者，則多屬於家屋外牆壁體的壁龕式收納，以來義社為例，據說古時候頭目家屋簷下會擺放整排人頭骨，後以簷桁上的雕刻來代替；[6] 至於共同收藏的人頭骨架最為常見，其構造形式有石牆式、簷棚式、石鑿式等，其中石牆式最為常見，其餘形式罕見。[7] 石牆式人頭骨架類似石板家屋內壁龕形式之構造型態（圖3.2, 3.3），乃石板構造空間營建體系中的機能建築類型之一。此石牆式人頭骨架可供人頭骨長久收納保存，並兼具有展示、威嚇及安定族人信心之功用。壁龕原為家屋中收納物品的空間，人頭骨的收納具有相似的機能需求，所以採用類似的構法建造，顯示石牆式人頭骨架與家屋壁龕構造型態上的同源意象。

圖3.2　排灣族瑪家社頭目家屋前庭石砌平臺基座的壁龕式人頭骨架（引自森丑之助，1994：第53版圖版）

圖3.3　排灣族南世社石板疊砌之壁龕式人頭骨架（引自高業榮，1997：100）

2. 人頭骨架的區位配置

　　魯凱族與排灣族石板家屋分布區聚落之人頭骨架設置地點多位於部落外圍出入口附近，甚少設置於部落內，如設於部落內則常見於頭目家屋前庭或會所，並無設置在家屋內部者，此可能與靈力來源的差異有關。出草所得的人頭骨，被視爲外來之靈力，與歷代祖靈都是自家成員之性質不同，因此過世的族人可以葬在自家主屋內，成爲庇佑家屋的靈力，兩者的靈力來源方向具有根本性的差異（圖3.4）。

　　部落內部靠室內葬的祖先靈力來庇佑族人，此爲來自部落內部的

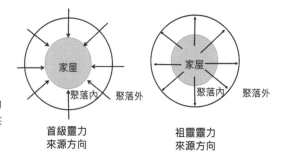

圖3.4　祖靈與首級靈力來源方向概念示意圖（修改自許勝發，1996:117）

守護力量，是由內向外的靈力；部落外圍則藉由出草所得的外來靈力守護，形成對外威嚇入侵者的力量，此爲援引自他者的外來靈力，兩者在信仰上共同構築一道防禦部落的無形力量。

　　北部式家屋分布地區的部落較少僅有一位頭目的狀態，多維持數位頭目共同治理部落的狀態，部落呈現集村的型態，部落內沒有真正的中心區域或大型公共集會空間，因而人頭骨架未設置在頭目家屋前庭而集中設置於部落出入口附近，超越各別頭目集團，成爲部落共產，乃部落共同榮耀的象徵之一。

　　石板疊砌的壁龕式人頭骨架（分布較北側的部落採用板岩、分布較南側的部落採用砂岩）分布地域範圍超過北邊的石板家屋分布界線，往南出現在內文式家屋分布區域。內文地區的壁龕式人頭骨架多被設置在頭目家屋前庭或主屋旁邊，其原因可能在於內文地區聚落多呈現較爲鬆散的家屋群配置方式，類似散村的型態，這個地區各個頭目家屋等同於部落或集團的精神象徵中心，且聚落建築群的配置有逐漸發散的傾向，頭目家屋的中心意象較北部式家屋分布地區更需要被建立，頭目家屋成爲公共集會的主要場所，因而人頭骨架改設置於頭目家屋附近（內文例）。然而，即使內文地區的人頭骨架被設置於頭目家屋的前庭周邊，亦未進入主屋內部，前述的靈力來源的內外區分原則仍被遵守。

3. 日治時期的改變

18世紀之後，平地勢力靠近甚至侵入原住民部落領域，這些外來的平地族群便成為原住民出草的主要對象，對於漢人的墾拓以及日治初期山地資源的開發（樟腦、林木開採等），構成龐大的壓力。因此，原住民的出草行為被日人視為山區治理的一大威脅，須予以禁止，待日人勢力穩固於部落後，設立警察駐守據點（警戒所、分遣所、駐在所等）用以管理部落，透過政令、教育、生產等撫育措施，企圖改變原住民族群的傳統生活方式與慣習，轉換成為接受國家體制的新公民。

在政令方面，日人禁止原住民各部落之間的出草及敵對行為，要求各部落將所有昔日出草所得之人頭骨埋藏，並且管制槍枝的使用，僅能在日警登記監控之下有限度地使用於狩獵活動。在教育方面，日人設置「蕃人教育所」，教授日文、國家觀念與現代生活知識，透過「教育手段」將原本部落自治時期接受傳統思維教育養成之族人轉換成為日本殖民地的新國民。在生產方面，日人推動定耕農業，減少耕作面積，使族人投入較高密度的人力於農業生產及其他新推動之經濟產業，並逐漸依賴主體社會之生活物資供應鏈。定耕農業也間接減少武勇遊走的機會，壓抑男子昔日巡視、防衛傳統領域地的狩獵征戰之活動範圍與頻度，此舉將淡化傳統領域概念，降低部落間敵對競爭的衝突（當然最大的目的是納大部分的山林為國有地，成為國有資產）。前述各項撫育措施，透過警察體系代理國家機器治理部落的方式，制壓昔日階層制度下的社群管理方式。貨幣經濟體制改變傳統生活物資生產與流通的方式。政治運作、經濟產業、教育養成等各方面的國家化，逐漸將傳統時期部落族人的價值觀與社會地位認知方式轉換。

在與本文相關的出草事項方面，日人的各項基於國家體制觀念灌輸之下，逐漸移轉族人昔日出草行動的目的性，使得人頭骨架失去存

在的傳統社會文化意義，多數部落最終都能接受日警的要求，交出首級，集體埋藏，並拆除人頭骨架。

3.5 望嘉人頭骨架的歷史轉變

3.5.1 望嘉人頭骨架

望嘉社的人頭骨架有兩種形式，一種為設立於單獨家屋的人頭骨架，據說部落中僅itsava家擺放兩個人頭骨在家屋外牆壁龕內，該家屋為勇士家，其餘並無將人頭骨架設在家屋的情形。另一種為公共人頭骨架，即本文所討論之對象，位於部落西南側入口外約300公尺處的舊有聯外道路旁，昔日為通往南方部落的主要交通節點(圖3.5, 3.6)，其

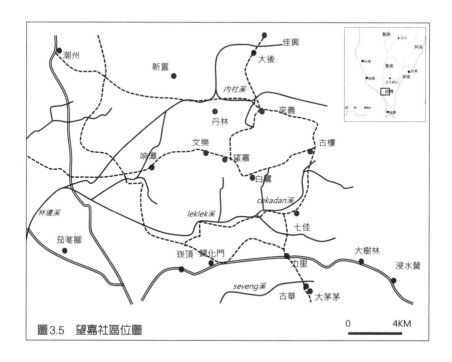

圖3.5 望嘉社區位圖

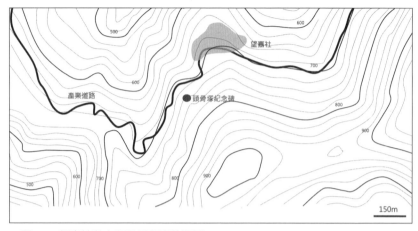

圖3.6　望嘉社與人頭骨架相關位置圖

陳列為數眾多的人頭骨，具有明顯的視覺威嚇作用。此人頭骨架的收納規模為臺灣文獻紀載中最多的一座，遠大於其他魯凱族、排灣族部落的頭骨架規模。依據鳥居龍藏所言，其收納之人頭骨約有200個，[8]而森丑之助估計則有400–500個人頭，[9] 無論如何都超過一般排灣族部落人頭骨架數個至數十個人頭骨的收納規模，此足以說明望嘉社人頭骨架在規模上超過其他部落甚多，因此給人估算上有相當大的落差。

　　望嘉社傳統之公共人頭骨架最早的影像紀錄為森丑之助於1901年12月所拍攝，[10] 照片中的人頭骨架共有五層收納人頭骨的石龕，由前面兩位族人與頭骨架的比例關係（圖3.7），可知此頭骨架的尺度相當龐大，除此還可見到頭骨架基座平臺立有一頂部凹陷，類似標柱的構造物。之後，1900年1–2月，森丑之助與鳥居龍藏前往南部排灣族部落包括文樂社、望嘉社、白鷺社、古樓等社後回到潮州，之後再上山前往來義社、丹林社、佳興社、佳平社、泰武社等社進行訪查，途中他們在望嘉社時曾一時興起偷了望嘉族人剛出草獵回的力里社族人首級，這個首級望嘉社族人剛完成馘首祭將之懸掛於人頭骨架旁的大樹

圖3.7　望嘉社人頭
骨架1901年12月景
象，基座平臺附近有
一頂部內凹，類似標
柱的構造物（引自森
丑之助著，宋文薰編
譯，1994）

圖3.8　望嘉社人頭
骨架，約1920年代
景象（引自臺灣總督
府臨時臺灣舊慣調查
會原著，中央研究院
民族學研究所編譯，
2004:257）

上，森丑之助與鳥居龍藏以頭骨架上舊的人頭骨與之調換，將新的人頭用油紙包起來放在攝影器材皮箱中帶回潮州，獻給當時的石橋屬長，這個首級日後被轉送到東京帝大作為標本。[11]

　　另依據千千岩助太郎1930年代的測繪與圖像資料（圖3.9），該構造物所在位置為一緩坡地，沿著山壁構築出一長約11.3公尺，進深約3.5公尺之圓弧形平臺，內側緊靠山壁，垂直開挖面約0.3公尺，疊砌成長約9.8公尺，高約1.5公尺之壁龕式人頭骨架（石牆式頭骨棚），此人頭骨架投石也兼具有駁坎的功能，人頭骨架前的圓弧形平臺高約0.5公尺，最寬處約3公尺，昔日可能有一些儀式在此地舉行。[12]

　　然而此一龐大之人頭骨架並未在日警進駐望嘉部落後遭到拆毀，

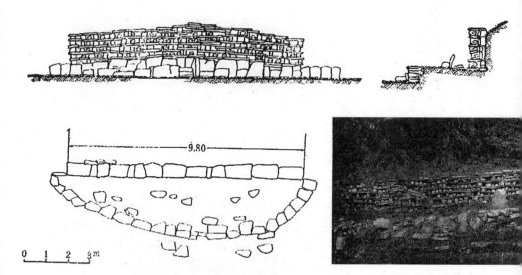

圖3.9　望嘉社人頭骨架立面及平面圖，約1930–40年測繪（引自千千岩助太郎，1960:212, 213）

反而是留存至1940年左右，因為新的紀念碑在原本之人頭骨架前方平臺興建，原本的人頭骨架才遭到局部之拆除改建而成為今日所見的頭骨塚紀念碑整體複合式型態。此人頭骨架能留存到1940左右仍未遭官方要求拆除可能有下列兩項主要因素：

1. **主觀因素**：因為望嘉社人頭骨架的規模相當龐大，日人治臺期間不斷有學者（鳥居龍藏、森丑之助、鹿野忠雄、千千岩助太郎等）及官方調查隊（舊慣調查會、警察系統調查隊等）前來勘查。據耆老所言，日治時期如有外人來訪部落，皆會被日警帶去參觀此人頭骨架，可能因為型制完整、規模龐大等因素，被認為具有明顯之文化資產保存價值，因而被刻意留存。
2. **客觀因素**：一般的人頭骨架都在聚落出入口或頭目家屋附近，較

少遠離聚落者，但望嘉的人頭骨架位於部落外圍約300米處，與聚落保有一段距離，亦未在後來日人建造的警備道路上，減少族人或日警路過的機會。排灣族各部落至今仍留存的人頭骨架案例不多，且通常位於日警勢力進入之前已成為舊社遺址中，舊社通常被視為禁忌之地，平常即少有人會接近，亦不在部落日警駐在所日常巡查管轄範圍內。而同一時期，族人仍居住使用的部落之人頭骨架，則通常會被日警要求集體埋藏人頭骨，並拆除人頭骨架。

望嘉人頭骨架前方空地曾是傳統祭儀期間某項負重競賽的場地，但僅在祭儀期間使用，人頭骨架周邊場域傳統時期屬於禁忌之地，一般人日常期間多不會靠近該處，相關祭祀活動亦由靈媒及有出草經驗者為之，造成現今耆老（望嘉人頭塚紀念碑建造時年紀仍小）多數對該地記憶模糊。而人頭骨架屬於禁忌之地的傳統意涵現今仍被族人遵守，加上日治之後聯外道路改道，如要前往人頭骨架需由日治時期日人闢建的警備道沿稜線垂直上切才能抵達，因此，日後族人即便返回舊社整理環境，仍少有接近人頭骨架周邊的機會。至今耆老仍認為頭骨架帶有禁忌，需透過祭儀、占卜等方式尋求祖靈、神明的旨意判斷是否能進入該領域。

望嘉族人1951年由舊部落遷移到山腳地區的新聚落時，曾於新聚落入口前聯外道路一處坡地仿舊部落的傳統壁龕式人頭骨架形式，以磚、石等材料興築一座比例較小的人頭骨架，顯示傳統壁龕式人頭骨架在望嘉族人心中曾擁有明顯的文化情感連結與被視為族群象徵之意涵，具有榮耀族群與凝聚向心力的功用，可惜隨著1956–1957年二度遷村與後續的生活變遷，此仿建之人頭骨架很快亦遭族人遺忘，而任其自然傾毀。

圖3.10　排灣族佳平社標柱例　　　　圖3.11　排灣族七佳社頭目家屋標柱例

3.5.2　望嘉頭骨塚紀念碑形式

　　傳統時期排灣族類似紀念碑的構造物最常見到的為立於頭目家屋前庭的標柱 (圖3.10, 3.11) 或具有特殊歷史意義之部落標柱 (好茶、古筏灣)，前者為頭目家屋身分地位及歷史傳承的象徵，具階層性 (家格)、部落性 (開社英雄) 意義；後者多為紀念部落創設的歷史有關 (好茶)，有其神聖不可侵犯之意涵。這類紀念碑的設置年代多超越族人記憶之上限，具有悠久之歷史，而非近代之事。

　　望嘉社目前所見的人頭骨架除後方石積壁首龕式構造之外，前方的平臺上另立有一雕刻「ボンガリ（bongari望嘉）頭骨塚」字樣的砂岩石板紀念碑，基座以紅磚砌築，外施以水泥砂漿敷面。基座正面有一涵洞，涵洞外側無封口，內部中空，並無物品，涵洞頂板及底板皆

圖3.12 平臺上立有一雕刻「ボン
ガリ（望嘉社）頭骨塚」字樣的石板
紀念碑

圖3.13 頭骨塚紀念碑旁有一凹下
的正方形洞穴（照片左側）

為石板，透過底板敲擊聲可推測涵洞下方非密實之空間，據說為埋藏
原本收納在後方人頭骨架的人頭骨之空間（圖3.12, 3.13）。對照日治時期
的照片可見到舊的人頭骨架僅局部保留，人頭骨收納壁龕由原本的五
層縮減為僅留存最下方的兩層，左右兩端寬度也由原本的約9米縮減
為約2米，配合其他駁坎構造，此局部留存之人頭骨架成為頭骨塚紀
念碑視覺上的「背景」，而頭骨塚紀念碑碑體基座前方亦有三層石砌駁
坎，基座正前方處理成類似參拜用之階梯，兩側有坡道可通往駁坎下
方之道路。整個紀念碑融合新舊元素，呈現一傳統人頭骨架改造後的
再利用型態。

　　整體而言，此「ボンガリ頭骨塚」紀念碑由基座、碑體、參拜階
梯、背座（原本人頭骨架的一部分，兼作為擋土駁坎之構造意義）等元

素構成，使用材料包括紅磚（基座）、水泥砂漿（基座）、砂岩（碑體）、板岩（基座）等，其外觀類似日治時期官方設置的各類紀念碑形式或日式墳墓的形式，非傳統排灣族或魯凱族的標柱形式，而其背後仍保留部分舊的人頭骨架構造體，整體形態融合了傳統的人頭骨架形式與國家體制日本人引入的紀念碑或墳墓形式，無論在構造材料或建築形態上，都呈現了在地性（板岩、砂岩；傳統人頭骨架形式）與當代性（當時可獲取的外來構造材料，如紅磚、水泥等；紀念碑、日式墳墓等外來建築形式）的混合形式。

「ボンガリ頭骨塚紀念碑」的建造原因及年代並無明確之文獻記載，使其建造過程仍保有「秘密形式」的成分，似乎承續傳統時期對於出草事件相關事務能力階層劃分所衍伸之「秘密形式」慣習。目前的望嘉村耆老中，知道此碑設立相關細節者甚少，並且無任何參與實際建造者。依據人頭骨架最後的照片拍攝時間及碑體文字採用片假名等線索推測此ボンガリ頭骨塚紀念碑乃完成於日治後期約1942–1945年之間。

另依耆老所言，此紀念碑爲參與太平洋戰爭之高砂義勇隊的望嘉社成員返國後所興建，但是否出於官方命令或是由這些高砂義勇隊成員自行決定建造則無法確認。「ボンガリ頭骨塚紀念碑」的碑體只有正面刻有碑文，背面及側面皆無文字或其他符號，正面碑文採用陰刻之日文片假名字體，而日治時期一般官方所設立的紀念碑，碑文多採用繁體漢字（爲求謹慎），且有包括設立者名稱與設立時間等之落款，然「ボンガリ頭骨塚紀念碑」的碑文中並無設立者或設立年代的落款標註，亦無任何相關之官方文獻紀錄留存，因此，可能並非官方許可或命令建造者。

如綜合耆老訪談及現地觀察，此「ボンガリ頭骨塚紀念碑」可能是日治末期在日警默許下由曾任高砂義勇隊平安歸來之族人所自行建造。而可能的建造過程爲參與高砂義勇軍返回部落的黃登山（曾任來義鄉第六屆鄉民代表會主席）、蘇安恭、林興德等族人所發起，由其他

曾經出草過的勇士前來幫忙建造。前述的黃登山、蘇安恭、林興德等族人，黃登山、蘇安恭是最早入伍的，林興德是比較晚才入伍的，他們都是先被派遣到新加坡，之後再到新幾內亞地區支援作戰。與黃登山、蘇安恭一同入伍的還有Tsaluliva家的ga-gu（頭目，青年隊隊長）、Basu-wu-tsu家的ja-no（平民）及白鷺pailus部落的rong-rong，他們都被編入「高砂一隊」，但最後只有黃登山、蘇安恭返回部落，其餘皆戰死於南洋。依目前的資料，望嘉社在太平洋戰爭期間戰死或病死的族人至少有5人（表1）。

此頭骨塚紀念碑建造時，局部保留原本人頭骨架最下方的兩層構

表1　望嘉社族人參與高砂義勇隊陣亡名單

合祀番號	階級	氏名	死歿時間、區分	死歿場所	本籍	遺族續柄氏名
229	陸軍屬	中村四郎	1942.11.03 戰死	ニュ-ギニア（Niyuginia）島附近	望嘉社79	兄加再
2441	陸軍屬	岩谷忠夫	1943.01.09 戰死	ニュ-ギニアギルク（Niyu-giniagiruku）	望嘉社71	妻ミシコ
2678	海軍屬	山本清一	1944.10.12 戰死	チラクグム（Chirakugumu）	望嘉社129	父ラバルアレレ
1294	陸軍屬	岡本一夫	1945.02.17 戰死	モロタイ（Morotai，印尼最北邊的小島之一，屬於摩洛加群島的一部分）屬獨立標高208高地	望嘉社第8號	父ロブチカランボウ robuchikaranpou
--	--	高山三雄	病死	新幾內亞受傷，後病死於療養所	望嘉社096	Ba-s-wu-ts家

（本表前四名彙整自國史館臺灣文獻館所藏之《臺灣人日本兵受難者名冊-高雄州5》影印本資料，最後一名為望嘉村鍾必顯先生提供之資料）

造，並象徵性擺放少許人頭骨，而非將原本人頭骨架完全拆除。將所有人頭骨埋藏，其原因據耆老所言，是因為黃登山、蘇安恭、林興德等曾參與高山義勇隊返回部落的族人，覺得傳統人頭骨架及人頭骨是祖先英勇的表現，因此，不願意把全部的人頭骨都埋入地下，所以在修建的過程中仍保留兩層的石積式頭骨架構造（圖3.14–3.16），形成一個

圖3.14　舊的人頭骨架僅局部保留，人頭骨收納壁龕由原本的五層縮減為僅留存最下方的兩層

圖3.15　頭骨塚紀念碑碑體基座前方亦有三層石砌駁坎，基座正前方處理成類似參拜用之階梯，兩側有坡道可通往駁坎下方之道路

圖3.16　ボンガリ頭骨塚紀念碑及局部留存之舊人頭骨架整體正立面示意圖

擁有新式紀念碑（墳墓、紀念碑、慰靈碑等意象）及傳統人頭骨架的複合式型態。而此「望嘉舊社頭骨塚紀念碑」直接指涉對象為埋藏於紀念碑下方之原本舊人頭骨架上所收納的人頭骨，而非指太平戰爭期間出征之親人亡者。

此紀念碑的整體配置保留了部分傳統時期的人頭骨架構造，將之融入新增加的紀念碑及基座元素，整體成為一跨在傳統與1940年代之間的過渡樣式，見證一段族人由部落自治轉向國族認同的過往歷史，在尋求與傳統價值觀認定之英勇身分意象相連結的同時，亦尋求國家體制對於遠赴南洋作戰的英勇行為的予以肯定，使之能成為新的武勇形象之價值認同形式。

3.5.3 排灣族地區的紀念碑例子

周邊地區與望嘉社頭骨塚紀念碑形式相似者主要為古樓社的紀念碑，該社駐在所附近立有一座板岩標柱，上有「戰歿勇士之墓」陰刻字樣（圖3.17），依許功明調查乃為日本兵殉職者所立之紀念墓碑，[13] 但並無落款者及年代；另在部落內有一形制與望嘉社頭骨塚紀念碑非常相似的構造物，皆為兩層基座加上銘碑，但古樓例銘碑上的字體已模糊不清（圖3.17），這個紀念碑的位置為古樓社昔日設置人頭骨架之處，依許功明調查，日治末期日人下令將人頭骨架及祭屋內人頭骨全部集中於該地就坑掩埋，並立碑為記。[14] 比較望嘉與古樓兩座頭骨塚紀念碑，古樓的碑體文字已難以辨識，基座前方無敞開之涵洞，後方亦無傳統人頭骨架構造物或由傳統人頭骨架改築之背座。大抵而言，古樓村的地理位置、族群與文化淵源均與望嘉社較為接近，而其遭日軍進入部落建造相關設施的時間應該也約略相當，因此對於這二個部落建置頭骨塚的歷史背景，應該有其地理及文化的類緣關係。

另外，被排灣族視為聖山-dagalaus的北大武山山頂稜線上有「高

圖 3.17　古樓社白骨塚紀念碑（左）與戰歿勇士之墓石碑（中）示意圖

砂義勇隊顯彰碑」及大武祠（1942年4月23日鎮座），前者爲一忠靈塔紀念碑，由高雄州廳於1944年3月15日設立，基座鑲嵌之碑文內容所載對原住民赴南洋戰場的英勇事蹟多所讚譽（但碑文中並無與過往獵人頭的出草行爲有任何之關聯指涉），實有拉攏原住民投入南洋戰場之意。此紀念碑由官方設立，落款者及年代皆註記清楚，與前述望嘉舊社頭骨塚紀念碑或古樓舊社兩座紀念碑無設立者及時間紀載的狀況不同。

3.5.4　其他非排灣族地區的紀念碑例子

　　日治時期，臺灣總督府禁止原住民的出草行動，開始逐步去除原住民區域的人頭骨架設施，改以集中埋藏人頭骨並設立紀念碑的方式撫慰被出草的亡靈。這些埋藏人頭骨的紀念碑有設置於部落中者，如花蓮阿美族的1925年富田納骨碑（圖3.18）、1931年馬太鞍納骨碑（圖3.19）等，亦有異地設置者，如1909年宜蘭獻馘碑（圖3.20），此碑底下即埋藏宜蘭縣大同地區泰雅族各部落所繳出之人頭骨。

　　除此，在鄰近原住民區域的城鎮或都市中，另有官方設置的與原住民出草相關之紀念碑，如、1929年東勢表忠碑（圖3.21）、1932年玉

圖3.18　富田納骨碑（1925年）

圖3.19　馬太鞍納骨碑（1931年）

圖3.20　宜蘭獻馘碑
（1909年）

圖3.21　東勢表忠碑
（1929年）

圖3.22　玉里表忠碑
（1932年）

里表忠碑（圖3.22）、1933年谷關弔魂碑（圖3.23–3.25）等，皆為紀念遭馘
首之軍警人員（非原住民）而設立之紀念碑，但設立地點並無真正的
人頭骨被埋藏於碑體下方，且設置時間多晚於所紀念事件發生時間約
10–20年。其中谷關弔魂碑設置於大甲溪警備道明治溫泉附近，有一

圖3.23 谷關弔魂碑（1933年）有一天然岩壁背座

圖3.24 谷關弔魂碑（1933年）正面

圖3.25 谷關弔魂碑（1933年）背面

天然岩壁作爲背座，而其他紀念碑多設置於平坦區，無背座的設計配置。

　　此處所舉之弔魂碑、表忠碑、獻馘碑等例皆用來對比「望嘉舊社頭骨塚紀念碑」構造型態及指涉內涵的差異。且其中弔魂碑、表忠碑指涉之紀念對象皆爲日籍或漢籍軍警人員，非原住民族人。這些與官方力量介入後所設置的紀念碑，在構造型態上多有臺座、碑身兩部分，臺座亦可再細分爲臺基與底座，有些臺基邊緣會附設欄杆，碑身可細分爲碑體與碑頂等部位。另值得注意者，這類紀念碑多銘記設置緣由、相關設置者與設置時間等資訊，但並無將傳統時期之人頭骨架留存併入後續設計之作法，此點顯示望嘉人頭骨架與頭骨塚紀念碑共存的現象爲一特殊之案例。

3.6 時代意義

3.6.1 人頭骨架的象徵意涵轉換

　　由於無設立者及年代之落款，此頭骨塚紀念碑可能非官方所設立，由訪談資料研判可能在太平洋戰爭末期由曾經赴南洋參戰的族人返回後所設立。因此頭骨塚紀念碑可作為日治時期的「當代」武勇象徵，見證部落由傳統自治體制轉變為國家體制的歷程。進入國家體制後，男子傳統時期透過出草建立武勇象徵的文化傳承難以再延續，而在日警「撫育」階段的日常生活中也難以形成身分地位認同之新方式，此現象一直到日治後期太平洋戰爭爆發後才出現轉換的機會。1941年之後，日軍開始招募或徵召自願前往南洋協助作戰的原住民族青年，組成高砂義勇隊，初期以協助後勤補給為主，屬於「軍伕」、「軍屬」性質，並非直接參與戰鬥。但在太平洋戰爭後期，日軍節節敗退，許多高砂義勇隊員，最後由後勤任務走上與敵軍正面廝殺的第一線，他們善於叢林活動的特質成為日軍各個分散隊伍中重要的賴以存活及作戰的希望。傳統時期，部落男子幾乎不會有到陌生異域參與戰爭的經歷，被投入南洋參與太平洋戰爭，將之置入異於傳統生活範疇的異域，在戰場中出生入死，能自戰場平安歸來者少，被族人認為是當時另類且符合時代性的新武勇象徵。此時，武勇象徵的實際行動已由部落間的出草，轉而成為在戰場上對抗敵軍（或許並非真正殺敵），為國家效力（國族認同），但在戰場上已無法像昔日傳統時期可以帶回敵人首級的實體物作為武勇行為之見證或收納於頭骨架為部落招來護衛靈力以標誌之，因而，改轉而以豎立頭骨塚紀念碑的形式來詮釋、標記參戰返回之族人符合「當代」的新武勇形象，將尋求傳統文化的認同（為族人而戰，符合傳統文化的規範）轉變成為尋求國族（為天皇而戰，成為天

皇眞正的子民）的認同。此外，此紀念碑的建造或許也受前述北大武
山山頂1944年3月15日「高砂義勇隊顯彰碑」設立的影響。

就國家統治者的立場而言，太平戰爭後期，日人爲拉攏族人，對
於部落的治理採取懷柔態度，因而寬鬆地容忍族人建造頭骨塚紀念
碑，並順勢將傳統形式之人頭骨架形式修改，將人頭骨集中埋藏於頭
骨塚紀念碑之下。就族人自身的立場而言，傳統男子武勇之價值觀很
難再以昔日的出草形式來呈現，在國家體制進入後的新生活型態中，
頭骨塚紀念碑的設立提供一個武勇價值觀的轉換與連結可能，尋求新
的自我與國族（當代社會）認同（戰後歸回故鄉的自我價值再認定）。

3.6.2　武勇象徵意涵的轉換

傳統時期的出草乃男子生命力、武勇的象徵，而建造人頭骨架
收納敵人的頭骨，乃部落對於外來靈力的肯定、安撫與接納，並且標
誌部落男子的武勇事蹟。進入國家體制之後，傳統的文化價值觀難以
透過舊的慣習、活動持續維持，男子的武勇象徵意涵在國家體制帶來
的新生活中缺乏對應的實踐形式，這現象一直到太平洋戰爭末期參與
高砂義勇隊才帶來轉變。戰爭將參戰的族人抽離原來的部落生活，再
返回部落時，需重新建立生活的目標、秩序與價值認同感，在部落中
重新被族人接納與在國家體制中被國家認同。太平洋戰爭期間，每一
則在叢林戰鬥中存活並返回部落者的神奇事蹟皆成爲男子新時代的武
勇象徵見證，這些自戰場返回者似乎重新接連傳統時期的身分榮耀賦
予，延續了昔日人頭骨架周圍保有禁忌成分及祕密形式的社會地位階
層差異。這群人透過整理人頭骨架及建造頭骨塚紀念碑等營建活動，
來尋求自我生命與文化再認同的實踐，乃將傳統的族群文化認同轉換
爲尋求新的國族文化認同，並標誌自身在當下之生存價值。

3.7 結論

本文所述之望嘉頭骨塚紀念碑爲排灣族經歷近代化歷史的構築留存，其見證了部落由傳統自治的階段，進入國家體制治理的階段，以及人們從遵循傳統文化認同（建造人頭骨架）到接納國族認同（埋藏人頭骨，建造頭骨塚紀念碑）之轉變，體現了族人面對時局輪替時所經歷的價值觀認同轉換，並可總結爲下列三個面向的文化變遷內涵。[15]

3.7.1 型態的融合與轉變

望嘉頭骨塚紀念碑在構造材料、外觀造型、配置型態上皆融合了傳統時期人頭骨架與國家時期（進入現代）墳墓或紀念碑兩個不同文化形態的特質，呈現社會價值觀轉變的時代意涵。望嘉頭骨塚紀念碑的建造過程中，並未完全拆除舊有的人頭骨架，而是將傳統時期人頭骨架進行意象的留存，保留原本人頭骨架最下方兩層的局部構造物，配合其他石構造駁坎，形成其前方的頭骨塚紀念碑之背板。而頭骨塚紀念碑碑體及基座的型態則採用類同於日式墳墓或紀念碑的形式，乃呈現對於當代（建造完成時的日治時期）主流文化形式靠攏的結果。

3.7.2 價值觀的融合與轉變

而日治末期的太平洋戰爭意外地帶給族人以高砂義勇隊的身分報效國家的機會。在戰場上出生入死，展現過人的叢林生存技巧，平安返回者被視爲新時代的族群英雄，這類在戰場上的英勇表現，被類比爲昔日傳統時期成功出草的英勇事蹟，乃男子武勇象徵的最高榮譽。從部落自主時期傳統文化認同的英勇象徵所建立的頭骨架，到國家時期的國族認同之頭骨塚紀念碑設立，共同目標皆是男子生命歷程中自

我肯定的英勇價值感追尋與肯定。此頭骨塚紀念碑的設立，正是時代轉換的見證者，標誌了部落由傳統自治的階段，進入國家體制治理的階段，以及人們從遵循傳統文化認同（建造人頭骨架）到接納國族認同（埋藏人頭骨，建造頭骨塚紀念碑）之轉變。

3.7.3　認同感的壓抑與遺忘

　　1945年進入國府時期後，族人甫剛建立的國族認同對象（日治時期殖民政府）瞬時面臨再度變換的局勢，原本日治時期尋求被國家（臺灣總督府）肯定的認同價值觀霎時又遭到壓抑、否定。後續隨著1951年舊部落的遷村，族人移往沿山公路現今的望嘉村聚居，疏離了舊社周邊的生活場域，原本的人頭骨架與頭骨塚紀念碑被埋入歷史歲月之中，逐漸遭後人遺忘。身分階層的禁忌感（非勇士不得靠近）、宗教信仰轉換（西方宗教對於傳統宗教的信仰鬆動）、生活空間變遷（遷村）與時間挪移（凍結在遷村的時間點）等所共同累積的認同距離感，讓此場所持續累積陌生的隔閡，幾乎從族人的生活與記憶中消失。一直到近年文化復振的觀念興起才又重新受到關注。

參考書目

千千岩助太郎，《臺灣高砂族の住家》，臺北：南天書局，1960。

高業榮，《原住民的藝術》，臺北：臺灣東華書局股份有限公司兒童部，1997。

許功明，《魯凱族的文化與藝術》，臺北縣：稻鄉出版社，1991。

許功明、柯惠譯，《排灣族古樓村的祭儀與文化》，臺北縣：稻鄉出版社，1994。

許勝發，《傳統排灣族群「北部式」家屋裝飾初步研究》，未出版之碩士論文，臺南：國立成功大學建築系，1996。

陳國強，《文化人類學辭典》，臺北：恩楷股份有限公司，2002。

鳥居龍藏原著，楊南郡譯註，《探險臺灣：鳥居龍藏的臺灣人類學之旅》，臺北：
　　遠流出版社，1996。

森丑之助原著，楊南郡譯註，《生蕃行腳》，臺北：遠流出版公司，2000。

森丑之助原著，宋文薰編譯，《臺灣蕃族圖譜》，臺北：南天書局，1994。

臺灣總督府臨時臺灣舊慣調查會原著，中央研究院民族學研究所編譯，《番
　　族慣習調查報告書‧第五卷‧排灣族（第一冊）》，臺北：中央研究院民族
　　學研究所，（原著書名：《番族慣習調查報告書‧第五卷‧排灣族（第一
　　冊）》），2003。

臺灣總督府臨時臺灣舊慣調查會原著，中央研究院民族學研究所編譯，《番
　　族慣習調查報告書‧第五卷‧排灣族（第三冊）》，臺北：中央研究院民族
　　學研究所，（原著書名：《番族慣習調查報告書‧第五卷‧排灣族（第三
　　冊）》），2004。

顏廷伃、許勝發，《望嘉舊社人頭骨架遺址搶救調查計畫成果報告書》，屏東
　　縣：屏東縣政府，2013。

註釋

1　本文所述之「望嘉舊社頭骨塚紀念碑」乃屏東縣定古蹟之「排灣族望嘉舊社
　　人頭骨架、頭骨塚紀念碑」的一部分，其中「紀念碑」一詞為前述法定文化
　　資產之名稱。

2　顏廷伃、許勝發，《望嘉舊社人頭骨架遺址搶救調查計畫成果報告書》，屏
　　東縣：屏東縣政府，2013。

3　陳國強，《文化人類學辭典》，臺北：恩楷股份有限公司，2002，頁72。

4　許功明，《魯凱族的文化與藝術》，臺北縣：稻鄉出版社，1991，頁73。

5　許功明，《魯凱族的文化與藝術》，臺北縣：稻鄉出版社，1991，頁84–86。

6　森丑之助原著，宋文薰編譯，《臺灣蕃族圖譜》，臺北：南天書局，1994。

7　臺灣總督府臨時臺灣舊慣調查會原著，中央研究院民族學研究所編譯，
　　《番族慣習調查報告書‧第五卷‧排灣族（第一冊）》，臺北：中央研究院民
　　族學研究所，（原著書名：《番族慣習調查報告書‧第五卷‧排灣族（第一
　　冊）》），2003，頁254–259。

8　　鳥居龍藏原著，楊南郡譯註，《探險臺灣：鳥居龍藏的臺灣人類學之旅》，臺北：遠流出版公司，1996，頁328。

9　　森丑之助原著，楊南郡譯註，《生蕃行腳》，臺北：遠流出版公司，2000，頁235。

10　森丑之助原著，宋文薰編譯，《臺灣蕃族圖譜》，臺北：南天書局，1994。

11　森丑之助原著，楊南郡譯註，《生蕃行腳》，臺北：遠流出版公司，2000，頁249–251。

12　千千岩助太郎，《臺灣高砂族の住家》，臺北：南天書局，1960，頁212。

13　許功明、柯惠譯，《排灣族古樓村的祭儀與文化》，臺北縣：稻鄉出版社，1994，頁132。

14　許功明、柯惠譯，《排灣族古樓村的祭儀與文化》，臺北縣：稻鄉出版社，1994，頁130。

15　除此，本文所探討的望嘉頭骨塚紀念碑如能從尊重多元族群的當代價值觀中重新審視，仍可進一步觀察時代變遷中原住民族群遭逢國家體制強勢介入後自主權限縮消逝的過程，以及政治、經濟、宗教等面向輪番變動帶來全面的生活及文化面貌蛻變，使吾人得以反省未來臺灣維繫文化多樣性相互尊重的共同處世方式。

4

臺灣都市原住民居住文化

溪洲部落參與式規劃設計

吳 金 鏞

國立臺灣大學藝術史研究所專案助理研究員

4.1 緣起：都市原住民的社會運動

臺灣原住民族原本居住在全臺灣各領域，隨著歷史變遷，外來移民者逐步佔領了原住民族的生活領域。面對現代化的時代，原住民族在臺灣城鄉發展進程中面臨新處境。臺灣的原住民族約佔人口比例的百分之2，而根據行政院原住民族委員會公開的統計資料，[1] 到2021年6月爲止，全部原住民族約有百分之48.6的人口比例，有將近一半的原住民族居住於都會地區。無論主動或被動遷居，原住民族已與臺灣都市發展緊密相連。自70年代開始，阿美族原住民族人從花東原鄉到都會區工作，希望謀求更好的生活，但生活條件並沒有因爲現代化生

圖4.1　溪洲部落位置圖（底圖來源：Google Map）（2008年製）

活的來臨而有明顯改善，而都會區高昂的房價與生活費用一直是族人生活上的重大經濟議題，族人工作所得仍不足以支付在都會區生活所需，必須在都市中不停搬遷，尋求可以負擔的居住條件，以及更為穩定的生活環境。於是，許多族人開始落腳在都會地區邊緣，以非正式或廉價的方式來取得居住服務。在臺灣各都會區至少已形成十四個都市部落，成為族人聚居的重要節點。

4.1.1 溪洲部落案例研究的脈絡

阿美族人遷移都市的居住策略中，自力營造河岸部落是主要聚居模式。北部都會區淡水河系的河岸部落包含了位於新店溪畔的小碧潭部落、青潭部落、位於大漢溪畔的崁津部落、撒烏瓦知部落、三鶯部落，還有新店溪畔秀朗橋旁已被拆遷的溪園部落。溪洲部落位於淡水河系新店溪畔，部落建立時間已長達40年，部落族人與北臺多個河岸部落保持往來，包括新店地區的小碧潭部落、青潭部落、安康部落等，是都市部落社群網絡中的重要節點，是北臺地區阿美河岸部落的典型代表。

同時，溪洲部落也曾面臨地方政府拆遷威脅，在新一波都市原住民社會運動中扮演主導位置。在2007年，透過抗議拆遷行動，直接面對馬英九總統候選人，引發「我把你當人看」失言風波，成為河岸部落抗議重要事件。同時在眾多河岸部落面臨地方政府的威脅拆遷過程中，溪洲部落族人也以行動聲援支持其他部落，例如溪洲族人在三鶯部落拆遷行動中直接與警方面對面接觸，[2] 是都市原住民社會運動的主要行動核心部落之一。溪洲部落也是首批以部落為主體，與地方政府對等協商，重建家屋，成為都市原住民部落主要轉型的先驅部落之一，具有深入研究的獨特性。

都市原住民相關的研究議題方興未艾，許多具有潛力的研究議題

值得深入研究探討。本篇專門討論家屋空間的規劃與設計參與式過程，聚焦在族人參與實質空間營造過程。部落家屋空間之外的山林野地也是都市原住民族的活動空間，反映生態採集漁獵與自然地景關係，需要進一步探討。

4.1.2　都市原住民的河岸聚落：溪洲部落

溪洲部落的位置在大臺北都會區淡水河系支流新店溪碧潭下游西岸，行政上屬於新北市新店區，是一個緊臨水岸棲居的都市原住民部落。族人絕大多數都是阿美族人，族人原鄉在花蓮與臺東地區，然而在原鄉的生活日益艱難，再加上70年代臺灣西岸工業化與都市化的勞動力需求，族人爲了尋找更好的收入與工作機會，從花東原鄉陸續遷徙到都會。在一個偶然機會下，有一群族人在新店溪畔河岸荒地開始聚居，自力營造家園，建立起都市部落，有著相同處境的族人逐漸遷入，逐步發展成近二百人的都市原住民聚居規模，稱爲溪洲部落。90年代後，臺北都會區快速擴張，水岸土地成爲地產資本追逐的新天地，大樓林立，河岸綠地與都市公共水利安全遂成爲地方政府積極治理的目標之一。但是如此一來，原先居於河畔荒地的都市原住民部落，便成爲都市化公共建設首當其衝的拆遷犧牲者。

4.1.3　迫遷抗爭與社會動員

都市快速擴張的過程下，公共建設往往成爲都市擴張第一線的推土機，打著公共建設旗幟，國家權力開始強迫拆遷，清除發展障礙，輾壓弱勢社區。都市居住區域急速向都市水岸發展，以保護這些都市居住區爲名，需要加強水利防洪能力，各地紛紛開始增加沿岸堤防長度與高度。於是，新店溪沿岸堤防的興建計畫就與溪洲部落原住民的生活領域重疊，都市水利建設與河岸自營聚落領域發生衝突。政府對

圖4.2　在溪洲部落家屋前掛起抗議布條（規劃團隊、研究者攝影，2008）

公共土地的強勢行政權力，開始壓迫佔領河川地的都市原住民部落，升高迫遷與抗爭緊張關係。地方政府開始對溪洲部落族人發出公函、在家屋門上張貼拆除公告，積極宣告拆遷的行動，也引發了族人的抗議行動與串連。結合其他社會運動的支持力量，族人發動對臺北縣政府的各種抗議活動，包括了前進縣政府建築大廳靜坐抗議、聯絡媒體採訪等。

4.1.4 「我把你當人看」風波

　　在2007年，由地方政府拆遷所引發的河岸部落抗議與抵抗行動達到高點。2007年底也是臺灣總統選舉造勢宣傳期間，為了爭取更多的重視，溪洲部落族人前往新店中正國宅社區，對著正在拉票宣傳的國民黨總統候選人馬英九拉起抗議布條，並大聲質疑地方政府的拆遷行動。在言詞交互對話中，馬英九對著溪洲部落發言人與全場採訪媒體說出：「你既然來到我們的城市，就是我們的人，你來到臺北就是臺北

圖4.3 溪洲部落在中正國宅抗爭行動（攝影者：于欣可，2007）

人，我把你當人看，我把你當市民看，要好好把你教育，好好的提供機會給你」。當馬英九說出「我把你當人看」的話時，也透過媒體傳播到全臺灣，引發巨大的政治與媒體效應。因為「我把你當人看」同時意味著可以不把原住民當人看，這對全體原住民是極大的侮辱。

這是河岸部落抗議運動的重大轉折，引發當時聲望正好的馬英九候選人的重大政治正當性危機，因為這樣的失言發言挑戰了原住民政治正當性的神聖地位，不僅岐視臺灣少數族群，也觸動了臺灣敏感的族群政治神經，在媒體引起軒然大波，也為國民黨的總統選舉造成極大的震盪影響。這樣的媒體與政治效應，為河岸部落的抗爭運動創造了歷史的條件。

為了平息這場失言風波，臺北縣政府改變了原有強勢拆除河岸部落的態度。臺北縣政府召開政治性協調會議，由當時的縣長周錫瑋主持會議，由部落代表、專家學者共同協商。這場協商會議代表了政府對河岸拆遷政策的轉向，不再以強制拆遷為手段，而以協商談判為主要方向，決議重新規劃河岸部落的安置方案。

4.1.5　參與式規劃的可能性

在協商會議中，參與的臺灣大學夏鑄九教授提出以參與式規劃設計來達成地方政府與部落族人的目標，同時評估易地重建的可能性。藉由溪洲部落的參與式規劃設計來減輕外界對馬英九政黨的政治性批評，也讓地方政府的拆除行動暫時緩解。族人也同意進入規劃設計的階段，並由夏鑄九教授組織參與式規劃與設計團隊[3]來實際執行。

4.2　參與式規劃與設計的過程

與臺北縣政府協商之後，仍需要將政治性協商結果轉化成具體實踐方案，於是專業的規劃構想與推動團隊進入臺北縣政府與部落的協同工作之中，部落族人的參與是核心的關鍵，而參與式規劃與設計的工作方式正可以發揮整合族人意見的特性。因此，在溪洲部落開展的參與式規劃設計過程，是以族人自主意志主體為核心，加上專業團隊提供專業規劃的協助。雖然漫長的營造過程當中，仍然會涉及較為特殊複雜的專業技術細節與官方規章，但整體規劃與設計方面，仍然是透過參與式規劃的方式，將溪洲部落族的集體意志轉化為可執行的方案，進而落實在營造過程中。在此過程中，以溪洲部落族人為主體，藉由參與式規劃設計介入實質領域的生產過程，同時族人透過參與式規劃設計過程，建構對未來部落的認同，達到在都會區永續居住的目標。

4.2.1　觀察與學習

第一階段是規劃與設計團隊進入溪洲部落生活領域的觀察與學習，探索一個自力營造聚落的形成過程，並收集資料，作為進一步規劃設計的依據。

1. 觀察居民的生活方式

首先，不同於以往傳統專業者接受到委託便立即逕行繪圖設計的方式，規劃團隊先尋求理解阿美族關於居住領域的生活經驗與知識，團隊透過專業實習課程[4]的形式組織人力與進度，開始與部落合作，並分階段進行：

第一階段：團隊進入溪洲部落的生活領域，對各家戶與公共空間進行分組實地觀察、訪談、測繪，來學習了解溪洲部落阿美族人的日常生活與空間使用方式。

第二階段：團隊透過測繪各家屋室內平面，藉以了解溪洲部落生活、社會與空間營造的歷程。同時，理解這些沒有建築師設計的建築，是如何由族人自力營造出來？自主造屋的建造過程不受專業知識的限制，也沒有國家法令的干預，卻能蓋出讓族人長年居住的部落家屋。

第三階段：從以上實際家屋的建造過程來重新認識專業規劃權力關係，也是開始思考規劃與設計方式的第一步。

主要工作事項：

(1)族人訪談

訪談方式主要是半結構式訪談，經由設計團隊內部討論，先擬提了一個初步的訪談大綱，預定針對部落各家戶族人進行訪談，目標在於了解生活、工作、搬遷與營造部落的生活歷史，以及對未來重建的期待。為了得到最多的資訊，訪談時間多半配合族人的生活作息，大多選在傍晚或假日期間，族人下班回到部落休息的時間。訪談形式大多採取在溪洲的生活空間中進行訪談，有時也視情況會與多位族人同時訪談，並且在訪談過程中，逐步了解族人建構溪洲部落空間領域的實際過程。

訪談的過程不但使設計團隊更了解溪洲部落的生活，同時經由長

圖4.4　規劃設計團隊訪談景（規劃設計團隊、研究者攝影，2009）

時間的訪談與相處，讓族人也了解設計團隊的工作方式與成員，建立
彼此信任關係，有利於下一階段的參與式規劃設計工作。

(2)生活空間的參與觀察

在訪談的同時，也進行實地參與觀察與紀錄，包括了族人生活作
息、如何建造自己的家屋、使用家戶與公共空間等重要訊息，這一部
分也成爲未來實質環境規劃設計的主要資訊。

族人的家屋大多是透過營造職場的工作關係，購買利用回收材料
或便宜建材而興建。有時也會透過熟識營造的親友，來共同營造建築
家屋。這樣自力造屋的營造過程，雖然物質資源不足，但時也創造了
許多特殊而充滿家戶個人特性的部落住宅。

例一：有一戶單親媽媽的家屋即是購買渡假村已經報廢的小木屋

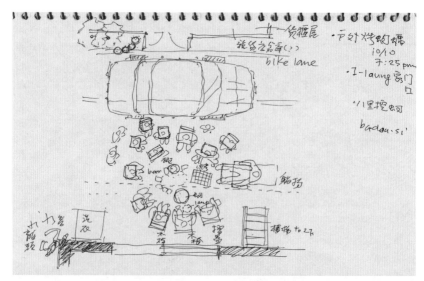

圖4.5　公共空間 'Patawsi' 實地描繪圖（研究者繪圖，2008）

木頭建築材料，自行運回部落，與自己的父親兄弟合力在溪洲部落空間再重新設法搭建起來。在重新組合小木屋的時候，因不熟悉木構件的組合方式，花費了許多時間與精力，雖然經過許多挫折，但最後終於完成了獨特的木造家屋。

　　例二：有家戶成員曾在附近的高速公路新建工程工地工作，當營造工程結束後，便向營造廠購買欲報廢的工務所組合屋材料，搬運回到部落，再將建材重新拆開，在溪洲部落組成為兩戶表姐妹鄰居的家屋。族人雖然購回便宜二手材料，但是運用在職場所學到的營造知識與經驗，透過集體合作，將單一棟工務所組合屋材料，重新分配而建造成為兩戶表姐妹家屋。在資源有限的情況下，透過族人的創意智慧與合作行動，打造了獨一無二的部落家屋。

　　例三：，有一戶家屋男主人是營造工地的鷹架工人，非常熟悉金屬鷹架的搭建原理與施工過程。男主人買回二手鷹架材料，把一般工

地臨時支撐用的鷹架，透過自己的職場知識與創意，將一般鷹架進行加工、連接、銲接，逐步搭建成自己溪洲家屋的結構骨架，把原本是暫時支撐建築工程的臨時鷹架轉換為家屋的永久結構體。在物質資源不足的情況下，藉由很有創意的營造行動，也能夠打造自己的家園。

由於族人的經濟能力有限，購買或獲得建材的種類與時間不一致，逐步分階段來建造家屋，因此也創造了多種材料混搭或拼配的建築外觀形式，包括了木材模板、鐵皮、磚頭等多種建材。無經濟能力購買家屋建築外表的裝飾材料，也創造了許多「半完成」的家屋外觀，保留了木板或混凝土完工後，未經裝飾的表面，形成溪洲部落家屋的主要景觀。但是這樣的「表面質感」也形成了溪洲部落特殊的美學，這些建材都是族人在職場每天所見到的半完成表面，將每日所見的材料特質表現在日常家屋上，是非常具有個人表現的建築行動。

(3)測繪家屋內部生活空間：測繪圖

同時針對各家戶的室內空間進行測繪，因為現場條件、訪談時間等限制，大多採取手繪平面圖的方式，紀錄家戶內部空間，作為進一步規劃設計的依據與資料。

在這一階段，經由觀察與紀錄部落實質空間與族人生活空間，開始了解到都市邊緣的弱勢社區如何在缺乏資源之中建構自己的生活家園，從回收材料與自力營造中打造部落，為自身謀得生存空間，同時也創造出新的營造關係。

由於缺乏資源，雖然溪洲部落族人無法負擔正式營造與法規所需要的材料與形式，使得族人必須自力營造自己的家園環境，但是也因為這種自力造屋的營造過程，使得溪洲部落的居民可以脫離正式制度的空間規範，而在材料、土地權屬、空間營造各方面完全解放，以自力營造的方式興建家園，成為新的建築空間與社會的關係。

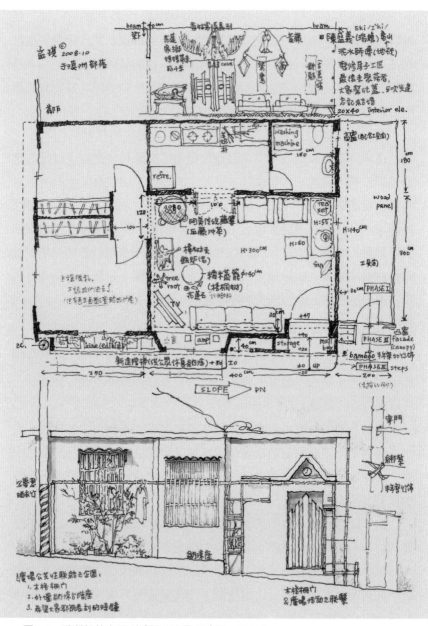

圖4.6　溪洲部落家屋測繪圖（薛孟琪繪圖，2008）

族人親身參與自身家屋的興建，使得營造與建築的專業知識與技術不再是神秘的黑箱技巧，解除了專業技術神祕化的面具。自力營造也可以建立家園，不需要受到國家制度性的保護。通過阿美族人從事營建勞動工作的生活歷程，將營造知識解放。營建法規的法律與行政管理其實就是國家權力展現的主要場域，既成建造環境的日常管制再現了國家的正當性地位。溪洲部落的家屋營造過程不但挑戰了專業權威，也挑戰了國家的正當性地位。

　　進一步分析，溪洲部落數十年來自力造屋營造了「沒有建築師的建築」，這樣自力造屋的營造行為意味著無法進入正式制度化的營造過程，脫離了國家正式與制度化法規限制，不需要國家的保護，也可以建立自己安身立命的家園。族人從生存需求的角度，甚至集體建造部落來對抗國家的建築管理制度，長期佔領河岸領域，排拒國家權力的介入。溪洲部落特殊的營造過程不僅質疑了專業執業的社會權威，同時也挑戰了國家的正當性。這當中，雖然無力負擔正規建築，卻同時挑戰了國家與建築專業權力關係，透過族人長期集體的自力營造過程，在空間與權力的論述上，建立了新的可能性。

2. 描繪公共生活空間

　　經由文獻資料與實地訪談，了解到原住民族的社會生活與都市漢人的主流生活方式並不相同，尤其在部落公共生活面向。溪洲部落的族人依然保持開放而友善的公共生活方式，也是生活中的重要面向，這樣的公共生活對於未來部落重建與參與式規劃設計有重要的影響。族人在花東原鄉生活就習慣於公共生活，來到都市部落，更需要透過公共生活取得生活資訊，集體合作，共同達成共識與行動。

(1)聚會所

　　前身是自救會的部落聚會所，是一棟以C型鋼、建築模板金屬支

撐柱、木材、金屬鐵浪板所構成的公共聚會空間。包含了室內多功能空間與儲藏室，存放豐年祭所需物品，包括桌椅、烹煮設備等。聚會所內也有部落廣播設備，可以隨時通知族人訊息。聚會所旁設置由族人共同出力興建公共廁所與水塔供使用。

聚會所最初用於儲藏外界捐贈的救援物資，也用於公共集會，如部落大會，供族人集體討論共同決議。室內空間也會用於兒童課後輔導教室、婦女集會聚餐煮食、婚喪喜慶、教會宗教聚會等活動場所。

聚會所是公共生活的核心場所之一，雖然每個家屋都有資源不足的困擾，但仍願意集體出錢出力，共同打造此公共生活空間，這樣願意支持公共聚會所的行為，說明了部落族人注重公眾集會與集體共識，願意為常態性的公共聚會與討論提供實質支持，也為未來參與式規劃設計所需的公眾支持打下基礎，這也是都市居住文化中具有價值的公共生活方式。

(2) Patawsi（戶外吃喝聚會）

溪洲部落阿美族人的公共生活是部落的焦點，在訪談與觀察的過程中，了解族人經常在戶外或半戶外的空間聚會飲食，族人以族語「Patawsi」稱此種戶外的吃喝聚會的形式。

通常等到大多族人工作下班休息時，在部落的公共或家戶空間，就會形成「Patawsi」聚會。這樣的聚會幾乎每天都會發生，在部落的公共空間：包括飲食店空間、廣場角落、巷道內、聚會所的門前屋簷下，此外，族人也會聚集在自己家戶門前、屋簷下、庭院空間等半戶外空間，通常已經備有簡單輕便的塑膠或木製桌椅、或自家戶中拿出桌椅，有時為了遮陽避雨，也會準備陽傘或塑膠布。來參加的人多半沒有事先約定，或部分有事先約定，而其他參與者是隨機即興不定時加入，大多的參與者是生活在部落的族人或其朋友。聚會的飲食大多

圖4.7　街巷中的 'Patawsi' 情形（研究者攝影，2020）

由參與者集體提供，有時也會由少數召集聚會的人提供主要飲食，在家戶前的聚會通常也會是家戶家族成員的正餐飲食，如平日晚餐或假日午晚餐。參加的成員通常沒有限制，甚至陌生的路人有時也會加入。

「Patawsi」聚會形式通常伴隨著吃喝飲食，參與成員邊吃喝邊聊天，通常是日常生活趣事，有時也伴隨歌唱、即興跳舞等。在這樣的聚會中，是族人重要的公共社交活動，族人可以自由交換心情與訊息，工作時的趣事與資訊，在放鬆不拘的聚會形式中，互相分享食物與心情。

在現代都會疏離的人際關係中，這樣頻繁的日常鄰里吃喝聚會其實是非常特殊的。一方面溪洲部落的公共空間與家戶半戶外空間提供

圖4.8　屋前簷廊下的'Patawsi'空間（攝影者：延藤安弘，2008）

了實質的空間條件，另一方面，則是阿美族人傳統部落社會的集體生活文化慣習，進一步支持了公共交流的聚會。溪洲族人的社會交互活動是相對非常開放的，幾乎任何人都可以自由參與這樣的活動，這也是人類學者到部落調查，認為阿美族人具有「擬親屬關係」（視為兄弟姊妹親屬一般）的傳統文化特色，此文化特色具體呈現在'Patawsi'，形成阿美族特有的生活空間模式，這樣開放而友善的吃喝聚會，豐富了人際關係，也是維繫部落公共社會網絡的核心活動，是溪洲部落重要的公共活動模式，也推動了部落空間的變革。

　　例如，有幾戶原本就是親戚關係的鄰居，經常在兩戶中間的巷道擺上桌椅，共同吃喝。但有時陽光強烈或下雨時會限制與阻礙了'Patawsi'活動的進行，於是就在兩戶中間的巷道上方拉起塑膠帆布與黑紗網，以遮擋陽光與雨水，減少天候的干擾，後來就再改成在巷道上方加蓋金屬鋼浪板，以持久耐用的材料來形塑更為穩定的'Patawsi'

空間。我們認為像'Patawsi'這樣的公共集會活動，正是驅動空間變革推進的推手，依照居民的需求而不斷修改空間的條件，使得族人的日常活動進行更為順暢。

3. 建築與生活模式[5]的生產

當規劃團隊理解到族群生活文化活動與空間的互動關係，此正是部落空間最為核心的部分，就研擬採用模式語言的方式來紀錄與說明部落空間的組成。模式語言所建構的空間模式生產過程注重空間與活動的互動關係，用來描述與紀錄溪洲部落的人居環境是較為準確與有效的工具。在訪談觀察的工作告一段落之後，經由設計團隊集體討論，將溪洲部落現有生活形態歸納整理為生活與空間模式。例如，戶外吃喝聚會（阿美語：Patawsi）即是阿美族傳統戶外聚會方式，在自宅門口或部落重要節點、交通動線上，自發地形成桌椅圍繞的聚會空間。經由實地的訪談觀察等工作所整理出來的阿美族特有生活空間模式，做為未來新部落重建的重要參考依據，在訪談紀錄觀察之後，整理成最為主要的模式之一。

8個主要模式與模式網絡：在這個階段主要產生了8個主要的模式：

模式1　沿水而生的聚落

「聚落家屋的空間分佈平行於河岸，每戶到達水邊的關係較近。」

由於溪洲部落的族人絕大多數是來自花東地區的阿美族人，傳統阿美族人相信祖靈來自水體、與水共存。因此，在都會地區找尋棲身之所的同時，也要尋找與祖靈同在的河岸水邊。溪洲部落位於新店溪旁，舊時河岸地景與花東原鄉類似，在原鄉文化與都市地景的互動中，族人找到安身立命的家屋。

在溪洲部落的發展過程中，部落家屋也是平行著水岸而配置。河岸水邊也是部落重要儀式的場所，包括了豐年祭（Ilisin）的迎祖靈活

圖4.9　沿水而生的聚落（研究者攝影，2020）

動、青年會的訓練場所。日常生活空間也與水岸緊密相關，包括了捕魚（Mifuting）、戶外的吃喝聚會（Patawsi）、也是菜園灌溉系統之一。

　　因此，在部落的整體配置上，首先要考量與水體的關係，讓每一家戶都可以感覺到自然水體的存在。不但在空間上，建立與水體的整體配置關係，也需要在文化上，建立部落與水的連結。

模式2　Pangcah（邦查）母系空間

　　「Pangcah」主要是花東北部的阿美族自己稱呼自己族群的名字。
'Pangcah'的傳統婚俗採取從妻居，財產繼承以母傳女為主，形成以女
方家族為主的婚姻和居住型態，人類學者稱之為「母系社會」，女性也
受到家庭和部落男性的尊重，尤其是長者。此尊重女性的傳統文化特
質，在都市阿美族仍可見到，在家屋的設計上，需要特別注重女性的
意見與需求。在空間上，可以在溪洲部落配置上看到以家族姐妹為核
心的集居模式，也可以看到幾組鄰近家屋是姐妹關係、母女關係或是
表姐妹關係，與漢人父系社會以男性親屬關係為主的空間配置關係並
不相同。在家屋中家務空間的權力分配上也偏向女性決策和主導為主，
女性也參與家屋營造，擔任主要建造與設計角色。

圖4.10　Pangcah（邦查）母系空間（研究者攝影，2008）

例如，有家屋女性即很自豪她自己的家屋都是由她所設計施工的，所以空間配置上很符合她的生活作息所需。傳統部落組織上有設置婦女會，也尊重女性之間的社交活動、聚集活動。6 例如，女性經常聚集在部落早餐店聊天、固定時段進行社交活動。有時部落活動儀式節慶時，不同部落之間婦女會或歌舞表演會有交流活動，部落也會預留對女性使用者友善的部落公共空間，例如傳統服的更衣空間。即使移居到了現代都會，進入都市營造業職場，部落女性也經常是職場的主要勞動力量，換句話說，也是家屋的主要經濟支持力量。例如，有許多婦女進入建築工地擔任模板工的資歷比她的丈夫還要資深，因此在家中有女性使用的家屋工具間也是很常見的。此外，婦女也多是農地的主要勞動者，維持菜圃的耕作，形成可食性植栽的景觀。因此，在規劃設計家屋的室內外空間時，考量女性活動所需的空間，以女性的關係為主來考量家屋鄰里關係與空間配置。

模式3　都市原住民特有空間需求

溪洲部落族人在都市中生活工作，產生特殊的空間需求。首先是與職業相應的貯物與準備空間，從事營造業的族人會需要儲備工作所需的材料、備品等，以備不時之需，例如模板、相關的鐵件等。若從事回收工作則會需要更多的空間來存放回收品。從事防水業則會需要存放各式材料與施工工具。

其次，族人為了自行營造家屋、對家具整理加工、修繕、整理職場所需工具等，則會需要家門口的戶外工作空間，需要平坦的地面與工作檯面、明亮的光線與遮簷、有時需要水龍頭與排水設施。而在部落之中工作，則會吸引其他族人的參與和協助，因此也產生對社區周遭的連結。

第三，則是日常生活勞動，例如揀選野菜、整理蝸牛等，為了有

圖4.11 都市原住民
特有空間需求（規劃
設計團隊攝影，2008）

較多的活動空間或集體參與，都會移到室外或半戶外空間。過往的族人有時也會停留聊天，或參與協助生活家務。單純的日常勞動就可以轉換成連結族人社會關係的重要事件。

第四，則是儲藏Pangcah（邦查）記憶的空間，是族人移居到北部都會區，追尋阿美自我認同的展現。有時會在家屋或戶外設置與阿美族相關的物件，例如小米、鳥羽、蒸糯米桶、酒壺、竹簍等，建立自己與原鄉文化的連結。

因此，在規劃設計時，不同於一般都市居民，需要安排配置與設計以容納工作、生活、文化所需的都市原住民空間。

模式4　多樣活動圍繞的廣場

　　部落靠近水岸設置有小型廣場，這是部落多種活動的地方，包括了聚會所前的戶外活動、部落廣場地標所在、兒童遊戲場、籃球場、停車場、部落豐年祭主要祭場與歌舞場所、婚喪喜慶活動、戶外電影院…等活動空間。在空間位置上，這樣的廣場臨近水體，讓聚落家屋所有住民都容易到達，也靠近主要街道動線。

　　設置一個廣場在部落的中心地帶，部落廣場是重要的活動空間，提供族人各種正式與非正式的活動場所，大小需至少可容納八十位以上族人在豐年祭中歌舞。平時亦可提供多功能的公共使用，透過多樣活動經常圍繞著部落廣場發生，來形成一個部落的核心地帶。也需每日提供夜間照明，讓廣場日夜都充滿活動與人氣。

圖4.12　多樣活動圍繞的廣場（研究者攝影，2018）

模式5　Patawsi（戶外吃喝聚會）

　　延續之前對'Patawsi'的討論，理解'Patawsi'是部落重要的日常活動空間，不時充滿了各式活動與生氣。一個適當的'Patawsi'空間需要開放的空間、戶外亭子、有戶外的遮簷、有矮牆圍合的戶外小空間、夜間照明、鄰近主要街道、家戶經常聚會地點。

　　雖然'Patawsi'是多樣而充滿各種變化的吃喝聚會，但其空間核心是要能提供參與者能長時間舒適聚集停留的空間，通常介於戶外與室內的中間地帶。'Patawsi'主要採取圍坐的形式，讓每一個人都可以看到對方。

圖4.13　Patawsi
（戶外吃喝聚會）（研究者攝影，2010）

模式6　生活內巷空間

　　為了讓老人與小孩可以安心活動，一個恰當的內巷空間除了儘量減少車輛的進出干擾，也要提供大家都分享一部分生活空間的可能性，讓大家的生活都圍繞著內巷。因此不僅要提供老人與小孩的友善活動空間，也要在內巷附近安排門前矮牆、水龍頭…等，來進一步構成家務活動、洗衣、處理食材空間，讓大家的生活都能圍繞著生活內巷。

圖4.14　兒童在生活內巷活動（規劃設計團隊攝影，2008）

模式7　與生活、工作密切相關的建築材料

在溪洲部落可以見到對建築材料在家屋營造上的特殊運用。雖然溪洲族人在營造自我家屋時沒有太多的資源可用，但透過個人的創意與集體合作的營造過程，將與生活、工作相關的各種不同建材拼貼在家屋建築上，產生一種特殊的美學。經由族人在專業上對建材的掌握能力，一邊做一邊試驗的做中學經驗，再加上不受規範限制、自由創造的材料運用，產生了家戶個別個性化的形式表現。雖然受限於資源，而大多透過手工製作，但也經由非制式施作的偶發隨機效果，在營造過程中，表達出參與者的情感、性格與想像。這種因地制宜、隨機應變式的材料運用，經由親手施作而表現出人為營造行動的觸感，將建築材料與家屋空間的關係，轉化為部落的特殊文化形式。未來讓使用者可以自行參與家屋營造的一部分，經由自主選擇材料與施作方式，以創造個人對家屋空間的連結。

圖4.15　與生活、工作密切相關的建築材料（規劃設計團隊攝影，2008）

模式8　重建人與土地關係的生態社區

「從大自然取得食物、供給所需、可以自行種植、繁衍,具有自立生產力的社區」

阿美族人在花東原鄉習慣從事部分自然採集、耕作、漁獵的活動,與自然生態保持良好的互動關係,遷居到都會區後,族人仍然持續維持與自然生態的互動。從周遭生活空間開始,重建與自然的循環系統,打造以自然為基礎的生態社區。在部落周遭設置可供食用的菜圃或花園、雞舍、豬圈,或探索周遭自然地景網絡,透過自然生態環境持續經營捕魚、野菜採集活動,透過耕作、採集來取得食物,建構族人與土地的深度關係,在都會區域形成一組以原住民食物為基礎的綠色生態網絡。在當前全球環境發生巨大變遷之際,族人透過食物認同,建構與自然的關係,並形成可持續生態網絡,重建人與土地關係,是富有啟發性的行動。

圖4.16　重建人與土地關係的生態社區(研究者攝影,2008)

同時，也進一步依據更為細緻的實地調查資料，擬出更為完整的模式網絡，如圖4.17。

從圖4.17看出，這些生活模式之間的連結關係其實並不是一個具有階層性的抽象樹狀結構，而是一個交錯互相關連的網狀結構，溪洲部落內部空間模式是互相連結，從小尺度的日常生活空間模式到核心的模式都能夠關聯在一起。雖然有了初步的空間模式網路，讓規劃設計過程可以大致掌握溪洲部落的生活與空間樣貌，但是如何在現實情境之中具體使用？需要更為細緻的規劃設計過程。在日後的規劃過程

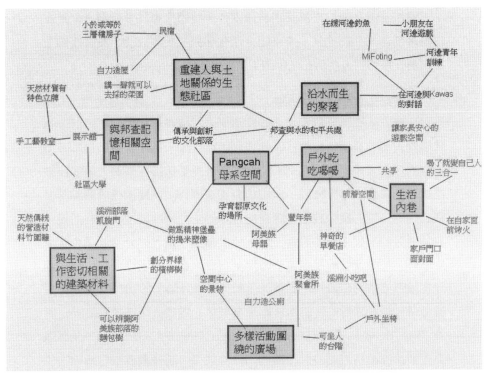

圖4.17　模式網絡圖（規劃設計團隊、研究者繪製，2008）

中進一步以參與式規劃與設計為主要手段，將這八個主要模式與其他相關模式所反映出來的生活空間樣態，作為規劃設計者與族人對未來部落空間的共同共識。

4. 家戶意見調查：部落的不安與希望

為了了解更多家戶對於未來部落重建的意見，在進行訪談的同時，也採取問卷與集體開會討論的方式來獲得更多資訊，釐清族人對未來的疑慮與期待，並進一步溝通未來規劃設計的詳細做法。

4.2.2 創造共識的活動

雖然部落長期以來都互相合作支持，集體度過許多難關，但是為了凝聚部落的共同遠景，未來能夠深化參與式規劃設計，設計團隊策劃舉辦一系列的公共活動來創造部落整體對未來的共識。

1. 延藤安弘教授的教學活動

延藤安弘教授是日本知名的建築學者，擅長參與式規劃設計，長時間投入研究教學與實際社區的規劃設計行動，也親身參與日本多項住宅的參與式規劃設計案例。延藤安弘教授受邀擔任臺灣大學客座教授講學前後達一年半時間，開設規劃實習課程，期間擔任溪洲部落參與式規劃課程的授課教師，課程的修課學生與延藤教授助理共同投入設計團隊的參與式規劃設計工作，協助舉辦一系列的分享演講會。除此之外，延藤安弘教授在其他時間更自費來臺，持續深入參與設計團隊在溪洲部落的參與式規劃設計活動與引導討論。於2010年與夏鑄九教授帶領設計團隊前往日本淡路島參與第七屆環太平洋社區設計研討會（The 7th Pacific-Rim Community Design Network Conference），並專題發表與溪洲部落規劃設計相關的階段性成果。延藤教授以日本協同住宅的參與經驗為核心，引導設計團隊在溪洲部落規劃個案上，持續深

圖4.18　延藤安弘教授（右四）與族人（規劃設計團隊攝影，2009）

入，將族人對生活環境的使用與居
住文化的價值進一步深化分析，並
轉化為規劃與設計成果。

日本協同住宅經驗幻燈片分享會

　　由當時臺灣大學日籍客座教
授延藤安弘[7]教授在溪洲部落聚會
所舉辦多場日本參與式規劃案例的
幻燈分享演講會。日本經驗包括
北九州的平價出租住宅、京都的
U-Court協同住宅、熊本的M-Port
協同住宅案例。這些案例都是延藤
教授親身參與主持，長期以參與式
規劃設計（或稱協同住宅）方式與
居民共同營造出的實際案例。延藤
教授的幻燈分享會形式，大多以兩

圖4.19　延藤安弘教授幻燈分
享演講會（研究者攝影，2009）

臺幻燈片放映機，分別投影左右螢幕，共同播放幻燈片，以深入淺出的介紹，加上生動的圖片，讓族人熟悉案例的經驗，進一步了解到未來規劃設計的程序與進行的方式。藉由幻燈片的影像分享，延藤教授一方面介紹日本協同住宅參與式操作過程的案例，另一方面也激發部落居民共同討論的氛圍，以形成初步規劃設計共識。

2. 彩繪旗織工作坊

規劃設計團隊為了讓族人進一步表達對未來家園的願景與想像，主導舉辦了一系列的公共參與活動以凝聚部落對規劃的共識，例如，舉辦「家園願景旗幟彩繪工作坊」：舉辦不分老少的公共繪圖活動，所有人都可以表達意見，透過在白色布塊上自由圖繪，讓族人更能自由地表達自己對未來家園的想像與願景，並向其他族人公開展示與說明，與族人分享自己對於未來家園的期待與想法。有時圖繪可以超越

圖4.20　族人彩繪布旗，兩隻手臂圍繞家屋（研究者攝影，2009）

言語的表達，族人可以儘情描繪出自己心中理想的家園。例如，有位族人畫了兩隻相互握住的手臂，再將自己的家屋畫在兩隻手臂所構成的圈圈裡，象徵在部落團結之下的家屋。

3. 舉辦基地探勘活動：未來溪洲新家園的基地探險

設計團隊為了讓族人了解未來基地的條件，舉辦未來建築基地探險活動，帶領族人實地踏查未來的建築基地，讓部落族人可以更為熟悉未來重建的基地環境。

這些創造族人討論規劃議題的活動，都是參與式規劃設計的重要步驟，以淺白語言與熱鬧輕鬆形式來形塑共同討論未來公共事務的機會與氛圍，透過親身體驗，一方面讓族人充分了解未來參與式規劃設計過程的概略樣貌，另一方面也引發族人對未來規劃的期待與投入，激發參與的動力來凝聚部落共識。

圖4.21　新基地探勘活動（研究者攝影，2009）

4. 成立文化永續發展協會與公部門接軌

　　過去溪洲部落沒有正式立案的團體組織，也沒有被公部門承認的法人地位，不論是在與公部門談判的過程或各類資源的接收上，都遭遇不少困難。為了使溪洲部落在未來參與式規劃設計與重建過程中能夠與公部門公平談判，進一步與各方資源接軌，設計團隊也協助部落成立正式社團法人組織。[8] 由於當時中央政府的原住民族委員會尚未承認部落的法人地位，溪洲部落只能透過一般社會團體設立方式，成立文化永續發展協會。並經由公開選舉方式推選理監事代表與理事長。協會與理事長所負責的工作，除了可以以社團法人身份成為部落正式對外的聯絡窗口，同時也包括了對內整合部落意見的任務，協會幹部都是義務性的工作，在族人日常忙碌的職場工作外，再額外負擔部落公共事務的工作。協會的成立與持續運作，支持了族人參與公共事務，自主治理部落的行動。

圖4.22　文化永續發展協會成立大會（研究者攝影，2009）

4.2.3 規劃與設計原則

在逐步建立部落共識之後,接下來進入實質空間的討論與研擬階段,設計團隊引導部落組織公共討論集會,來決定主要空間規劃設計原則。

1. 透過部落自主自治、共識形成規劃原則

透過公共討論部落的空間規劃與設計是未來部落自主自治的重要步驟,經由公眾討論與工作坊來形成共識,最終形成重要的規劃與設計原則。例如關於規劃空間的輕重緩急,共同決議先後順序:先規劃公共的空間為主,再來規劃設計私人家屋部分;先考量室外整體配置,再來考量家屋室內的設計。

圖4.23 家屋配置公共討論(研究者攝影,2009)

2. 完成公共空間配置計畫

規劃議題討論的優先順序，首先是部落公共空間與外部空間，再來討論內部空間與私人空間。設計團隊先經初步討論重要公共空間議題，再安排族人參與規劃設計的活動。例如，舉辦二次關於部落新基地的公共空間工作坊，讓部落族人分組討論公共空間的初步要素項目與配置，最終再進行綜合討論，內容包含了巷道、聚會所、大門位置與設置方式等。在工作坊過程中，因為公共空間工作坊的討論目標是大家共同生活所需要，族人都可以就自己的生活經驗與想法熱烈地表達意見。例如在討論聚會所位置時，主要意見分為兩派，一派主張將聚會所設置在部落入口附近，另一派主張設部落的中央。族人就兩種意見熱烈地表達自己的經驗與意見，經由討論，形成相互的信任，毫無保留地發表意見，而達成共識。

圖4.24　公共空間工作坊討論情形（研究者攝影，2009.4.18）

3. 家戶鄰里的鄰居關係

　　未來新部落的家戶空間配置，透過討論鄰居關係工作坊來達成。首先為了確定未來鄰居彼此的空間關係，透過鄰居關係問卷來徵詢部落族人對於未來周邊鄰居的優先順序，再經由工作坊與部落大會討論整合成有共識的部落家戶鄰居關係位置圖。由於溪洲部落的形成即是原鄉社群的城鄉移民空間再結構的過程，是建立在族人既有的社會關係上，大部分溪洲族人在搬進溪洲部落之前，就已經認識部落內的部分成員，在花蓮原鄉，他們彼此是鄰居、同學、或親戚，或是在臺北工作的夥伴。而搬遷進入部落，也往往鄰近原有的社會網絡夥伴，因此鄰居空間關係進一步地反映了原鄉社群的人際網絡，以及親族關係。

　　都市移民部落的彼此鄰居空間配置，就已反映了族人原本的社會關係，例如，姐妹家屋鄰近聚居。但有部分族人家戶因為移居部落與

圖4.25　鄰居關係工作坊討論情形（攝影者：于欣可，2009.4.19）

興建時間的不同，原本是親戚關係的族人並無法住在一起。也有移居部落之後，成為更為緊密的關係，卻沒有住在鄰近的族人，因此需要再進一步調整。

　　組織工作坊方式是依據先前問卷與實地調查的基礎，了解具有親族關係或相互交往密切的小群體，進行鄰居配置意願討論，先形成小群組鄰居配置。由於鄰居配對關係的討論需要各方同時接受相鄰的空間配置，也需要經過來來回回的協商。空間關係也反映了彼此的社會關係，在鄰居關係上的調整也意味著社會關係的再思考，因此許多家戶考量的因素增多，花費更多時間進行討論。各小群體討論告一段落後，再將各小群體組成部落整體的配置，再進行新一輪的討論。

4. 入住成員與個別家屋大小

　　當鄰居關係空間配置決定後，便開始進入關於入住資格與家戶

圖4.26　開會情形（研究者攝影，2009.4.27）

面積大小的討論過程，由於這系列的討論關係著各家屋成員的權利與利益，舉辦了多次高出席率的部落大會，族人熱烈討論來共同決定未來入住名單以及家屋分配的原則。經由部落大會公共討論，部落重建安置名單原則上以目前部落住戶成員為優先，一方面尊重部落目前住戶，另一方面則是對重建資源有效利用的考量。

　　接下來經由家戶的調查，了解各家戶現住戶人數及年齡，依人數多少來決定未來家屋大小空間量需求，再與家戶討論其家戶狀況，包含經濟收入、搬遷條件等，進行試算，擬定家屋室內空間面積初估。一般性原則是人數較多的，未來家屋空間就較大，未來在進入細部設計之時，再進一步依各家戶個別情況與設計條件綜合微調。

5. 聚會所與'Patawsi'公共空間的初步設計與配置

　　經由先前規劃設計的討論，了解阿美族人部落聚居生活中，最重

圖4.27　聚會所設計課程部落總頭目萬福全評圖情形（研究者攝影，2010）

要也最富有生氣的部落聚會稱為'Patawsi'（阿美族語），是族人日常生活的戶外吃喝聚會。'Patawsi'位置通常位於家戶門前空間或部落公共空間，到了用餐時間，召集親近熟悉的族人圍坐在一起，分享食物，聊天唱歌，形成非正式的部落聚會場所，有時可以持續到深夜。這樣的'Patawsi'空間是部落內重要的部落活動據點，透過參與式規劃，理解阿美族人特有的生活空間與活動，並且將現有重要活動形式與空間轉化為未來的部落公共空間。在部落整體配置與家戶設計時，再進一步與族人細部討論'Patawsi'的位置，與應用的時機。將模式具體應用在實際規劃設計方案，為家屋創造與其他人共享飲食與聊天的'Patawsi'空間，逐步落實族人原有生活形態與樣貌。

關於部落聚會所的初步空間設計則是透過臺灣大學大學部建築設計課程，由授課教師[9]指導修課學生分組依參與式規劃設計方式對聚會所進行部落觀察學習、訪談對聚會所的需求與期望、提擬初步設計，最後分組製作聚會所模型與圖面，提出方案。並在課末評圖時請部落長老與意見領袖來參與討論，最終部落也依這個設計為原型，進行真實聚會所的建築設計。

經過部落對公共空間配置的討論過程，族人開始對未來部落重建的重要空間原則形成共識。透過形成共識的過程，來凝聚部落的團結基礎，同時建構部落自治自主的能力，建構自我經營與處理公共事務的能力，不但進一步強化自我組織，同時也形成對外協商談判時重要的基礎與資源。

4.2.4 參與式家屋設計

根據前一階段的部落公共空間配置討論的成果，設計團隊開始針對個別家屋進行逐戶訪談、實地觀察與現場討論，描繪部落家戶對未來生活的期待與要求，並進行家屋設計。

圖4.28　與部落族人討論家屋設計情形（攝影者：延藤安弘，2009）

1. 逐戶參與討論設計

　　設計團隊與部落家戶逐戶約定時間，在家戶成員最適當的時間，前往家戶，進行家屋設計討論。在家屋設計的階段，參照先前進行的家屋訪談與測繪資料，現場與住戶解釋與討論，與家戶成員討論初步的設計構想，並將繪出概略的家屋設計草圖，將居民對未來居住的期望轉化成實際可行的規劃與設計。族人體驗過前幾個階段的參與規劃設計活動後，與設計團隊建立起信任與默契，不但可以自由地表達自己對未來家屋的價值與期望，也開始有自信參與設計的活動。例如，在討論過程中，族人也會現場拿起筆直接將心目中理想的家屋設計畫出來，進一步自行繪製未來家屋的平面圖，在圖面上表達他對未來的期望與想像。經由這樣的共同討論，可以將族人細緻的生活空間需求反映在未來的設計中。

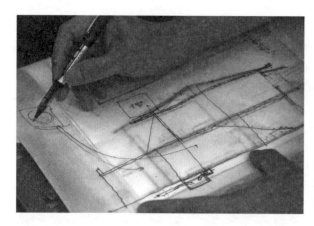

圖4.29 討論家屋
設計情形（攝影者：
延藤安弘，2009）

　　設計團隊也持續與家戶成員進行細部設計討論，舉行拼貼圖工作坊。以彩色圖紙、符合比例的縮小家具平面圖、植栽等紙製道具，在基地圖紙上與居民進行家屋拼貼設計，利用色紙可以不斷裁剪大小、方便移動調整的特性，設計團隊可以與族人不斷調整，利用拼貼道具，來模擬嘗試各種可能的家屋設計安排，以達到族人的最佳需求。這樣工作坊所採用的色紙拼貼工具適合各種年齡，易於操作，拙於言語表達的人也可以輕易進入深度討論的狀態。

　　許多部落重要的空間模式，也經由家戶討論逐步落實到設計之中。例如，在溪洲部落既有家屋中常可見到的門口前簷空間，在阿美族傳統家屋的門口前簷空間是重要的生活空間模式，阿美族傳統家戶由木材與竹子構成，室內空間周圍開窗不多，再加上室內照明不足，傳統家戶室內較為陰暗，族人大多在戶外進行家事工作，為了避免天候的影響，將前簷加長向外延伸，有時因外伸長度過多，需要另立簷柱以支撐前簷，而形成簷廊。在門口的前簷空間成為室外與室內交會的區域，也就成為家屋活動的重心，也常成為 'Patawsi' 的活動場所。族人來到臺北之後，雖然利用現代的材料與技術興建家屋，但仍保留

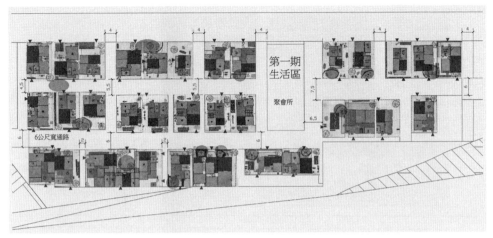

圖4.30　參與式設計拼貼成果圖（來源：規劃設計團隊，2010）

圖4.31　家屋設計3D模擬圖（規劃設計團隊、林易蓉繪圖，2009）

圖4.32　族人繪製
心目中的家屋，直
接參與設計（研究
者攝影，2009）

在家門戶外進行工作的習慣與空間，在前簷空間加設水龍頭，方便清
洗準備食材，有的家戶將洗衣機等，直接放置在前簷空間。目前在溪
洲部落的既有家屋大多仍留設有前簷空間。設計團隊透過先前的訪談
已注意到前簷空間與生活結合的普遍情況，住戶在參與設計的過程中
也多清楚表達希望保留這一空間使用的方式。

2. 族人直接參與設計

　　原本的溪洲部落就是由族人直接親手打造出來的，而部分族人原
本就是營造工人，也有辨識施工圖、打造自我空間的能力。例如，有
位族人就拿出他所親手設計的未來家屋圖面，在比例與大小都非常符
合工程常規。從部落發展的歷史來看，族人原本就有直接設計家屋空
間的能力，自部落落腳新店溪畔以來，其實一直在進行直接設計與施
工的自力營造過程。而參與式規劃與設計過程是將這一些能力重新發
掘，並且應用在未來家屋的設計之上。

3. 住戶家屋的初步設計

　　接下來，依據現場訪談與討論的草圖資料，配合基地實質環境條

圖4.33 族人繪製心目
中的家屋，直接參與設
計（研究者攝影，2009）

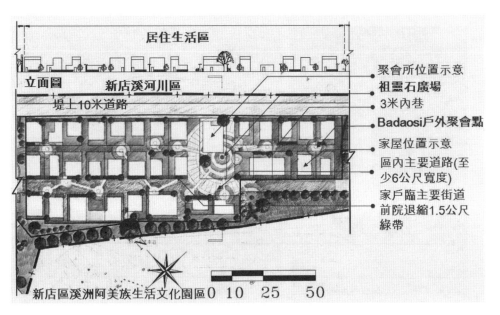

圖4.34 居住生活區配置圖（研究者繪，2010）

件，設計團隊將草圖發展成為詳細圖面，包括了建築平面、立面、剖面等營造所需圖面。這些圖面一方面要能符合建築技術要求，同時另一方面要能符合族人住戶的生活需求。將族人對未來居住的期望轉化成實際可行的規劃與設計，並形成可執行的方案內容。詳細的圖面也持續公開給族人，一直不斷持續修正，將設計成果進一步深化。

4. 家屋模型製作與討論

為了使族人對設計方案內容更為清楚，淡江建築系劉欣蓉教授帶領的建築系學生團隊，協助將設計圖面進一步製作發展為立體的建築模型，同時為了方便理解設計細節與討論，將所有模型都依照規劃與設計的配置同時擺放，因為整體模型太大，而必須移到戶外廣場才能一次放入所有的家屋模型。

圖4.35 族人參與模型討論情形（研究者攝影，2015）

圖4.36 家屋設計模型（研究者攝影，2015）

透過實體模型，族人可以比較眞切了解到未來家屋設計的細部內容，也可以更爲具體地表達對設計的意見與想法。同時，模型也可以是溝通工具，讓族人彼此之間討論設計、交換意見，讓設計成果更爲方便討論。

　　展示模型時，大家陸續找到自己的家屋，仔細辨識內部的空間設計，並與其他家族成員熱烈討論未來的家園設計，積極提出進一步修改意見。

5. 家屋風場模擬

　　在建築細部設計大致完成後，便將設計內容數位化，成爲3D建築模型，由臺灣大學大氣科學系林博雄教授與淡江大學建築系劉欣蓉教授兩組團隊，分別就大氣科學與建築微氣候的角度，以兩組不同的科

圖4.37　臺灣大學大氣科學系林博雄教授與淡江建築系劉欣蓉教授共同討論風場模擬結果（研究者攝影，2015）

學空氣流體力學軟體進行模擬，測試設計中應對建築微氣候的效能。並且依據結果，修改部分家屋設計，使空氣的流動更為順暢，改善建築微氣候。這樣調整的結果可以讓族人的家屋在臺灣炎熱氣候下能夠儘量達到通風散熱的效果。

6. 進入建築細部設計

　　進入正式開工設計階段，由呂欽文建築師事務所負責設計與監照的工作。在細部設計的圖面製作時，呂欽文建築師也遵循參與式規劃設計的方式，逐戶與族人討論家屋設計細部，在這個部分，比傳統建築師在事務所直接繪製施工圖面的作業方式要更為耗時，再依照最後的參與討論結果，製作出建照申請細部圖面。

圖4.38　呂欽文建築師與族人進行參與式設計（研究者攝影，2015）

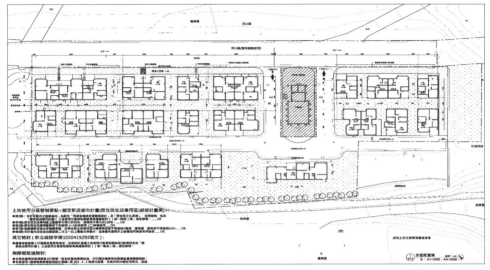

圖4.39　溪洲部落建築平面配置圖（來源：呂欽文建築師事務所，2015）

7. 改變以往黑箱設計方式，與居民直接溝通最適生活空間

　　由族人提出未來的居住需求，也直接反映在設計構想與未來的細部設計上。這樣的設計方式改變了傳統由建築設計師主導的建築設計方式，也避免了以往黑箱設計方式。讓族人可以全程直接參與家屋的規劃設計過程。也讓族人的生活需求直接反映在設計上，經由雙向討論溝通，來達到最佳的生活空間設計成果。

8. 族人對環境經營的能力與敏感提高

　　由於族人的參與對於未來持續維護部落實質環境是重要的基礎。這樣的參與式規劃設計過程，不但產生最為符合族人需求的家屋設計，也因為參與式的規劃設計過程，納入許多族人的經驗與需求，將每位族人所提出的設計與需求，轉化成最終的設計成果。因此是將決

定空間的權力交給族人，進而提高族人控制與經營環境的能力。同時也因為透過親身參與，就像族人親手營造的家園一般，強化族人對於未來空間的認同與歸屬感，讓族人提高對未來環境經營的能力與敏感度。

4.2.5 埋石儀式

歷經抗爭與爭取重建，經過長時間的討論與規劃，溪洲部落決定將遷居到河岸堤防上方的新基地。除了實質環境的營造之外，參與式規劃設計同時也考慮族人對部落整體環境的完整需求，包含了實質與精神面向。因此為了強化部落對永續居住在城市的信心與動力，溪洲部落與設計團隊開始規劃與籌辦可以從精神層面鼓舞族人的活動，而不只是關注實質空間而已。溪洲部落從原鄉到都會，溪洲部落的阿美族仍然保有祖靈信仰，文化上的連結仍然持續不斷，在原鄉營造部落與家屋空間時，傳統上常常會在建築基地上埋下石頭，並進行儀式，作為房屋基礎永遠穩固的象徵，以祈求建築房宅的長居久安。

為了延續傳統阿美部落精神，同時也為了紀念族人到溪洲建立部落35週年，規劃團隊與部落族人籌畫了溪洲35週年埋石活動，舉辦返回原鄉迎祖靈石的活動。在活動的第一階段，由新店區總頭目與部落長老回到花蓮原鄉，在花蓮秀姑巒溪的河床上找尋代表祖靈的石頭，並當場向祖靈祈禱請求同意，總頭目將象徵祖靈的石頭從花蓮原鄉帶到溪洲部落安放。第二階段，在舉行埋石儀式當天，[10] 聚集部落族人並準備祭品，將祖靈石埋在溪洲部落建築預定基地的中央。

埋石儀式建構了部落的神聖地景，藉由埋石活動來凝聚族人對未來的期待與想像。透過阿美族習俗與基地儀式的轉化，建立原鄉祖靈與都市部落的連結，亦即透過塑造神聖地景來創造部落與土地依附歸屬感，建構文化與領域認同。這樣的活動可以強化族人對基地的認同，

持續經營在都會區永續居住的部落環境。參與式規劃設計不只是追求實質空間的安心居住環境，同時也注重使用者的整體精神環境，包含對土地的認同與信仰的連結。

4.2.6　重建規劃迄今的重點時程與內容

溪洲部落族人經過了參與式規劃設計，逐步打造部落家屋，在此概略描述溪洲部落重建規劃工程迄今的重點時程與內容。

2007年底，因溪洲部落抗議，引發馬英九總統候選人「我把你當人看」失言風波，導致政治與媒體風潮，臺北縣政府暫停溪洲部落的拆遷計劃，開始政策性變化。

2008年溪州部落、專家學者與當時的臺北縣政府進行談判，縣政府不再以拆遷為唯一目標，開始異地重建可能性規劃設計。此時主要規劃內容一方面為整合部落整體共識，另一方面則是研擬新規劃方向，以社會住宅模式為基礎概念，興建出租型都市原住民住宅。同時提出高規格堤防工程構想，以整合縣政府水利局堤防興建需求與家屋建築基地整地。

2009年臺北縣政府水利局重新規劃堤防工程，以高規格堤防方式進行第一期堤防水利工程，將堤防後土地整地，分層壓密夯實，加大堤防量體，成為新建築基地。

2010年底朱立倫當選改制直轄市的新北市長，並於當選第二天就前往溪洲部落，宣示持續原有政策。

2011年都市計劃變更，由當時副市長許志堅主持新北市都市計劃委員會通過，送內政部都市計劃委員會審議通過，2011年12月正式發佈實施。主要內容是將規劃基地內原有土地使用分區變更為原住民生活專用區，併同發佈建築管理規定，使得基地得以建築新家屋。

2014年8月由行政院原住民族委員會撥款支持，基礎工程動土進

行，主要工程內容是基礎設施，包括舖設自來水、電力、通訊等基本管線、舖設道路等。

新北市政府市長朱立倫提出333方案，主要內容為家屋建築工程經費由族人自籌三分之一、族人向銀行借款三分之一、新北市政府補助三分之一。因此這並非完全由政府出資負責的規劃與工程，換句話說族人需要自行籌措三分之二的建築經費，但這只是概約經費分配，政府出資補助的家屋建築工程經費最終少於三分之一甚多。

2015年獲得和碩企業童子賢董事長善心捐助款項，支持族人家屋工程興建。

2017年11月，主要興建資金與建照申請已經到位，11月由部落協會擔任起造人，開始進行家屋工程。

2021年9月工程已接近完工，部分機電工程尚在等待新北市政府將電信外管基礎工程完成。族人大多已搬遷進入家屋，也在進行家屋外觀裝修防水油漆工程，整體而言，規劃工程已接近最終階段。

圖4.40　總頭目黃福全主持埋石儀式（研究者攝影，2011）

4.3 實踐都市原住民集體居住文化

4.3.1 使用者主導經營環境

　　參與式規劃設計是一個持續的過程，從開始規劃到實質環境的營造，都以使用者為中心，考量使用者需求，並透過設計者與使用者共同發展規劃與設計方案，來形成最終規劃成果。溪洲部落從自力營造家園開始，到抗爭行動，繼而發動搬遷重建規劃，族人的主要訴求是希望能夠長久居住在這塊土地上。以使用者中心的參與式規劃設計不但能把族人的需求，而且可以讓族人主導規劃的方向，持續長久經營部落環境。

　　溪洲部落族人大多是建築工地的勞動者，具有自力營建專長，可以在營造過程中，由族人直接參與營建過程。這樣可以創造有活力與創意的營建過程，以彈性、靈活、多樣的工程營造，逐步完善部落的實質環境，以達成部落自主的目標。同時，也因為部落族人直接投入工程而翻轉過往都市營造

圖4.41　族人參與彩繪施工圍籬
（研究者攝影，2017）

勞動所造成的異化，部落族人主導工程施作，將族人的身體實踐與未來的家屋緊密連結起來。

溪洲部落從建立之初就是由族人自力營造、一磚一瓦自己打造出來的都市原住民家園。為了讓族人未來能夠持續不斷經營這個都市部落，自開始規劃就讓族人親自參與，不論是政策性的決定或者是實質環境的規劃，都以族人的意見與經驗為中心。透過由族人主導規劃主要方向，讓使用者的共識來主導治理環境，繼而讓族人在城市中建立自主的生活領域。雖然原住民族已有一半的人口居住於都會地區，但相較於主流的漢人族群仍然是少數，如何擴大原住民族在城市中的影響力，爭取更為平衡的生存權力，進而在未來多元文化的都市環境中建立新的平等關係。

在都會中以集體部落的方式繼續生存，為了與都市的各種制度資源接軌，經由設立社團法人，由溪洲阿美族文化永續發展協會協助經營管理，並且與地方政府以平等的關係，在尊重部落自主的前提下，自行治理公共事務，進一步體現部落組織文化。

4.3.2 都市文化多樣性

參與式規劃設計以使用者為中心，從使用者的生活經驗出發，完整保留各使用者的獨特性，進而紀錄與重現在實質環境的規劃設計中，這樣的規劃方式對於保存都市中的文化多樣性非常關鍵。在溪洲部落的參與式規劃設計過程中，注重保存部落原有的居住文化，包括開放的公共生活、互相分享的文化，例如 Patawsi（部落的戶外吃喝聚會）是都市其他群體很少見的居住生活文化，透過日常的隨興聚會創造了鄰居族人可以面對面聊天互動的機會，深化部落集體意識，也是都市中很有價值的公共生活。豐富而多元的文化是都市未來競爭力的所在，原住民族獨特的文化可以使都市的文化生活與體驗更為多元豐

富。透過參與式規劃設計，為每個獨特的生活文化與環境打造自主多元的環境，讓城市的文化多樣性成為深化發展能力。在目前主流漢人文化的都市中開展文化多樣性的可能性，透過保留與深化各文化的特殊居住文化，保持永續創新的動力，促進各族群之間的關係平衡。

溪洲部落透過參與式規劃設計，在都會區保留了原住民有文化特色的生活領域。雖然族人都適應了城市生活，但仍然保有原住民特有的生活文化，例如，農耕田園景觀、種植原生食用植栽、溪流捕魚傳統。更重要的是公共部落生活得以融合都市生活之中，成為都市中獨特且具有價值的集體居住文化。

4.3.3 多重角色的社區設計師

參與式規劃與設計團隊針對不同過程、階段，扮演了不同角色內容，進一步連結使用者與未來實質環境，超越了傳統上使用者與專業設計師之間的關係。團隊以集體方式扮演並在適當時機執行角色功能，不一定單一個人扮演全部的角色。

1. 具備解說整體規劃的能力，如同說書人（Story teller）一樣，首先需要能夠理解整體規劃，並將複雜的計劃清楚地解說給不同的使用者與對象。說書人將規劃轉化為可以被理解的語言，將規劃轉化為具體敘事情境，傳達給所有使用者，如同說故事一般。然而，這也需要理解空間的能力，將立體的實質環境狀況，以說故事的方式說明清楚。這種說故事的能力可以將規劃的重點整理成一組易於理解的空間敘事，並且突顯其中的重點，讓使用者可以在短時間內掌握規劃的核心概念。

    為了協助住戶增進對住宅現況理解，同時也需要具備給予清晰說明細節的能力，如同一位講解者（Lecturer），了解使用者的語

言情境，在不同階段，整理規劃細節，以深入淺出的方式，將規劃設計對使用者說明清楚，並且能夠回答使用者的問題。

2. 具備帶領住戶探勘基地與環境的能力，如同領航者（Navigator）一般。需要熟悉空間與環境的各種面向，能夠察覺實際環境的特質，了解使用者所需的空間與環境資源，同時也要了解使用者與住戶在空間資源上如何運用與發展。並能夠帶領住戶進行環境踏勘、街道探訪，深入未來基地，協助使用者能夠熟悉並運用這些環境資源。

3. 具備作為設計者（Designer）將使用者的需求與想像，轉化為具體設計的能力。與傳統在設計桌上繪圖的建築設計師不同，透過參與式規劃與設計的過程，觀察與學習使用者的生活與想法，以使用者為核心而展開設計。積極與使用者互動，採用要能夠讓使用者清楚了解設計詳細內容的表達方式。參與式規劃的設計者需要與使用者協同合作，共同創造出理想的環境規劃設計，將使用者的想法、空間需求，透過空間的規劃與設計而實現出來。然而，

圖4.42　家屋參與設計情形（規劃設計團隊攝影，2009）

參與式規劃的設計者並非一味聽從單方面的要求，也要能夠考量整體的資源與條件，創造一個可以符合各個不同使用者需求的整體規劃與設計。除了使用者明確表達的需求之外，設計者也需要發揮綜合的能力，觀察使用者的生活環境，發掘尚未被指出的空間需求，包括實質與精神上的需求。

4. 需要能夠具備財務調度、金融經營的能力，如同專案經理（Manager）一般經營規劃與工程。在規劃專案與工程執行時，需要恰當地運用經費，因此需要能夠處理相關的資金調度、金融交涉等事務。在財務上，也會需要與政府、其他單位不斷協商。同時，部落仍有許多家戶是經濟上的弱勢群體，也需要根據個別住戶的金錢經濟狀況來適當調整營建工程財務計劃。這需要具備仔細評估與計算的能力，同時能夠判斷情勢，預留應對未來風險的財務資源。在時間上，要能夠安排專案期程，具備工程經營管理的能力，在預算與時間的期程內，完成預定的方案。

5. 需要具備能夠促進參與者之間自由融洽溝通氣氛的能力，是能夠營造集體討論氛圍的人（Mood maker）。參與式規劃設計需要設計者與使用者雙方都有充分共識，為了達到這一點，需要針對許多議題進行交流溝通。

　　為了讓交流溝通能夠順利，族人參與者需要在一個適合的氛圍下，了解彼此，因此安排討論的程序，在適當的時機與機會，提出溝通，便成為關鍵的課題。這樣的角色能夠清楚了解使用者整體組成與彼此關係，進而可以創造人與人之間的緊密溝通。可以在促進討論或需要整合意見時，營造適當的氛圍，讓住戶與設計者之間可以安心融洽地溝通討論，來達成共同的目標。

6. 需要具備能夠引導住戶溝通的能力，穿針引線，適時提綱，引導討論，必要時能夠化解強烈衝突意見。如同主持人一般，這樣的

角色要能夠獲得使用者的信任，才能夠主導參與式規劃與設計討論過程。同時也要能夠視現場討論的狀況，隨機彈性調整，以因應各種變化。最終是要能夠引導使用者經由公共討論取得共識，達成共同的決議。

4.4 都市原住民研究初探

4.4.1 研究方法：參與式行動研究

研究者的主要研究方法是參與式行動研究，研究者作為規劃設計工作的主要參與人員，以規劃行動者的角色進入部落，全程主動參與部落規劃設計工作，並深入紀錄各規劃階段內容。因應規劃設計的需要，一面進行實務工作，透過行動參與規劃設計方案，以達成部落社會運動的主要訴求，另一方面則透過研究來檢視所面臨的困境與問題，即時調整行動策略，改變發展方向。正如同 Rubin 等人所指出，「在參與式行動研究中，研究者同時做為被研究者的資源，讓弱勢團體有機會為自己的利益來採取有效行動，弱勢的研究參與者界定自己的問題，界定自己希望的補救方法，並帶領設計出能夠協助實現目標的研究」。[11]（Rubin eds., 2011）在參與式行動研究過程中，觀察紀錄事件的發展過程，也對溪洲部落族人與相關核心成員進行深度訪談及訪談內容整理，同時針對部落生活空間環境進行現地調查與紀錄，再輔以相關文獻考察。

4.4.2 專業規劃設計的啟發

就規劃實務而言，面對都市原住民族群的多元文化，實有必要透過參與式規劃，深入了解使用者與規劃利害關係人的現況與需求，並

且體認需要有自主共識才能達成一致的規劃目標，因此部落族人的參與能力是整個規劃核心，才不至於將專業的優越感強行套在部落空間規劃中。透過細緻的規劃程序，才能避開自以為是的陷阱，達成規劃與專業實務上的目標。

在建築研究上，都市原住民透過自力營造，創建自我生活空間，將建築與生活緊密結合，進而支持公共與個體活動。資源缺乏並不表示創造力缺乏，相反地運用多元文化的創意，打造出更為宜居的生活空間。例如，部落公共空間的塑造，突破了公共與私有的權利分界，融合戶外與室內的空間特色，創造出豐富活潑、充滿活力的空間。原住民自力營造部落及家屋是都市民居建築研究的新資源，透過參與式規劃設計，規劃設計專業者能夠進一步探究新領域。

4.4.3 政策批判與建議

在政策執行上，地方政府在原住民行政方面一直很難擺脫漢人沙文主義，「我把你當人看」事件代表了漢人多數優越感依然潛藏在地方政府中，就像幽靈一樣揮之不去，隨時等待復辟。過往威權統治的官僚體制結構性缺失，在原住民行政上進一步放大負面效應，權力的盲點很難應對原漢差異，忽略了都市原住民在生活與文化上的特殊性。在漢人視角與官僚威權的雙重扭曲下，原住民依然很難擺脫次等市民。地方政府原住民政策需要進一步改革與反省，從第一線執行新政策，來面對都市原住民的真實生活需求。

4.4.4 結語

都市原住民的溪洲部落歷經政府公權力威脅，自力發動對政府的社會運動，從衝突與談判中走出一條自己的路。溪洲部落採用參與式規劃設計過程，以族人的需求為核心，獲得族人的信任與支持，將訴

求轉化為可以執行的方案。經由細緻的參與式過程，不僅呈現出族人對未來的期望與需求，也發掘都市原住民的居住文化價值，擺脫違建的負面標籤，讓族人智慧與經驗不但可以傳承下去，同時也成為都市居住多樣性的重要資源。而這樣的規劃與設計過程不單是由設計團隊所主導，同時也是族人深度參與的結果，參與式規劃設計的最終成果也是由部落全體所共同創造出來的。設計團隊在規劃設計過程中逐步引導與族人深度互動，了解彼此，也將相互理解的能力轉化為最終規劃設計成果。這樣的參與式規劃設計過程同時考量整體實質與精神上的環境營造，建構出都市原住民領域認同，達到族人永續居住都會地區的目標。

參考書目

Rubin, Allen, Earl R. Babbie, and Theodore C. Wagenaar. 2011. *Research methods for social work. Belmont*, CA: Brooks/Cole Cengage.

註釋

1 原住民族委員會，2021年6月原住民族人口數統計資料，取自 https://www.cip.gov.tw/zh-tw/news/data-list/812FFAB0BCD92D1A/6EA37C035AF4E8A6BC40286882BACBC1-info.html（擷取日期：2021年10月8日）

2 李宜霖，〈原民聲援三鶯遭起訴　人權再蒙羞〉，《台灣立報》，2010年10月10日。取自臺灣原住民族資訊資源網，網址：http://www.tipp.org.tw/news_article.asp?F_ID=22467&PageSize=15&Page=1584（擷取日期：2021年10月8日）

3 包括臺灣大學的教授、客座教授、碩士班與博士班研究生，高雄樹德科技大學的曾英敏教授等。

4 授課教師包括夏鑄九教授、延藤安弘教授。

5　在進行規劃設計的過程之中，團隊沿用了亞歷山大（Christopher Alexander）及其同志所建構的模式語言（A Pattern Language）概念，並藉以擬定主要的空間模式內容，及運用的關係與場合。但是，模式無法自動於眞空之中浮現，以及再組合，使用者與設計者所共同行動的歷史時刻，才是驅動模式成爲翻轉設計權力工具的重要關鍵。

6　即使到了現代，歌手阿洛・卡力亭・巴奇辣（阿美語：Ado' Kaliting Pacidal）在2009年所主唱的《ina的笑》對阿美部落婦女的聚會與權力透過歌曲有新世代的詮釋，這首歌的音樂影片也是在溪洲部落拍攝。

7　延藤安弘教授，1940年出生於日本大阪府，1976年取得京都大學建築學博士，先後任教於京都大學、熊本大學、千葉大學等校，2008年時爲愛知產業大學建築研究所教授。

8　「臺北縣新店市溪洲阿美族文化永續暨社區發展協會」，後因地方政府改制爲新北市，改爲「新北市新店區溪洲阿美族文化永續暨社區發展協會」。

9　吳金鏞與慕思勉。

10　2011年3月5日。

11　Rubin, Allen, Earl R. Babbie, and Theodore C. Wagenaar. *Research Methods for Social Work. Belmont*, CA: Brooks/Cole Cengage, 2011, p. 448.

5

耙梳臺灣新聞的報導回顧蘭嶼國宅興建的時代背景與反思

黃蘭翔

國立臺灣大學藝術史研究所教授

5.1　前言

　　筆者對蘭嶼感興趣是在30多年前，正值1990年代初期有關亞太海洋的南島語族（The Austronesian languages）的祖居地（homeland）是在臺灣的論點剛出現，且引起學術界很高興趣討論的議題，因此企圖從建築文化領域探尋在臺灣留下的南島語族建築文化之蛛絲馬跡。[1] 但是，當我踏上蘭嶼的時候，發現島上6個部落，都處在重建海砂屋「國民住宅」[2] 的工地混亂狀態，即使作者一向守著作爲一個建築歷史研究的工作者立場，也無法靜下心來專心思考蘭嶼的建築與外部文化脈絡間的關係。因此對於臺灣政府於1960年代至2000年前後，於蘭嶼實施的「住宅改善政策」做了一個反省。[3]

　　從初次到蘭嶼至今的20年期間，我們可與「海砂屋重建事件」有相隔較長時間的距離，脫離主觀的時代歷史參與者的立場，便能從較客觀冷靜的事後反省的角度，更理性的思考家屋的重建主體之蘭嶼居民、在行政立場的臺灣省政府／臺東縣政府，以及專業規劃設計施工興建專業團隊這三個不同的角色，在當時所作的努力之效力與各自主觀立場的侷限。

　　當時政府雖然主動興建國民住宅，但要強制蘭嶼人進住，甚至要拆除傳統住宅，在原地興建，這讓蘭嶼的居住文化瓦解崩壞，因此政府應該負政策錯誤的責任，協助蘭嶼人拆除海砂的國民住宅，重建重視蘭嶼傳統文化的住家。當時的規畫設計團隊眞的認眞調查蘭嶼傳統住宅，進行在有限的政府補助款下，思考重建延續傳統的新住宅。

　　但是經過20年後的今天重新審視蘭嶼人自己興建的鋼筋混凝土住宅，雖也有部分住家繼承了家屋落成儀式與變通傳統的新住宅，其實大部分居民想要的是足夠讓家人居住面積的住家。以省主席宋楚瑜主導的行政部門確實也確保了公部門盡可能的支給補助款，但是公部門

行政政策的執行有一定的年限，卻造成居民為了領取補助款，而逼著自己輕易開工重建工程，這意味著因為沒有足夠的存款，開始了竣工遙遙無期的家屋重建過程。另外，規畫團隊也沒有聽懂蘭嶼人「要自己重建重視傳統文化」的真正本意，其實是要掙脫只有8-10坪極為狹窄國宅空間束縛的家屋重建。

　　雖然本文撰寫的初衷是基於上述20年真實時間的流逝之發展所得到的見證，但是在整理國宅興建的1960-70年代的時代背景，作網羅性地耙梳了歷代的新聞媒體報導後，發現整個海砂屋重建的故事涉及層面實在龐大，我卻為了種種的限制，又再度將題目縮小，限縮在國宅興建背景的理解。換言之，本文仔細閱讀了新聞媒體對當時蘭嶼之報導，內容作為主要根據與推論的基礎。這種研究方法其實存在一個假設性的前提，亦即大眾媒體所披露的事情，確實存在隱藏於後的真實事件與表層報導間的落差，但是若長期追溯新聞媒體之報導，也可以窺知歷史事件一個真實面向。這是支持本文撰寫假設與動機，希望這樣的作法對於理解歷史事件有所幫助。

5.2　達悟族意識的覺醒與反抗運動

5.2.1　蘭嶼人的「驅逐惡靈」反核廢料貯存場運動

　　隨著臺灣在1970年代的本土意識的覺醒發展，到了1980年代以後臺灣政治與社會發生巨大的變動。最具代表的政治事件是，實施近40年的戒嚴令，終於在1987年7月15日解除；此外，在1948年於中國選出代表中國全土的第一屆立法委員，也在1991年總辭，改選全員為臺灣出身的國會議員；又於1996年，臺灣舉辦了臺灣總統的全民直選。當時的政治社會運動之中，原住民族運動也在80年代中期爆發，並且

是具有一連串持久性的自覺運動，部落和族群議題逐漸凸顯在臺灣社會運動的議程裡。[4] 1980年代末期的三波「還我土地」運動，是非常具有代表性的原住民族社會運動。原住民族「還我土地」運動一共發動了三次，分別在1988、1989與1993年。[5]

這股原住民覺醒的社會運動風氣也被吹進了離島的蘭嶼，於是在1980年代，開始對國家機構單方面決定施行放置核廢料於蘭嶼[6]發出疑慮反對的聲音。當時清華大學原子科學研究所物理保健組教授翁寶山，居於臺灣本島的立場，於1975年7月14日《經濟日報》，明白指出為何選擇蘭嶼的理由有5點，亦即偏僻人少、可以興建碼頭直接運送、地質良好無汙染地下水的可能、自然環境阻擋伽瑪射線、不受風災影響。其中認為「蘭嶼地區，離臺灣較遠，閒雜人前往較少，保管較易」，又認為有「加強控制管理，避免輻射線汙染」。[7]

這項核廢料貯存場在1978年著手開始施工，臺灣完全沒有新聞媒體報導，直至1982年接近完工的時候，[8] 當首批核廢料將於5月中運達蘭嶼存放，[9] 儘管有核能專家表示，貯存場「三面有山屏障，人跡罕至，設備完善。安全問題，大可放心」，但是一旦於5月11日，開始「儲存第一批放射性廢料」，有「許多蘭嶼的居民反對這件事，用『驚訝』『恐懼』之類字眼形容他們的心情」。其實，蘭嶼達悟人的覺醒還是間接的，當時有代表臺北縣、基隆市、宜蘭縣的立法委員蔡讚雄，「在基隆跪地請願，要求台電的放射性廢料運送車不要經過基隆，突然給了他們（蘭嶼人）頗大的『震撼』」。「一種放射性將污染祖孫生存環境的恐懼氣氛，便在這塊小島上悄悄形成」。[10]

蘭嶼這種反對核廢料存放的環境覺醒意識，到了1980年代的後期，逐漸地發展成為全島居民的共同意識，即使「原委會放射性待處理物料管理處」應用「貯存場海上公園化，因此規劃上均採安全與景觀並重」的詞藻與規劃概念，蘭嶼居民則以群體反對來回應「原委會放

射性待處理物料管理處」在民國74年（1985）開始規劃的貯存場二期
工程。[11] 在1990年代的初期，蘭嶼反核廢料結合當地的惡靈信仰，以
「驅除惡靈」為口號之運動目標與信仰結合，讓居民環境意識提升至達
悟民族覺醒意識。[12] 其抗議的地點也開始出現在國家首都的臺北街頭，
特別是在羅斯福路上的臺灣電力公司總公司前，由20多位蘭嶼旅臺居
民舉著旗幟，高喊「不要核廢料」、「反核到底」的口號，抗議臺電在蘭
嶼新設的六條壕溝。[13] 也因為蘭嶼人在臺北街頭出現，因而讓蘭嶼的
反核廢料運動登上全國新聞的版面而引起社會各界的注意。（圖5.1）

圖5.1　1993年達悟族人全副武裝北上參加全國反核大遊行，要求政府移除蘭
嶼的核廢料

5.2.2 蘭嶼國民住宅海砂屋問題之浮現

隨著蘭嶼的「驅逐惡靈」的反核廢料運動，在1980、90年代發生在全國的海砂屋問題，也影響了蘭嶼。關於蘭嶼海砂屋國民住宅的問題，並非是蘭嶼獨有的建築事件，根據漢珍資訊系統公司系統建置的「台灣新聞智慧網」知道臺灣新聞報紙最早報導海砂屋問題的是，在1994年4月21日的《民生報》，[14] 但是海砂屋問題普遍存在於臺灣各處，到了5月行政院長連戰，[15] 以及首都市長的黃大洲[16]都必須出來面對讓社會及全體國民譁然的海砂屋問題。

這件事情發展至1994年12月20日，由監察院進行對國家最高的工程管理單位之臺灣省政府、臺北市政府、內政部營建署進行糾正的事件[17]可見當時的海砂屋問題造成社會紛擾和輿情沸騰的情況。就在1980年代到世紀末的時期，臺灣原住民族意識覺醒、蘭嶼反核廢料貯存場環境意識萌芽和茁壯發展的同時，在臺灣海砂屋問題層出不窮的時代社會背景下，蘭嶼的國民住宅海砂屋問題的爆發成為必然之事。

關於這件事，當時由「中國時報特案新聞中心」策劃，記者林照真進行蘭嶼的調查採訪，許村旭攝影，題為〈蘭嶼驚奇！政府德政原是海砂屋拆「穴居」住新屋 還是常修修補補 取「自材」蓋國宅 廿年後已成危屋〉的這篇報導佔據整個新聞版面的「深度報導」。林照真與許村旭所調查採訪的村落是朗島部落，此是臺灣新聞報紙關於蘭嶼海砂屋最早的一次，且相當深入而完整的報導。其中有一段話，可以讓我們知道蘭嶼人是如何意識到自己住的「國民住宅」，就是當時傳聞四起、議論紛紛的海砂屋。

> 蘭嶼鄉公所鄉長秘書周貴光說，海砂屋在蘭嶼已經是存在很久的問題，但這卻是第一次有臺灣媒體來報導這個問題。[18]

圖5.2　東清部落在1966年興建的國民住宅海砂屋（2021.8.12）

今年（1994）5、6月間，臺東縣蘭嶼鄉公所針對朗島村國民住宅進行調查，發現門牌號碼從161號到235號，多數出現橫樑裂、屋頂裂、正門左右邊裂、以及客廳間隔牆被打通、與隔鄰連接牆壁裂等問題，其中有9間已是無人住，26間被列為「危屋」，無法住。鄉公所於是以「國民住宅房屋龜裂」向上級機關請求補助。然而當臺灣電視正播出臺灣房子屋頂鋼筋暴露的海砂屋問題時，住在蘭嶼的平地人與雅美人才知道，原來他們已經住了將近有20年之久的國民住宅，竟是海砂屋！[19]

海砂屋的盛名來自臺灣，鄉公所民政科科員紛紛說，以前沒有聽過海砂屋的名字，總以為房子出現問題只是因為偷工減料才會像今天如此破損不堪，沒有想到雅美人自己住的都是海砂屋。雖然蘭嶼鄉公所到目前止僅對朗島村進行了全面的調查，但是卻指出在蘭嶼其他的村落的國民生宅，情形和朗島是大同小異，多是：「正門左右邊裂、屋頂橫樑裂、與隔壁相連之牆裂、屋頂裂會漏水、所有之鋼筋外露生鏽、致使牆壁裂開。」[20]（圖5.2）

因爲蘭嶼僅有六個部落，根據民國80年（1991）4月14日發行的《蘭嶼雙月刊》，當時蘭嶼總人口數爲3,016人，[21] 歷年與現在的人口數也維持約在4、5,000人左右，所以蘭嶼的人口規模不大，林照眞可以掌握整體蘭嶼的相關問題，可以推知他的調查，可視爲當時蘭嶼國民住宅共通的普遍現象。換言之，蘭嶼居民原來並不清楚自己住的鋼筋混凝土裸露的現象，一向宿命地認爲是因位處蘭嶼，不同於臺灣，存在偷工減料、施工不良是自然的事情，但是這件事情即使不是如今的網路世界，資訊快速流通，也幾乎同步地被蘭嶼人提起，與臺灣本島的海砂屋問題同步被提起，成爲社會與政治重要的議題。

包括蘭嶼在內，當隱藏尙未報暴露成爲國家層級的社會、政治問題之前，與前一年的民國82年（1993）5月15日，當時仍屬於官派省長的宋楚瑜曾經到蘭嶼視察，對於國民住宅海砂屋的視察，記者林崑成作了如下的報導。

> 他至部落查看國民住宅時，則眉頭緊縮，因爲鄉長謝朱明報告，民國54年（1965），分四批興建，再分發給居民住的國宅，至今已經裂縫處處可見，甚至鋼筋都因水泥脫落裸露在外面，景象宛如破落的老屋。而雅美族人嫌熱，都自行搭涼亭供在屋外乘涼或夏天晚上睡覺。而在朗島村的國宅甚至無人居住，任其荒廢，居民則搬至另建的傳統屋住。[22]

可以想像宋楚瑜之所以眉頭緊縮，但他在視察蘭嶼國中因陋就簡的校舍也沒有表現出面有難色，可見居民居住的國宅之損壞嚴重的情景與沒有衛浴設備的慘狀，讓他不由自主地顯在臉上。特別是，宋楚瑜並沒有意識到這些住宅是由海砂建造而成的房舍。這也是當林照眞在1994年進行報導蘭嶼住宅是由海砂建造這件眞實的事情，並不被任何人意識到其建築之剝落，鋼筋外露的現象是源於使用海砂問題。

在林照眞的採訪裡也得到曾經親身經歷「國民住宅」興建過程的居民口述資料證實了這批住宅就是採用海砂興建的建築：

> 雅美老人陳隆以在一旁說，當時在興建國民住宅時，他親眼看到蓋房子用的砂石都是從海邊撈起來，並且用大卡車載走。王田區說，他是民意代表，也是當然的施工監督人，而他也看到，砂石都是從海邊挖上來的。23
>
> 鄉公所秘書周貴光則指出，當初國宅運砂在工程設計上都是「自材」，也就是在區域內採取砂石，而海砂中含鹽分高，也沒有經過任何清洗，當時在蘭嶼也沒有砂石廠，在攪拌水泥時，也只是用人工隨意攪一攪就直接用了。而當時沒有強制性的監工，在放鋼筋時好像也「少了一點」，而較無法發揮保護層的作用。但是周貴光說，在蘭嶼每一個原住民在蓋房子都是在海邊取砂，而海砂屋又是一個工程上的專業名稱，他不知道在蘭嶼這是不是就屬海砂屋。24

林照眞在同一策劃與在《中國時報》同一版面上，也整理了另一篇採訪報導，提及當時亦有臺灣工業技術學院的副教授黃世建及中華民國結構工程技師公會全國聯合會秘書長曾慶正，來到蘭嶼檢測這批國民住宅之鋼筋混凝土的化學成分。(圖5.3)

> 今年(1994) 7月29日到8月1日間，臺灣工業技術學院營建系副教授黃世建、中華民國結構工程技師公會全國聯合會秘書長曾慶正，為關心蘭嶼海砂屋受損情形，曾經親自到現場了解情況。黃世建除了實地拍攝各村落國宅出現裂痕、鋼筋鏽斷暴露的嚴重情形外，還從不同地區進行採樣，回到臺灣便立刻進行「蘭嶼鋼筋混凝土建築的氯離子含量評估」。25

圖5.3　野銀現存的國民住宅海砂屋（2021.8.12）

　　　黃世建的試驗初步結果發現，在他所採樣的六個地區建築的
氯化物含量佔水泥重百分比的測試平均值達0.27%，已超過美國
混凝土學會規定暴露在鹽分環境時，鋼筋混凝土所含氯離子佔水
泥重之上限值爲0.15%。而測試中還發現混凝土PH值僅達10左
右，比一般混凝土的PH值爲12還要低，顯示測試混凝土樣本對
鋼筋之鹼性保護較差，較易造成鋼筋的銹蝕。[26]（表5.1）

　　林照眞還從黃世建與曾慶正所作6處的檢測數據製作成下表，不
但在主觀的認定，而且獲得了簡單科學實證的數據，說明政府在民國
55年至69年（1966–1980）之間，在蘭嶼所興建的國民住宅爲海砂屋的
眞實。

表5.1 蘭嶼村落混凝土水溶性氯離子含量分析表

項目目次	地　　　　點	氯化物含量佔水泥重（%）
1	朗島村朗島國小	0.22
2	紅頭村蘭嶼國小	0.38
3	紅頭村漁人部落紅頭社區中心	0.27
4	東清村野銀部落國民住宅	0.18
5	東清村東清部落國民住宅	0.45
6	椰油村國民住宅	0.13
		平均0.27

註：每一式樣代表三次平均值。

測試者：工技學院營建系副教授黃世健；製表：林照眞。

5.3　蘭嶼國民住宅興建的簡史

根據林希娟在1980年所撰寫的成功大學建築研究所的碩士論文《蘭嶼雅美族居住環境探討》，可知一般指稱的蘭嶼國宅，是指政府從民國55年（1966）開始的「改善蘭嶼山胞生活計畫」，至63年（1974）則改為「加強社會福利措施改善蘭嶼鄉山胞住宅計畫」，直至69年（1980）為止，共完成的566戶。（表5.2）

林希娟根據臺灣省政府民政廳與蘭嶼鄉公所所提供的資料，製作了簡明扼要的表5.2，他也說明了蘭嶼國宅計畫原屬於民國55年（1966）起始的「改善蘭嶼山胞生活計畫」之一環，至民國63年（1974）訂定之「加強社會福利措施改善蘭嶼鄉山胞住宅計畫」，前後從55年度起至69年度止，共完成的566戶。

表 5.2　歷年蘭嶼各部落「國宅」興建戶數與經費預算表

年度	興建戶數							資金		營建單位
	椰油	漁人	紅頭	野銀	東清	朗島	計	元/每戶	共計	
55		16					16	26,250	420,000	余萬金
56		16					16	26,250	424,000	(不詳)
57	16						16	28,950	463,200	(不詳)
58	16						16	30,000	480,000	職訓總隊
59										
60			16				16	35,000	560,000	職訓總隊
61			16				16	35,000	560,000	職訓總隊
62				16			16	35,000	560,000	職訓總隊
63	16						16	35,000	560,000	職訓總隊
64		28	20				48	62,500	3,000,000	余萬金
65	61	31	9	20			121	66,612	8,060,000	歐李國平
66				23	81		104	85,000	8,840,000	光成租營造廠
67	27				13	60	100	100,000	10,000,000	陳秋山、余萬金
69						65	65	120,000	7,800,000	陳秋山
計							566		41,727,200	

資料來源：林希娟《蘭嶼雅美族居住環境探討》頁 55。27

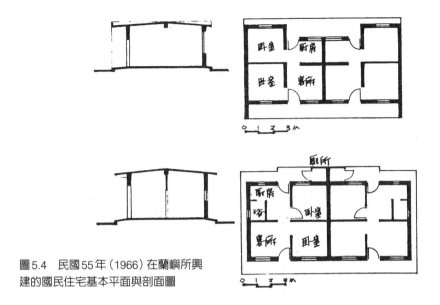

圖5.4 民國55年（1966）在蘭嶼所興建的國民住宅基本平面與剖面圖

工程進行期間，依實施進度不同，而可分為下列四個階段。

1. 55年度至63年度：此間每年興建16戶，但59年因會計年度更改未建，此階段共興建了128戶。（圖5.4）

2. 63年度至69年度：63年7月婦聯會人員造訪蘭嶼後，建議省政府加強改善山胞住宅，而當時尚欠365戶住宅，故省主席謝東閔裁示，每年興建60戶，加速完成。

3. 65年度至67年度：依據64年10月28日於臺東縣政府之住宅研討會記錄，指出省主席謝東閔指示此計畫加速完成，原定6年計畫改核定為65、66、67三年全部完成。如此，則有64年度興建48戶與65年度興建121戶之數量。

4. 69年度至67年底統計：山胞戶數已達566戶，與原先統計501戶尚不足65戶，故69年度續建65戶，至此山胞住宅興建暫告一段落。

5.3.1 國民住宅前的示範住宅[28]

不過，林希娟也指出在1966年之「改善蘭嶼山胞生活計畫」之前，分別於民國49年（1960）、52年（1963），有兩次的小規模住宅改良計畫。於民國49年7月，臺東縣政府撥款兩萬元給漁人、紅頭兩村，建造示範住宅10棟。政府的補助經費用作購買水泥之用，計每棟分配水泥50包，其他的建材如砂、石、木則取自當地，屋頂的油毛氈則為蘭嶼人自行購買。建屋工程由鄉公所主持，職訓總隊負責施工，小工則由蘭嶼人互相義務協助之。這10棟住宅因位於後來的「國宅」興建之位置，所以除了一棟在基地外留下外，其餘全數已被拆除。

民國52年，臺東縣政府又於紅頭實施另一住宅改良計畫。主要是為了改善原有住宅的通風與採光問題，將「地下式」改為「半地下式」舊有平面則依舊的建築，共改良了12棟。每戶補助改良經費3,000元，建材由鄉公所購買提供，亦由職訓總隊負責施工。

於民國55年（1966），臺東縣政府經建課為加強蘭嶼糧食生產，由糧食局補助興建雙拼式豬舍，然因只補助興建豬舍，卻無飼料餵豬，所以蘭嶼人仍然採放牧豬隻方式養豬。然而那廢棄不用的豬舍竟被作為住居之用。當林希娟於民國66年（1977）前往蘭嶼作田野調查時，仍發現有蘭嶼人居住在其中。這時期所建的住宅都還是屬於示範性的作法，對於蘭嶼的住宅文化之擊還不大。

5.3.2 實施「改善蘭嶼山胞生活計畫」之後的國民住宅興建

1. 國民住宅興建的前期[29]

這一時期是從民國55年至民國63年（1966–1974）婦聯會人員訪問蘭嶼為止的9年期間，除民國59年因故沒有興建外，每年興建16戶，共興建了128戶。於1966年興建第一批「國宅」時，起初遭到蘭嶼居民

的反對，居民不認同新式的國宅，即使是政府免費興建給自己居住，但要蓋在自己的土地上，也沒有人歡迎。當時漁人出身的鄉長張人仰，在政府推動計畫之壓力下，只好說服漁人部落，在傳統部落外的附近共有地，興建8棟16戶的住宅。

但是，張人仰對於其他部落事務並沒有置喙的餘地，因此，第2年的興建計畫仍然在漁人部落，地點在前一年建成的「國宅」上方位置，仍然是8棟16戶的「國宅」。這32戶的「國宅」就是出現在蘭嶼的第一批「國宅」。這批「國宅」對其他部落並沒有造成多大的影響，但也透過部落間的口耳相傳，成為蘭嶼人了解「國宅」的媒介。

後來，漁人國宅也成為「改善蘭嶼山胞生活計畫」前4年的國宅興建模式。透過這個模式，漁人、椰油、紅頭及野銀等四個部落，逐漸接受興建國宅於部落的四周。例如接著興建國宅的椰油部落，其國宅的興建選在部落前方靠海邊的位置，紅頭部落則選擇在部落南方的芋田之位置。

儘管蘭嶼人對這些用鋼筋混凝土建造的住宅有面積過小、沒有衛浴設備、沒有水電等許多的疑慮，但是或許這些最早的國宅興建在舊部落的周邊，不影響傳統住宅，逐漸出現嘗試遷入居住者。對「國宅」的採光、較高的屋高、建材「堅固耐久」，抱持了肯定的態度。30

2.「蔣宋美齡」因素介入與「拆除舊屋重建」政策之形成

在蘭嶼海砂屋問題爆發之後，媒體或是蘭嶼人都會提到蔣宋美齡曾到訪蘭嶼關心原住民，並指示改善他們的住宅，但是事實上她並沒有到過蘭嶼。並且其真正關心的可能是被安置於蘭嶼的退除役官兵，而蘭嶼住宅改善議題只是其旁側人員或是地方政府的臺東縣政府製造出來，借統治者德政的假象來推動加速改善蘭嶼居民的住宅。這個假象卻真正地成為改變蘭嶼住宅之巨大力量。誠如前述，在1974年以前

的蘭嶼國宅戶數還在少量，興建地點也都在老聚落的四周邊緣地區，但是這個假象卻讓國宅的興建為之一變。

根據鍾操華在自從上述的婦聯會人員前往蘭嶼訪問後，建議臺灣省政府加強改善該鄉山胞住宅。經民政廳研擬，以蘭嶼當時共有原住民493戶，「加強社會福利措施」第一、二期先後已興建128戶，當時認為有365戶急需要興建，於是提報省府63年（1974）7月15日，第369次首長會議討論。經過當時省主席的裁示：「每年補助興建60戶，所需經費在省社會福利基金項下撥應」。該業務單位訂定「加強社會福利措施改善蘭嶼鄉山胞住宅計畫」（簡稱「福利措施住宅計畫」）。(1)計畫期間：從64年度至69年度共6個年度。(2)計畫目標：為因應蘭嶼鄉情形特殊，以補助方式協助山胞改善住宅，提高其居住水準。(3)執行重點：每年興建60戶，每戶補助5萬元，共需300萬元。(4)建築設計：由民政廳提供，交臺東縣政府作為興建的參考。集中興建，或就地重建均可，由縣鄉規劃和選定，報民政廳備查。建材統一購買、搬運、砂石，由山胞受益戶以勞力配合供給。公共設施，列入社區發展計畫補助。(5)職責分工：住宅興建計畫、督導、審核、管制、考核，由民政廳會同社會處辦理。(6)計畫的執行：由臺東縣政府山地科會同蘭嶼鄉公所辦理。(7)實施進度：選定興建地點和規劃——63年8至9月，工程材料購運和施工——63年10月至64年4月、5月驗收，6月遷居。到69年度，就可全面完成。[31]

儘管鍾操華指出，根據「福利措施住宅計畫」，原來預計每年興建60戶住宅，每戶補助5萬元，但是從後來表現真實的計畫執行情況的表5.2所示，可知在興建戶數、補助經費額度上，都與原本的國宅興建計畫有所差異。我們看看前後關於蔣宋美齡關心蘭嶼的新聞如何報導這件事情。在前文曾經提及最早針對蘭嶼海砂屋進行調查報導的林照真，他有如下的採訪報導：

根據黃旭在《蘭嶼田野調查報告》指出，民國四十九年（1960）時，蔣宋美齡曾率領婦工會巡視蘭嶼，看到雅美人將房子建在地下，認為有改善雅美居住條件的必要。此後，臺灣省政府為配合山胞生活改善計劃，從民國五十五年（1966）起，每年補助興建國民住宅八棟十六戶，免費贈送給雅美人居住。民國五十六年（1967），漁人村開始興建第一批十六戶國宅，每戶一萬六千餘元。同年政府撤除山地管制，蘭嶼正式對外開放。32

事實上，宋美齡本人沒有到過蘭嶼，參與蘭嶼國宅興建的是婦聯會（中華婦女反共聯合會），並非婦工會（國民黨婦女工作會）。關於這一段史實，可以根據《中央日報》《聯合報》《中國時報》等媒體，在民國63年（1974）6月的詳細報導知曉。

> 蔣總統夫人對戍守偏遠地區及負責訓練開發之官兵，極為關懷。中華婦女反共聯合會總幹事王亞權特於昨日率領勞軍團赴蘭嶼，慰勞當地駐軍各單位及海防班哨，贈送慰勞金及小型電視機。蔣夫人對蘭嶼山胞亦極為關懷，王總幹事等一行，並實地視察蘭嶼山胞生活，且將與臺東縣蘭嶼地方首長舉行座談會聽取報告，討論輔導改善山胞生活的工作重點，俾便積極展開工作。以達成夫人指示之任務。33

如上相同內容的報導也出現在其他各報。34 意指宋美齡關懷戍守蘭嶼、負責訓練開發的官兵，指派婦聯會總幹事王亞權率領勞軍團前往慰勞駐在蘭嶼的各單位軍隊。其次的目的是實地參訪蘭嶼原住民的生活，並與當地地方首長舉行座談，討論輔導改善蘭嶼人的生活環境之工作重點。有趣的是，婦聯會發布消息，還將當天討論改善蘭嶼居民生活的工作重點，在第二天《中央日報》所載，以及其他兩大報紙也重複發布相同的討論改善蘭嶼環境的相關訊息。35

中華婦女反共聯合會秉承蔣總統夫人的德意，將自七月初起，展開促進蘭嶼山胞生活現代化的輔導工作。婦聯會總幹事王亞權說：輔導蘭嶼山胞生活現代化的工作項目，將包括社會調查、社會服務、公共衛生、家政推廣、生產訓練。婦聯會將於下週邀集專家開會，研擬具體計畫。[36]

由此可知王亞權與地方首長們舉行座談，討論的議題重點在於「輔導蘭嶼山胞生活現代化」，其工作項目，「包括社會調查、社會服務、公共衛生、家政推廣、生產訓練」，更進一步，將於1974年6月中旬，婦聯會將再度「邀集專家開會，研擬具體計畫」。

自民國64年（1974）、65年（1976）開始，省政府所推動的蘭嶼「國宅興建」，其在規模、或是興建的手法上，表現出完全不同於前期的作法。亦即「福利措施住宅計畫」稱可以採取「集中興建，或就地重建均可」，但是似乎就地拆除舊有住宅重建的多。於是在民國64年（1975）以後，無視蘭嶼居民的反對，全面拆除傳統住屋，快速地在舊有房子基地上興建「國宅」。1976年開始正式執行，在漁人及紅頭部落拆除掉傳統家屋，興建48戶的住宅。更有甚者，於民國64年（1975）10月28日，在臺東縣政府「住宅研討會」上，當時的省主席謝東閔指示將計畫加速完成，將原訂6年的計畫縮短3年，亦即在65、66、67三年內完成之。遂復頒訂「興建蘭嶼山胞住宅3年計畫，自1976年起興建328戶。[37]

再從1975年10月28日《中央日報》如下的報導來看，會更清楚在1975年以後，執行蘭嶼國宅興建計畫的主要推手是臺東縣政府，而與蔣宋美齡沒有直接關係。

臺東縣政府昨天說：政府為了改善蘭嶼山胞住的問題，3年內將在該鄉興建山胞住宅328戶。縣府說：省府已核定65年

（1976）度先行興建124戶，每戶全額補助6萬5千元，合計經費806萬元，預計分配椰油村60戶，紅頭村24戶，漁人村40戶。該項興建山胞住宅計畫，縣府已經訂定進度：（1975年）11月底以前完成規劃，12月至明年1月，拆屋整地及辦理公告、招標，明年2月施工，12月底以前興建完成及驗收，然後山胞遷入居。臺東縣府昨天已指定民政局長、行政室主任、主計室主任、山地行政課長、山地經濟課長及蘭嶼鄉公所秘書、建設課長、民政課長、文化課長等成立專案小組，並由民政局長戴丕威擔任召集人，負責策劃執行，並督導工程的進行事宜。38

綜合上述，可知蔣宋美齡沒有直接參與蘭嶼國宅的興建計畫，但是蘭嶼鄉公所與臺東縣政府，借用在臺灣蔣介石專制獨裁時期第一夫人之名號，促進了國宅興建的規模與速度。值得注意的是，這時期興建國宅的土地，卻是以拆除舊有房舍，新蓋國民住宅的手法建造，因此招來蘭嶼居民抗拒國民住宅興建的計畫。有關此時期蘭嶼人抗爭全面拆除傳統住屋興建「國宅」的情形，可參考張興傑碩士論文《國家權力下的達悟（Tao）家屋重構》的詳細分析。39

過去的研究指稱國民住宅的興建的功與拆除傳統住宅的過，都直指要由宋美齡負責，筆者認為其實國宅興建與蔣宋美齡沒有直接關係。換言之，為了確保建造國民住宅的基址，所採用的拆除傳統住宅，就地興建新的國民住宅的「破壞蘭嶼住屋」的污名也就不需要宋美齡來扛，這是執行單位的臺東縣政府要負責的歷史責任。

5.4　興建國宅為何要拆除傳統舊房住屋

在此再次澄清，「蘭嶼國民住宅海砂屋事件」，主要訴求是政府在

民國55年至69年（1966-1980）以前，由臺灣省政府或是臺東縣政府為了蘭嶼人所興建的鋼筋混凝土住宅主動編列預算。民國83年，因為受到當時臺灣本島海砂屋事件所觸發，察覺這一時期由縣政府或是臺灣省政府主導，為改善蘭嶼人居住環境的改善住宅，長期發生的鋼筋剝露，混凝土塊爆裂的普遍現象是海砂屋。因為這些海砂屋不但損壞嚴重，無法再繼續居住，因此要求主事者負責重蓋。在前述的林照真之調查採訪裡，找到兩位關鍵者的發言內容，在後來成為蘭嶼人訴求「海砂屋重建」運動的言論基礎。

> （東清長老教會會堂牧師／東清村村長）張海嶼[40]說，臺灣的海砂屋是私人興建的，我們的房子卻是政府強迫蓋的。蘭嶼青年郭健平[41]（後來成為「雅美族海砂屋自救會」代表）計畫在蘭嶼發動海砂屋自救行動，他和張海嶼均認為現在想拯救海砂屋光靠修修補補是沒有用的，唯一的辦法只有重建。而且在重建時一定要建成雅美人所需要的房子，在事前應徵詢居民的意見。[42]

自救會代表郭健平與30多位的蘭嶼居民，在1994年9月5日，來到臺北對社會與行政部門提出「要求（臺灣）省政府撥款，全面重建五百六十六戶海砂屋國宅，並以雅美族六個部落，作社區更新規劃」[43]的訴求。郭健平指出，「雅美族傳統住屋是先民配合蘭嶼天候的智慧結晶，一九六〇年代政府標榜德政，拆了傳統房舍，原址改建現代化的鋼筋混凝土國宅；由於施工時濫用海砂、設計不當，完工五年後就出現海砂屋徵兆，現在國宅鋼筋外露、樑柱崩裂、危岩崩落，雅美居民生活在房屋傾塌的危險與恐懼之中」「臺灣省結構技師公會最近赴蘭嶼鑑定，確認蘭嶼國宅已不堪再居住，海砂含氯量超過正常標準四倍，必須立即拆除重建」。[44]

蘭嶼人的訴求，除了指稱由政府所主導的「改善蘭嶼的國民住宅」

是品質低劣、不堪居住的海砂屋之外，還存在興建計畫用「拆屋整地及辦理公告、招標」「集中興建，或就地重建」的興建手法，亦即指出「我們的房子卻是政府強迫蓋的」的問題。

至於當時的政府為什麼要拆除傳統住宅呢？在1990年代，對重建鋼筋混凝土國民住宅的運動已有如下的反省：

> 水泥國宅徹底改變蘭嶼建築與颱風之間的關係。過去，雅美人低矮的傳統屋講求的是「避風」；吹不垮的國宅提供了「抗風」的本錢，一棟棟的國宅挺立在地表上，在強風中傲然而立。從國宅開始興建至今二十多年，引發了兩種問題，一個是對雅美人構成直接威脅的海砂屋，另一個則是影響深遠的文化衝擊。[45]

有待思考的是1966年至1980年期間興建國宅的時代背景，當時有關單位沒有發覺蘭嶼傳統住宅是為了適應自然環境的強烈颱風而興建所謂的「地下屋」嗎？從1949年國民政府從中國大陸退遷來臺之後，是怎樣看待由蘭嶼人居住的這孤懸臺灣東南外海，面積約有46方公里的蘭嶼？或者擴大視野來看，中華民國臺灣的國家領土裡之蘭嶼定位為何？

5.4.1 對於蘭嶼傳統住宅「地下屋」的價值判斷

新聞媒體最早針對蘭嶼的報導，將蘭嶼視為「臺灣東南『烏托邦』，居民仍過原始生活，原稱紅頭嶼現改蘭嶼」，「居民1275人，均為馬來番族，仍過原始生活，男子裸體勞作，尚無『私有財產』之觀念，極似哲人所稱之『烏托邦式理想國』。島上盛產五葉蝴蝶蘭，乃全球唯一之特產，馳名已久，同時一般誤認『紅頭』辭含有『紅虫毒害』之意，臺省公署頃乃決定改稱『蘭嶼』」。[46]

也就是陳儀所擔任行政長官的臺灣行政公署（1945-1947）時代，

即已對蘭嶼有所掌握。島上有全球唯一生產天然資源「蝴蝶蘭」，當地居民過著「原始生活」，男子「裸體勞作」，此類的描述，就是後來4、50年來，位於臺灣本島的行政機關或是一般民眾對於蘭嶼人風俗習慣的刻板印象。中央政府於1949年12月7日遷來臺灣，在12月24日的《中央日報》，針對蘭嶼居民的食衣住，有以下的描述：

> 島民衣類用布，均以苧麻及月桃纖維織成的，且有以蓑草及椰皮加工製成衣服，那就是他們所誇耀的禮服。夏日多裸體。光復前，政府發放救濟衣，他們明瞭量之不多，得之匪易，故珍貴如家寶。飲食一日兩餐，副食物皆分為個人分，亦有分別男女老幼而食。酒茶均無嗜好，喜以香蕉甘蔗作為點心，香煙日治時代，並無習慣，現已有一部份成癮了。居住方面：乃以臥房兼廚房的方式，自地下挖成坑，坑中平鋪石板，四邊均以精巧木板造成。此屋最為牢面，是颱風中心地帶最理想的家屋。孕婦不在屋內生產，臨時在野外建築產婦小室，以為臨盆之用。語言係通行耶美語，但是一般青年均能操日語，足見日人壓榨政策的成功。47

在國民政府政權尚未遷臺之前，儘管觀點有一點微妙，但是仍可以持平對蘭嶼居民的日常生活進行描述。特別是已經理解主屋（bai）是「此屋最為牢面，是颱風中心地帶最理想的家屋」。還有孕婦生產是在另外一棟建築的產房（waragu）也都對異於漢人居住文化有站在蘭嶼人經營居家生活立場去理解與陳述。但是經過中央政權遷移來臺7年數個月後（1955年1月5日的《中央日報》）報導，開始出現非以在地文化立場理解，甚至有強烈貶低的價值判斷之如下報導。

> 簡陋的竹叉和椰油賣的湯匙，這些類似西餐的用具，仍為蘭嶼雅美山胞三百餘年來迄仍保持的蹲吃法所使用。何以該族山胞

飲食方式未隨政府山地平地化的生活改善而改善，據鄉公所秘書林孔碩稱：因山胞係居住低矮地窖，無法容納桌椅餐具，如欲改善其飲食方式，非先從改善房屋不可。[48]

指出蘭嶼的居住、衣著、飲食等的習慣是必須改善，改善成「原住民平地化」，其實就是改變成臺灣一般漢人的生活習慣。接著在一年之後，亦即在二次世界大戰後約過了10年，公部門行政機構也開始用公權力去改善或是干涉蘭嶼的生活環境。此方面在1956年3月19日的《中國時報》的有如下報導。陳述臺東縣政府採取強烈手段，並且從飲食、衣著、居住、與耕作各方面，全面性的「改善」變更蘭嶼人的生活與營生之文化傳統。

臺東縣府，為遵行政府促進山地行政建設計劃，藉以改善山胞生活。特定本年度改善蘭嶼鄉山胞生活辦法。茲誌於下：一、飲食：指導改善食糧素質，注重營養衛生，勸止用手抓取食品，鼓勵充實碗筷、桌椅、灶具等設備。二、衣服：革除裸體或半裸體之習慣，勸導穿著衣褲，鼓勵添製棉被、蚊帳等，並指導其保持清潔。三、居住：改建原始住居，使適合於海島漁農戶之需要，酌量經濟能力，配合衛生條件，並逐步增建廚房、廁所、浴室、畜舍、倉庫等設備。四，耕作：推行定耕農及育苗造林，改善山胞漁農技術，傳授手工業技能，獎勵副業，增加生產，藉以提高節約儲蓄，使山胞對金錢及實物能合理運用。五、教育：實施義務，獎勵山胞學習國語，藉以提高文化水準。[49]

這時清楚地指出，已經無法接受「用手抓取食品」，必須革除「裸體或半裸體之習慣」，要「改建原始住居」，「改善山胞漁農技術，傳授手工業技能」，有蘭嶼原住民「學習國語（北京話），藉以提高文化

水準」。接下去是由劉鎮河在在民國47年（1958）9月28日的《中央日報》，題為〈蘭嶼山胞的住屋 政府正著手輔助改進〉的報導，雖然認識了蘭嶼人的傳統住宅是由主屋（bai）、工作房的高屋（makaran）、涼臺（tagakal）三棟建築所構成，也對各棟建築所扮演的生活功能有所理解，但是作者卻清楚地如下的陳述指稱，他無法理解主屋、廚房之簡陋，室內不排煙、漆黑一團，出入主屋門的矮小，必須爬行等現象。他肯定政府用公權力之輔導與補助的力量，去改變蘭嶼不合衛生，不方便的住宅，可以讓蘭嶼「洞室」式的主屋可以成為歷史陳跡。換言之，他的意思是希望蘭嶼的傳統住宅消聲匿跡於這個世界。

像一座石灰篷：蘭嶼山胞的房屋雖多，唯獨沒有廚房，他們煮食物都在正房內靠牆處，擺上兩三石塊作為爐竈，亦無烟筒，燃起火來，滿屋是烟，有如石灰窯。人在其間，實難忍受。房屋內都不裝窗，室內不分晝夜，漆黑一團，加之烟燻火燎，室內木板牆，猶如刷過一層油漆。正房的大門，小的可憐，其大小較大人之兩肩稍寬，四方型，出入必須爬行，欲彎腰躬背方能入室。[50]

1950年代的臺灣，新聞媒體對蘭嶼的理解，逐漸脫離蘭嶼住宅與自然環境密切結合的有機關係，開始覺得蘭嶼的生活環境仍處於尚未發展的不衛生、不方便、對於人的健康有害的低文明狀態，期待公權力的政府機關對其進行輔導與改善。臺東縣政府也切實回應了臺灣本島的如此的社會性意見。進一步，對環境有實質影響的臺灣省政府與省議會也開始有所動作，也就是省議會在民國49年（1960）8月27日，通過建議臺灣警備總部（簡稱「警總」）放寬山地保留地管制辦法，[51] 此就是『臺灣省戒嚴時期山地管制辦法』，後來被1965年制訂的『戒嚴時期臺灣省區山地管制辦法』取代。後者於民國57年（1968）有所修正，

直到民國76年（1987）廢止此辦法，但是還可以看到蘭嶼鄉仍受此廢止的辦法條文所管制，因此可以理解「警總」並沒有接受省議會的建議。國防部警總的管制目的，不是以保護蘭嶼居民不受干擾，而是軍方本身的考量。當時的《中央日報》對於省議會會議的決議中，附加有如下對蘭嶼住宅評價的報導：

> 住在該地之山胞仍然穴處而居，啖食魚乾與芋頭為生，裸胸露體，其衛生生活程度之低可以想見。本省每年施於改善山地同胞生活之經費為數頗鉅，獨於蘭嶼尚未普遍受惠，實應速予以補救，以利蘭嶼建設。省議會大會今天同時通過黃國政議員提案，建議政府放寬山地保留地區域及修正有關法令，以利山胞開發，繁榮山地經濟。52

可見對蘭嶼人的「穴處而居，啖食魚乾與芋頭為生，裸胸露體」，評價不高。還有，省議會的提議「放寬山地保留地區域及修正有關法令，以利山胞開發，繁榮山地經濟」，雖然「警總」沒有答應，但是可以察知當時確實存在一股期待「便利平地人民（臺灣漢人）出入山地，開發山地經濟」的強烈企圖。

5.4.2 忽視蘭嶼人傳統地下屋之全島改造計畫

二次世界大戰結束，國民政府統治臺灣之後，當第一次接觸蘭嶼時，起初還採取較為中性的視野觀看蘭嶼，因經年累月與自然環境的磨合，進而展現蘭嶼人之地下屋與丁字褲等等傳統生活文化，但是在1949年，中央政府遷臺之後，開始出現高文明面對原始文明的優越感，抱持發展近代性的價值觀，認為應該以輔導與改善的方式，促使蘭嶼低度發展的文化能邁向現代化發展。

其實早在臺東縣政府與臺灣省議會企圖改造蘭嶼之前，在進入

1950年代不久的民國42年（1953），臺東縣議會就已經討論通過類似的提案。當時的《中央日報》以〈臺東議會昨閉幕　請劃蘭嶼爲平地鄉獎勵山胞發展漁業〉做如下的報導。

> 臺東議會今午（5月30日中午）後二時討論提案至三時完畢，計通過八十三件，……茲誌通過要案如次：（一）請將民防隊與國民兵隊合併以資統一，（二）請延長縣市議員任期爲四年，（三）請補助漁具，獎勵山胞發展漁業，（四）東線各站火車停駛過久，請予改善，（五）請將蘭嶼劃爲平地鄉，以利開發，（六）請鐵路局擴建東站候車室，以便利旅客，（七）電請警務處挽留伍警局長，（八）酌情調整村里行政區域，（九）今年國民義務勞動計劃，（十）征收新編門牌工本費。53

這些提案並沒有觸及蘭嶼傳統文化，反而以改善生活環境的便利性，以及建議解除蘭嶼鄉爲山地管制區，改爲類似臺灣一般的平地鄉，以促進蘭嶼的發展，並特別指出要補助捕魚器具，來改善漁業經濟產業發展。在通過的提案裡，有「請將民防隊與國民兵隊合併以資統一」，以求相互聯繫支援統一事權的長處，也是反應接下去蘭嶼的統治與環境混合民與軍雙方面發展的特質。過去在討論蘭嶼海砂屋國宅的重建時，忽略當時影響蘭嶼環境改變機制背景或推動的力量，而侷限在一些模糊的論述。

推動蘭嶼改變的力量，從1950年代忽視蘭嶼人的傳統住宅、聚落、環境文化，在1960年代的臺東縣政府、臺灣省政府所推動的種種施政更爲清楚。例如1965年9月29日的《中央日報》，以「省府撥鉅款改善蘭嶼山胞生活」爲題，如下的報導：

> 臺東縣蘭嶼島雅美族山胞的生活，是全省山胞中最窮苦的，

省府決撥款新臺幣一百萬元，作爲改善島上山胞生活的經費。省
府主管單位官員説，省府將運用這筆專款，先從雅美山胞住宅、
飲食及糧食生產等實際需要方面著手，加以輔導改進，逐步使這
些山胞的生活水準，一天一天的提高。[54]

　　從1965年開始對蘭嶼達悟族住宅、飲食及糧食生產所進行的輔導
與改進，就是《中央日報》於1970年7月1日，以〈改善蘭嶼山胞生活
東縣釐訂二期計劃　自今日起開始實施〉爲題，報導中所稱已經完成的
第1期5年計畫。第2期基本上延續第1期的計畫內容，是從1971年至
1974年共4年爲期的計畫。

　　　孤懸東南海面的蘭嶼鄉雅美族山胞，農業生產及生活改善第
1期5年計畫，至6月30日全部完成，對其衣着、飲食、居住及衛
生等，均有相當程度的改善。由於受自然環境的限制，進度頗爲
緩慢，亟待繼續加予扶助。臺東縣政府已釐訂第2期計劃，定於7
月1日起開始實施。改善蘭嶼山胞生活的第2期計劃，對蘭嶼雅美
族山胞農業生產作適當的扶助，使其發揮自力更生精神，改變觀
念，接受現代知識技能與生活方式。改善蘭嶼山胞生活第2期計
劃，自60年度（1971）至63年度（1974）4年期間。[55]

　　《中央日報》持續第1期與第2期的報導，針對住宅改善計畫，其
實就是常被蘭嶼居民、新聞媒體及相關的學術論著與規劃報告書所提
及的國宅566戶之前期，亦即在前文提及尚未受到1974年宋美齡因素
影響之國民住宅興建的前期（請參考表5.2）。當時臺灣對蘭嶼關心的議
題，明顯不在蘭嶼人的傳統文化，省政府所撥的改善蘭嶼島民鉅款不
是爲了維護傳統文化，也不是順著傳統文化脈絡去追求進一步的住宅
發展。這種價值觀也表現在由國防部總政治部的「中國青年反共救國

團」(簡稱「救國團」)策劃大專院校師生組成的蘭嶼訪問隊到訪蘭嶼的外來者的觀點，訪問團被安排的參觀地點，當時的《中央日報》的報導如下：

> 他們參觀的重點以地方建設為主，包括：水利工程、灌區土地重劃，農莊及牧場設施，示範住宅，黃牛放牧情形，牧場管理、蘭嶼橫貫公路工程、水利工程、大峽道及隧道工程等；訪問以部落為主，包括漁人、椰油、東清、野銀各部落的山胞。榮民在島上是最受歡迎的拓荒者，他們的目的是把蘭嶼島改頭換面，使部落山胞過現代化生活。[56]

由具有濃厚的政治色彩的「救國團」所安排的蘭嶼訪問行程，儘管行程安排了訪問原住民族的部落，但並不是要關心原始部落的生活居住文化，而是誇示執政者改善蘭嶼部落的成果。更重要的是強調榮民[57]在蘭嶼的貢獻與受到蘭嶼人的歡迎，換言之希望得到肯定安置榮民在蘭嶼是成功事業。關於蘭嶼的榮民安置後文也會再作詳述。當時達悟族人口數約為1,500人，儘管不清楚在蘭嶼的榮民數，當時的計劃安置12,000至20,000人，[58]可以知道在蘭嶼是有相當的榮民人口數。榮民所代表的國防部軍方的力量，也是要讓蘭嶼改頭換面，可讓達悟族過現代化生活的力量。

從上面耙梳民國63年（1974）以前的報紙新聞的相關報導，我們知道臺灣省政府與臺東縣政府投入改善蘭嶼的行政資源，重點置於「先從雅美山胞住宅、飲食及糧食生產等實際需要方面著手」，以及「對蘭嶼雅美族山胞農業生產作適當的扶助，使其發揮自力更生精神，改變觀念，接受現代知識技能與生活方式」。換言之，在追求把蘭嶼放在臺灣現代社會裡，輔導協助蘭嶼人在經濟生活尚可以自力更生，自給自足。其實，若臺灣對蘭嶼的發展採取更慎重的態度，也就是回到

原點，若是臺灣的行政體系、經濟生活、要求現代社會的生產效率，國軍退除役官兵輔導委員會（簡稱「退輔會」）不要把蘭嶼當作安置榮民的場所，國家也不要進行核廢料置於蘭嶼島龍門地區的計劃，其實，或許蘭嶼是一個達悟人與自然環境取得一定平衡的自給自足的島也說不定。

但是，不幸的是，在1980年以前的蘭嶼，以邊疆弱勢文明的離島的角色，被放在以專爲追求經濟成長，以現實利益爲優先，受政治獨裁與國防軍事管理的臺灣國家脈絡之中，蘭嶼就無法在維持戰前的自給自足、自力更生的狀態，面對外來強大勢力，處於非改變不可的位置。在這樣的脈絡下對蘭嶼的觀看視點，當然也表現在1975年臺東縣政府所擬定之爲期3年，要新建328戶國民住宅的規劃設計上。

> 臺東縣政府昨天說：政府爲了改善蘭嶼山胞住的問題，3年內將在該鄉興建山胞住宅328戶。縣府說：省府已核定65年（1976）度先行興建124戶，每戶全額補助6萬5千元，合計經費806萬元，預計分配椰油村60戶，紅頭村24戶，漁人村40戶。該項興建山胞住宅計畫，縣府已經訂定進度：（1975年）11月底以前完成規劃，12月至明年1月拆屋整地及辦理公告、招標，明年2月施工，12月底以前興建完成及驗收，然後山胞遷入居。[59]

臺東縣政府在1975年度所提出的住宅改善計劃，除了其規劃每年興建戶數規模較大之外，其也明文公告要「拆屋整地」，興建改善的住宅。換言之，在1990年代由蘭嶼雅美自救會海砂屋重建運動，其所訴求的遭受政府強制拆屋建造國宅，就是指在這一時期所改建的國宅。

5.4.3 作爲外部國際觀光資源之「蘭嶼人傳統生活環境」

把蘭嶼視爲外來團體參訪的觀光資源對象，可從1950年代「救國

團」舉辦的大專院校師參訪團活動談起。二次世界大戰結束，國民黨政府敗退來臺，相當重視執政政權、國防軍隊與知識教育界的大專院校師生間的相互關係。特別是由「救國團」扮演籌劃推動活動的角色，時常舉辦寒暑大專院校師生參觀金門、馬祖、澎湖或是蘭嶼綠島的參觀訪問活動。最早來蘭嶼參訪的大專教授是在1956年，當時的《中央日報》以〈大專教授訪問一團 訪問蘭嶼綠島 逐戶訪問山胞備極關懷 認定蘭嶼開發價值甚大〉為標題，報導他們一行的活動。[60] 儘管這些教授參訪被賦予學術考察之名，但是僅作短暫數天的停留，所以此參訪與觀光旅遊不無不同。以同樣性質的訪問活動，於《中央日報》也紀錄了1958年〈教育界暑期訪問團 訪問地區項目決定 決組四團赴金馬蘭嶼橫貫路〉的活動內容。這個報導觸及了召集與參與協調的單位，如國防部、救國團、三軍司令部、公路局及橫貫公路工程隊等，大都與軍方有關的國家級單位，可以理解教育界訪問團與軍方的密切關係。

　　47年度教育界暑期訪問團協調會議，於昨（22）日上午10時，在救國團總團部會議室舉行。國防部、救國團、三軍總司令部、公路局及橫貫公路工程隊等20餘單位代表出席參加，會中除決定訪問地區劃分及參觀項目外，並商討解決有關交通膳宿等問題。

　　教育界暑期訪問團，係由立監兩院教育委員，46年度青年年會指導委員及各大專學校科系以上主管教授組成，截至昨日為止，登記參加人數已達251人。訪問團將按照各委員及教授志願，分編為四個團，分別前往金門、馬祖、蘭嶼及橫貫公路，訪問前線軍民、山胞及戰鬥訓練各隊隊員。

　　各團預定訪問地區為第一團訪問蘭嶼、綠島及戰鬥訓練水上活動隊。第二團訪問馬祖、東引及戰鬥訓練水上活動隊。第三團

訪問金門及戰鬥訓練金門戰鬥營。第四團訪問橫貫公路及戰鬥訓練學術研究各隊。[61]

　　當時的執政者對於這種大專師生教育團體參加戰訓建設蘭嶼研究隊訪問團的重視，從1960年8月19日《中央日報》報導救國團主任蔣經國電慰蘭嶼研究隊可知。「參加戰訓蘭嶼建設研究隊的教授及研究員們，今天在蘭嶼島接獲救國團蔣經國主任的一件慰問電，而倍感興奮」。[62]《中央日報》也報導1958年度的暑期教育訪問團，於8月4日上午抵達蘭嶼，受到達悟人歌舞的歡迎。[63] 後來也因為這種由「救國團」所舉辦的青年暑期訓練營與大專教授團的訪問，觸發不少外界民眾想前往蘭嶼參觀遊覽，衍生蘭嶼發展觀光事業的構想。當時的臺灣省警務處接到臺東縣警察局的呈報，也為了配合觀光事業發展，特別向中央級的警備總部報准放寬蘭嶼全島為遊覽範圍。基於當時交通船期不穩定，容易受到天候的影響。因此，隨著船期，准許延長在島上的駐留期限為兩星期。[64] 但是要特別注意的是，這種發展觀光事業並非以蘭嶼達悟族為主題而引發的自發性發展，是因為外界的需求而來的。

　　因為大專院校教授團、教育訪問團體的到訪，衍生至蘭嶼全島開放為遊覽區，島外訪客也得到「警總」核發可以停留蘭嶼長達兩星期遊覽許可證。這也讓國際性的組織「太平洋旅行協會」[65] 注意到蘭嶼作為亞太地區的旅遊一個據點的價值。[66] 臺東縣政府、臺灣省政府到中央政府的行政院都注意到這樣新的發展，因而提出將蘭嶼建構成海上花園，以供自由世界友邦人士前往遊覽。為推動海上花園的興建計畫，由「退輔會」交通組副組長、遠東航空公司副經理與美援[67] 機構人員組團前往來到臺東，於1959年5月1日，由國民黨臺東縣黨部主委孟建君陪同乘軍艦前往蘭嶼，作實地勘查，廣泛搜集資料，以作參考。[68]

結果擬定四項計畫：在紅頭村興建魚港、開闢紅頭村附近小型飛機場、建築部分的沿海公路、廣闢農場、興建橫貫蘭嶼山的公路。[69]執行計畫所需的人力，除職訓第二總隊[70]經常以600名隊員作為長駐蘭嶼的人工可以作為運用所需的人力。另外「退輔會」也將大批退除役官兵移住蘭嶼，開闢農場，修建道路，廣栽花木。所需經費，一面請美援機構援助，一面由民生建設實驗區經費撥充。[71]

　　在將蘭嶼建設成「海上花園」的構想下，時任臺東縣長的黃拓榮（在任1957–1964）提出通盤開發蘭嶼構想，認為蘭嶼是孤懸在本省東南海面一美麗島嶼，島上尚有四餘公頃土地，可作水田開墾。且該島漁產極富，開發漁業具有無比價值。政府只要投下少數金錢，便可獲得很大代價。另外如利用自然環境加以人工美化，今後並可使之成為國際觀光事業區，可吸收各國旅客前往觀光。若政府投資3,000萬元，便可移民3萬人之多。這3萬人中從事漁業及農業人數約各佔一半。3,000萬元開發蘭嶼，可作如下計畫：(1)在紅頭、東清、椰油三村，建三個漁港，(2)在紅頭村開一小型飛機場。(3)修築環島公路。(4)建一個發電廠及給冰工廠，漁業加工廠。[72]

　　幸好臺東縣長所稱的移民3萬人計畫沒有成功，但這計畫案充分反映臺東縣政府、臺灣省政府，在1950、60年代擬定的觀光事業，或是蘭嶼實質環境的改善計畫，是距離達悟族很遙遠，因為主人沒有參與計畫內容。在1970年7月17日與1971年6月6日的《中央日報》，分別有如下報導。

　　　　為便利國際觀光人士及本省各地旅客，前往神秘的蘭嶼島觀光，臺東縣府輪船管理處，決在臺北市設立服務處，於16日委託臺北市長春路11號東海旅行社負責代辦。委託服務事項包括：(1)查詢船期，(2)登記船票，(3)提供蘭嶼有關觀光資料。……另外，

圖5.5　臺北皇家旅行社於1971年在蘭嶼紅頭佐野村興建的「蘭嶼別館」(2021.8.12)

臺灣航空公司，近亦以西納斯206小型客機，以「空中的士」方式航行該島，決定在該島興建招待所及各種旅遊場所。[73]

　　臺北皇家旅行社，為發展蘭嶼島觀光事業，頃創辦蘭嶼觀光開發公司，並施工擴建蘭嶼別館中。據皇家旅行社董事長葉依坤說，該旅行社為發展蘭嶼島觀光事業，於最近創辦蘭嶼觀光開發公司，除在臺東設立分公司，代售遠東航空公司國內各航線機票，總代理臺灣航空公司航行業務外，並設立蘭嶼別館配合觀光。他說，由於蘭嶼島孤懸臺灣外海，富有天然之美，極富考古及遊賞價值。因此近年遊客激增該旅行社為配合開發公司的發展，除施工擴建「蘭嶼別館」，附設餐廳外，並供應中型遊車多輛，載運遊客遍訪蘭嶼島各角落。[74]（圖5.5）

此外，於1975年，交通部觀光局也推動與蘭嶼人無關的「海上公園」構想，此即《中央日報》以「蘭嶼椰油建綜合觀光區　正在積極勘測規劃　擬建海底水族館供觀賞熱帶魚　山地文化館陳列各族山胞文物」[75]爲題的報導。

同樣地，臺灣省主席謝東閔（在任1972-1978）於1974年7月6日由其轄下的民政廳長許新枝、教育廳長許智偉、財政廳副廳長吳維綱及臺東縣長黃鏡峰（在任1968-1976）等陪同，搭乘直昇機飛往蘭嶼鄉。視察了鄉公所、開元港、蘭嶼國中、朗島國小及漁人部落，除慰問地方公教人員外，最後才是與「山胞們」晤談。但是與過去在一連串的改善、改進、拆屋重建等這種完全忽視達悟族人存在的發展計畫中，謝東閔提出不同的願景，即「謝主席指出：蘭嶼四面環海，景色優美，頗具發展前途，今後在六個部落和四個村莊中，最好能有一個村落保持原始型態，所提高觀光價值」。[76]

儘管謝東閔仍以無關蘭嶼人本身的看法，只爲提高外人觀看蘭嶼傳統住宅之觀光價值，但或許是因爲他以省主席身份提出此想法，才讓朗島與野銀部落保存一些傳統建築。在2002年被文化部指定爲「聚落建築物群」類之文化資產。（圖5.6）

但是蘭嶼人認爲朗島與野銀之所以能夠保留下來，是因爲蘭嶼人自己抗爭下的結果，此如林照眞的採訪：

> 老人（前鄉民代表王田區）的住處掛了一張「依據動員戡亂時期公職人員選舉罷免法，當選蘭嶼鄉鎮市第十二屆鄉鎮市民代表」的證書。他繼續說，當時在朗島工作人員開始拉線測量，居民就把線拉斷，雙方無法協調時，還曾經出動軍人出來阻擋雅美人的抗爭。但是因爲朗島人認爲傳統屋是保存雅美文化最後的據點，於是抗議行動堅持到最後，在其他村落的老房子多數已經拆

圖5.6　蘭嶼雅美族野銀部落傳統建築

除時，到今天的蘭嶼朗島村以及野銀村，還可以看到傳統部落。[77]

　　謝東閔以現代觀光事業發展觀點而保留蘭嶼傳統部落的想法，也間接呈現在中央日報記者鍾永祚〈悠閒樂天的蘭嶼山胞〉一文，他提到：

　　　　照理說，本省東海岸外有這樣一族山胞的聚居島嶼，早應成
　　　　爲觀光場所……，而歷年到達蘭嶼的觀光客仍屬寥寥可數，分析
　　　　原因有……蘭嶼山胞在光復之初，仍完全保持本來面目，一律以
　　　　丁字布帶裹着下體，國人認爲如此裝束，顯然原始，還有什麼可
　　　　觀光的。[78]

令人失望的是，謝東閔同時仍提出一個與蘭嶼人無關的新觀光發展構想。亦即《中央日報》〈開發東部海上離島　省府主席有新構想　蘭嶼四週沙灘可闢建海水浴場　增添遊樂設備使成爲觀光勝地〉報導的披露：

本省東部海上的兩個離島，其中蘭嶼因適宜栽植椰子，將發展成為椰子島；綠島因適宜養鹿，將發展成為鹿島。一方面由此可增進當地居民的收益，一方面可發展其特色，而成為觀光地區；蘭嶼並可成為東部海上的遊憩勝地，海上的世外桃源。……蘭嶼四週有很好的沙灘，都是海水浴場的好所在；在發展蘭嶼觀光事業的原則下，蘭嶼將設置海水浴場，亦是目標之一。……蘭嶼的保留地很多，依照規定，可供人申請承租，但必須從事觀光遊樂設施之興建。[79]

本節耙梳1950年代到1970年代新聞媒體有關蘭嶼觀光事業之報導，經抽絲剝繭後，可知從開始，蘭嶼觀光事業之發展構想即與住民無關。起初是由救國團所策劃，接近於誇示行政業績展示的大專院校師生訪問團，以及為收編動員青年學子的寒暑假戰鬥營活動之舉辦，因而促成國際觀光旅行協會的注意，讓外部性蘭嶼觀光發展計畫的頻繁發展。但是這些都缺乏蘭嶼主人之達悟族民的參與發想、計畫與實體事業的推動工作。

5.5 榮民、軍方與受刑人的入駐對蘭嶼環境的衝擊

前文曾經提及蔣宋美齡關心「退輔會」安置在蘭嶼的退除役官兵，間接引起蘭嶼興建國宅的大風潮況且蘭嶼傳統住宅與國民住宅在建築材料與建造施工等所有的層面都是屬於完全不同層次的東西，蘭嶼人本身是無法興造國民住宅的，其實際興建施工建造者為「警備總部職訓二總隊」，因此有必要對安置在蘭嶼的榮民、軍方與受刑人所扮演的角色作一理解。

5.5.1 蘭嶼的軍事管制與榮民、軍方與受刑人的入駐

根據「促進轉型正義委員會」委託「識野環境資源顧問有限公司」，所進行的「戰後蘭嶼地區發展：蘭嶼指揮部等機構沿革與影響調查計畫」之成果報告書（簡稱「蘭嶼指揮部計畫報告」），可知自1945年日本投降後國民政府接管蘭嶼，到1952年「臺灣省保安司令部蘭嶼指揮部」成立，進入軍事統治階段前，此8年期間為蘭嶼國家治理的真空期，雖有國家行政體制進入，但由於繼續採隔離政策，蘭嶼社會仍維持著傳統原初社會系統，並未受到大規模的影響。[80]

日本戰敗撤離臺灣之後，民國35年（1946）4月雖然設置蘭嶼鄉公所，也有鄉民代表，但從1952年成立「臺灣省保安司令部蘭嶼指揮部」（簡稱「保安蘭指部」）之後，就由「保安蘭指部」管轄，正式進入軍事統治階段。到了1958年，重新隸屬於「臺灣警備總司令部」轄下的「東部地區警備司令部」，於蘭嶼設置警備、民防與管制業務之「蘭嶼地區警備指揮部」（簡稱「警備蘭指部」），直到1967年因為要發展觀光，而解除蘭嶼之軍事管制，但「警備蘭指部」的正式裁撤，要等到1992年以後。[81]

另一方面，國民黨政府在中國統治的失敗，於民國38年（1949）至40年（1951）期間，伴隨著大量軍民分批撤退湧入臺灣，當時不但局勢不安，而且還是個經濟蕭條、糧食不均、物價高漲、物力維艱的年代。從1950年起，韓戰爆發，美國第七艦隊協防臺灣海峽，美國無時無刻希望以軍援及金援的方式，國民黨政府放棄反攻大陸，因此大量的國軍退役後生活是一個大問題。1952年開始，陸續由國防部主導於全臺闢建農場，作為退役官兵就業生活之場所。[82]

於1955年，政府為配合安置退除役官兵就業，故開發窮僻之蘭嶼海島以充裕政府收入，促進地方繁榮提高離島人民生活水準並達成教

育性管訓等多重目的，於同年，制定『國軍退除役官兵蘭嶼安置辦法辦法』。[83] 於1956年元月，「退輔會」曾派專家及美籍顧問數10人，前來蘭嶼勘查，計畫在此安置5,000名退除役軍人，設立大同農場以美援1,200百萬從事開發蘭嶼工作，包括築港、修建環島公路、改良水利、農林、畜牧及發展漁業。[84]

　　1957年11月25日行政院核定『蘭嶼農場組織規程』，1958年7月1日蘭嶼農場正式成立。蘭嶼農場成立主要任務有二：⑴遂行政府安置更生人員，進行適當教育性管理之任務。⑵蘭嶼當時為一原始未經開發之荒島，孤懸臺灣東南海隅，冬季風大氣候及地形特殊，人口稀少茲利用退除役官兵之勞力，佐以高度服務奉獻精神，拓展資源，從事經營，雖然開發初期投較多，但鑑於辦理安置工作之成效頗著，不但可達到自給足之目標，更可逐步增加移民，促進該區離島之繁榮，改善當地原住民生活增加農牧生產，得以減少對臺灣本島物資依賴，並激勵民心士氣，增加國力。蘭嶼農場成立初期以教育性管理之任務為重，旋於1958年5月委託「警總」代管，場長由蘭嶼地區警備指揮官兼任，迨至1979年8月，改制為直營農場，轉以逐步發展肉牛畜養主，場長仍由指揮官兼任。[85]

　　1958年「退輔會」在蘭嶼設立的農場有10處，其與一般農場有些不同，稱為「管訓農場」（或稱「離島監獄」），遍布全島，作為農場者有定興、翠微、中興、復興、萬壽、永興，其中以永興農場規模最大；作為牧場者有翠微、天山、龍門；作為屋舍使用者有榮民。[86] 自1959年5月1日開始由「警總」代管。（圖5.7, 5.8）

　　「退輔會」於臺灣各地廣設農場，達到開發臺灣與安置軍官的雙重目標。然而有別於「退輔會」在臺灣其他地區設置之農場編組，委託警備總司令部代管之後，場長由蘭嶼地區警備指揮部指揮官兼任。於1959年開始出現「警備總部職訓二總隊」（職二隊）的角色。這也可以

圖5.7　永興農場（引
自google照片；陳奕
辰2016年9月攝影）

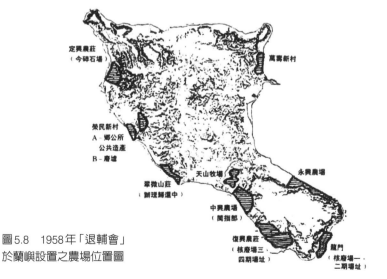

圖5.8　1958年「退輔會」
於蘭嶼設置之農場位置圖

理解即使是蘭嶼的國民住宅的興建，在「表5.2」中出現「職訓總隊」的原因。也讓我們理解蘭嶼農場的核心任務並非在於退除役官兵的就業與安置，更重要的是在於對臺灣社會問題人口的離島監禁與放逐。1958年「退輔會」於蘭嶼成立之農場，紅頭部落的中興農場與東清的萬壽新村有收受場員與隊員，其餘農場僅收場員。[87]

表5.3　1958年「退輔會」於蘭嶼成立之農場綜整表[88]

部落	退輔會農場	類型	納管成員	現址
椰油	定興農莊	農場	場員	椰油部落砂石場
	榮民新村	屋舍	場員	舊鄉公所下方
漁人	翠薇山莊	農場 牧場	場員	蘭嶼機場
紅頭	天山牧場	牧場	場員	蘭嶼中橫靠紅頭部落側
	中興牧場 （蘭指部）	農場 管訓隊	場員 隊員	鄉公所至蘭嶼國小
	復興農場	農場	場員	青青草原
	龍門牧場*	牧場	場員	核廢料貯存場
東清	萬壽新村	農場 管訓隊†	場員 隊員	勵德班
野銀	永興農場	農場	場員	永興農場
朗島‡	無	無	無	無

　*　龍門牧場亦有部分屬野銀部落範圍。
　†　東清部落萬壽新村1958年成立時原為農場，自1964年警備總部職二
　　　隊於本處成立蘭嶼第二個管訓隊後開始收納管訓隊員。
　‡　朗島部落為全蘭嶼唯一未設立農場之部落。

1959年後，蘭嶼遂收治了大量的農場「場員」與管訓隊「隊員」（職二隊），最多曾達1,000人之多，其中場員留住於各部落的農場中，但屬於管訓流氓的隊員，則收治於紅頭部落的「警備蘭指部」中，受嚴厲勞役管制對待。對於達悟族人而言，這兩種具有不同屬性，最直接的便是以外表區分，場員留有頭髮，穿藍黑色衣服，隊員都理光頭，穿著卡其或淡服。除此之外，透過工作任務的差異分派，亦可辨場員與隊員的不同。場員工作較偏向與農務有關之勞如放牛、養鴨、種稻等。但隊員工作則是接近勞動繇役的類型，如修築公路、築港等。

蘭嶼農場由別於「退輔會」的其他農場的特質，蘭嶼農場的接收對象均是有案在身的士兵，這些具備軍人／公務員身分的官兵，需要透過警備總部的管制力道加以規訓，受嚴厲的管訓。其中除了有案官兵之外，收受成員更不乏存在具有「異端思想」或所謂「投共人士」，蘭嶼農場遂成為教化異質者的放逐地。明確得知蘭嶼農場員係來自有案在身的軍官，以及具有異議思想的軍官／非軍官人士。其收置地點，在野銀（永興農場）、紅頭（中興農場）、椰油、椰油（定興農莊，現中華砂石場）和東清（勵德班）。到了1958年，政府在蘭嶼成立管訓隊，兼收所謂的流氓。（圖5.9, 5.10）

1979年，原委由蘭嶼指揮部代管之農場正式歸建「退輔會」，蘭嶼管訓隊退出後改移至綠島，但全島唯東清部落之勵德班仍有犯人留駐。自1958起存在於蘭嶼的管訓隊員，至1979年東清部落勵德班另設軍中管訓隊外，所有人員（流氓）皆已正式撤出蘭嶼，其中四百多名隊員乃移回臺灣本島的臺東市岩灣職二總隊部，再成立第九中安置蘭嶼移回隊員。蘭嶼至此乃正式脫離重刑犯的侵擾，自1958年到1979年的22年間，蘭嶼達悟人與流氓犯共居的時代正式結束，東清部落勵德班僅剩軍監功能收軍中之管訓士兵。

圖5.9 中興農場遺址（2021.8.12）

圖5.10 勵德班遺址（2021.8.13）

5.5.2 軍事管制的蘭嶼農場與蘭嶼島之改造

　　在1952年設置「保安蘭指部」之前，由臺灣省政府任命進入蘭嶼的漢人事務員與蘭嶼鄉幹事以外，全島幾乎沒有非達悟族人居住。這一時期，蘭嶼仍爲中外學者研究的學園，於是蘭嶼土地與達悟社會運作尚未受到外界或政府政策干擾之顯著影響。[89] 關於學者前往蘭嶼進行採集標本的分析研究，《中央日報》在1947年6月25日刊載〈蘭嶼調查團返臺，採集標本極豐富，島上實爲牧畜理想地〉，報導由多學科專家組成之研究團多達60餘人，前往蘭嶼爲期三週之採集標本。

　　　歷經驚險及辛勞之科學調查團一行60人，除氣候組7人仍留蘭嶼□□長期觀測颱風外，其餘均已攜帶所獲標本還返臺北。……該團往返蘭嶼工作歷時共達三星期，目前正在加緊整理各種標本，各類之研究報告書將於日內公佈。……據悉：該團之海洋、醫學、植物等組之教授多人所獲集之標本，均極豐富，共達數百箱。惟動物組之脊椎動物學教授，則僅攜得一隻□身全黑之珍貴熊鼠。又因該島並無毒蛇猛獸，致使研究毒蛇猛獸之教授一無所獲。……據馬廷英博士、陳禮節院長及農業經濟學家劉濟生等稱：蘭嶼環海魚類豐富，漁業之發展極具前途，每當「魚汛」節期，魚群集往蘭嶼近海，土人常空手入水捕魚。春夏之交，味□鮮美之飛魚入夜更成群集至土人於海邊所□之野火處，宛如撲燈之飛蛾。土人對於身軍數十斤之鰹魚群，則多用□□撈。該團海洋學家潛水時，儼然進入「水晶宮」，常見五光十彩之魚類蝦群及活珊瑚夜光貝等，漫遊於海苔及海草叢中，樂趣怡然。至蘭嶼島上之水草，尤異常豐富，若干專家斷定其爲牧畜之一「理想地」。土人所畜之羊群，皆野放於該島各地，……又據稱：蘭嶼爲未開墾之

處女地，一切均保持原始狀態，不係爲考古學家及科學家之「圖書館」，亦爲避秦之「武陵桃源」。[90]

　　根據戰後第一次由多種學門跨領域的學術研究團體，前往蘭嶼進行採取標本的研究後，對臺灣社會與臺灣省政府（前身爲臺灣行政長官公署）提供開發蘭嶼採牧畜（漁業與農場）資源的實質建議。這也是後來開發蘭嶼最基礎的構想。[91] 後來臺東縣長與縣議員、省政府及省議員、軍方或是其他團體機構，前往蘭嶼進行勘查、視察或是調查，以擬定開發蘭嶼的種種計畫。[92] 特別值得一提的是在1953年4月15日《中央日報》報導〈臺東荒地甚多　歡迎移民開墾　綠島蘭嶼考察團返縣〉如下：[93]

　　　臺東縣府以轄內可墾荒地有8,858甲，可供6,920人開墾，爲了調劑西部過剩人口，共爲繁榮臺東而努力，頃特分函各縣市局鼓勵移民開墾，關於移民後的教育和衛生問題，該府決予協助以應需求，但所需移民遷徙費用，包括建築房舍、購置農具，應由移民自備。

　　　臺東縣綠島蘭嶼考察團一行60餘人，費了6天時間，在兩地考察發展實況，已於今晚返縣。據負有不同的開發任務人士說：此兩地今後將非不毛之地，因爲綠島、蘭嶼乃屬未發掘的寶藏，一經開發，其前途當無可限量。

　　這兩個考察團分別得到兩個結論，雖然前一篇陳述的重點在對於研究團隊到蘭嶼從事的科學研究，但導出從發展畜牧業著手來開發蘭嶼的結論，後者充分傳達臺東縣政府要進行開發蘭嶼之意圖與策略，認爲蘭嶼是尚未挖掘的寶藏，一經開發，其前途無可限量。另外一點是，不認爲在地的達悟族是負責開發蘭嶼的推手，而是鼓勵外地移民

前來開墾。然而這兩件報導反映的意義值得注意，亦即包括前文提及對蘭嶼島之整體改造及國際觀光發展所需的事業，從1947年以來，經過1953年，乃至1980年為止，儘管從未問過蘭嶼島主人達悟族人的意見，但是可以看出縣政府、省政府與民間企業對於開發蘭嶼的旺盛企圖心與實質施政。而從當時的時代背景的新聞報導，並未看出軍方在開發與改造蘭嶼有明顯的積極角色。

前文提及，1952年成立「保安蘭指部」，蘭嶼就正式進入軍事統治階段。到了1958年，改隸屬於「警備蘭指部」所管轄，「退輔會」所設立的「管訓農場」，也在1959年改由「警總」代管。委託代管之後，場長由蘭嶼地區警備指揮部指揮官兼任。並於1959年開始有了「職二隊」，將「隊員」遣派進入「蘭指部」所在的中興牧場，於1964年，在遣派至東清村的萬壽新村（勵德班）。但因為1967年以後發展觀光之需要，解除蘭嶼之軍事管制。1979年，原委由蘭嶼指揮部代管之農場正式歸建「退輔會」，蘭嶼所管訓隊退出後改移至綠島，但勵德班仍有犯人留駐。

在1958年至1979年的約20年間，或1958年至1967年發展觀光之前約10年間，「警總」理當扮演關鍵性角色。因此才有前文提及於1958年，為了配合發展觀光事業，請求「警總」能開放整個蘭嶼島為遊覽區，並且延長在蘭嶼駐留期限為兩週。「警總」雖然同意延長駐留許可兩週，但是對於1953年由臺東縣議會[94]與1960年由臺灣省議會通過了建議「警總」放寬山地保留地管制辦法，[95]卻遲遲不肯答應。對於臺東縣政府在1953年、[96] 1959年，[97]或是省政府在1953年，[98]基於開墾蘭嶼，擬定從臺灣本島募集移住蘭嶼的計畫也不被「警總」許可。儘管在1967年以後，因為發展觀光，不需申請有駐留期限的入島證，但一般人要在蘭嶼定居，則必須等到民國76年（1987）廢止「戒嚴山管法」才有可能。

至於入駐「退輔會」設立的蘭嶼農場的榮民，或是受到管訓的服役軍人之場員與「流氓慣竊累犯」之一般民眾的隊員則另當別論。1958年剛開始在蘭嶼設置農場時，《中央日報》分別在1958年與1959年，如下報導了「退輔會」主任蔣經國向立法院委員會報告將在蘭嶼安置榮民的計畫，以及臺灣警備總司令黃杰（在任1958-1962）前往蘭嶼巡視，以及將隔離管訓流氓慣竊與累犯於蘭嶼的計畫。

　　　　計劃開發蘭嶼，開墾海埔新生地，增建手工業中心，繼續辦理授田等工作，以安置榮民生產就業。99

　　　　黃總司令稱：警備總部之中心任務，為安定後方支援前方，故對治安工作必須不斷加強，他又說：為維護今後治安，對惡性重大之流氓、慣竊與累犯，將集中蘭嶼隔離管訓。黃總司令等曾巡視此間蘭嶼農場及島上各機關學校，並至紅頭村落慰問山胞。100

　　對於剛起步不久的蘭嶼農場，1960年8月14日的《中央日報》，曾經報導當時前往「職訓蘭嶼建設」進行研究的團隊56人，住宿大同農場（「退輔會」設置的農場之一般稱法）時的第一印象。

　　　　職訓蘭嶼建設研究隊一行五十六人，於昨日下午抵達此間後，即分別前往大同農場招待所與國校住宿休息，這一些專家學者們到這裏的第一個印象，就是他們對於此間房舍的堅固美觀，整齊清潔和發電所充足的供電，都感覺有點出乎他們意料之外。而他們對於大同農場王場長和嚴副場長，以及各機關，和當地國軍官兵的熱忱協助，使每一位專家在此間順利的完成他們的研究工作，更加了無比的信心。101

　　報導傳達了職訓蘭嶼建設研究隊對於職訓農場相當滿意的樣態。其實

當時的「退輔會」主任蔣經國（在任1956-1964）也相當在意研究隊到訪蘭嶼的狀態。還特別發了一封慰問電函。而「參加戰訓蘭嶼建設研究隊的教授及研究員們，今天在蘭嶼島接獲救國團蔣經國主任的一件慰問電，而倍感興奮」。[102] 可以想像當時包括蔣經國在內，執政黨對於退伍軍人的榮民安置的重視程度。另外，也是蔣經國（在任1952-1973）擔任主任負責人的「救國團」，也積極辦理大專院校青年學生參加蘭嶼的暑期戰鬥營，進行積極的宣傳。《中央日報》留有關於民國57年到訪蘭嶼的暑期青年育樂活動的報導。可知其思考強調將榮民安置於臺灣東南海上孤島的意義。亦即，「榮民在島上是最受歡迎的拓荒者，他們的目的是把蘭嶼島改頭換面，使部落山胞過現代化生活。」[103]

　　由上所述，可知從1952年蘭嶼開始受到「戒嚴山管法」的軍事管制，直到1987年廢止該法為止，限制臺灣一般居民自由移住蘭嶼。但是另一方面，在蘭嶼人的日常生活不太有直接相關之蘭嶼農場，則因「退輔會」與「警總」在1958年開始興建蘭嶼農場收納「場員」與「隊員」，直至1979年，將「警總」管訓的隊員移去綠島之前，其實是積極安置受「警總」管訓的成員。「行政院國軍退除役官兵就業輔導委員會退輔會」、「臺灣省警備總司令部」對於興建蘭嶼與安置榮民、甚至積極於留置需再教育的軍人，或社會的慣竊、累犯及流氓於蘭嶼農場，就如前文提及，蘭嶼曾收治了這些「場員」與「隊員」有上千的人數。

5.5.3 「退輔會」安置的榮民與「職二隊」隊員勞力與任務

　　在這一節的最後，回顧在軍事管制下，不為一般居民自由定居蘭嶼，經由「退輔會」與「警總」安置的榮民、場員與隊員們對於蘭嶼的「改造發展」，究竟扮演何種角色？在蘭嶼農場興建兩年之後，1960年6月21日的《中央日報》，有如下的報導。

孤懸在本省東南海上的蘭嶼島，經過500位國軍退除役官兵2年來的經營開發後，目前已獲得相當成就，並證實具有經濟價值。行政院國軍退除役官就業輔導委員會主任委員蔣經國，曾於月前偕同一群外賓實地訪問這個島嶼，對這個島嶼的進步和發展，亦均讚譽不已。行政院國軍退除役官兵就業輔導委員會，為了安置榮民開發蘭嶼農業資源，於47年（1958）7月在該地成立蘭嶼農場，截至目前為止，業已安置榮民500餘人，從事農業生產。2年來，計營建房舍1,300餘平方公尺。並在165公頃可墾耕地中，開墾了耕地10餘公頃，均分別種植農作物。畜牧方面，該場現飼有牛、馬、鹿、豬、羊400餘頭及雞、鴨、鵝數百隻。由於全島草原茂密，太平洋暖流通過其間，周圍水族繁殖，如能善加運用，漁牧前途將大為可觀。蘭嶼農場的榮民們，除了致力於耕牧外，目前正計劃以大量人力，支援興建公路，港灣及小型機場，以發展交通，提高島上山胞的知識與生活水準。104

　　前文提及由臺東縣政府提出的蘭嶼重大建設，紅頭村興建魚港、開闢紅頭村附近小型飛機場、建築部分的沿海公路、廣闢農場、興建橫貫蘭嶼山的公路。執行計畫所需的人力，除職訓第二總隊經常以600名隊員作為長駐蘭嶼的人工可以作為運用所需的人力。105另外「退輔會」也將大批退除役官兵移住蘭嶼，開闢農場，修建道路，廣栽花木。所需經費，一面請美援機構援助，一面由民生建設實驗區經費撥充。106

　　可見當今存在於蘭嶼島上的重大工程建設，都是經由榮民與職訓第二總隊隊員承擔勞力建造的成果，包括1966年至1980年代興建的國民住宅，也是他們流血流汗興建的建築。

5.6 代替結論兼論從被忽視到自我的存在

透過本文對二次大戰後到1980年代爲止,逐條耙梳分析了以《中央日報》爲主,輔以聯合報與中國時報臺灣兩大報系對蘭嶼的相關報導後,我們發現不但核廢料的存放場,或是本文主題的改善蘭嶼居民住宅,或是在發展國內、國際觀光事業,安置榮民、受刑人與軍隊的駐守,甚至對蘭嶼開發農漁資源事業、交通飛機場碼頭及生活所需的水電建設,乃至整個島的改造計畫與建設,都忽視蘭嶼人的存在,幾乎將蘭嶼視爲無人島,站在臺灣政治統治者、臺灣人投資開發者、或是觀光客的立場爲所欲爲。但是到了1980年代開始,蘭嶼人意識的覺醒,開始對核廢料存放場與海砂屋的國民住宅表示自我,他們不但出現在首都臺北街頭,也讓全臺居民意識到蘭嶼人的存在。

雖然在國民黨政府剛接收臺灣,統治權進入蘭嶼之初,對蘭嶼還有好奇之心,派遣了跨學科領域對蘭嶼進行調查。但是後來就以如何開發蘭嶼自然山海所蘊藏的資源爲目的進行蠶食鯨吞式的考察、計畫、編列預算、進行對蘭嶼的改造。此時期幾乎完全忽視蘭嶼達悟族的存在。蘭嶼人的存在只有在政治要員到訪,(圖5.11–5.14)或是爲了政治動員臺灣民衆而舉辦教育界訪問團及青年暑期活動之戰鬥營到訪時,讓在地居民列隊歡迎做爲虛榮的政績,或是用「歌舞慰勞嘉賓」,動員蘭嶼婦女從事所謂的蘭嶼文化工作之表演。[107]

當時在臺灣本島的地方政府、中央政府,或是一般民衆所見留下對達悟族人的鮮明印象,就是低矮、黑暗、不通風、不健康、不衛生,坐地躺臥地面,用手抓食的不文明生活,其房舍亟待被改善成現代化住宅;或是對男子穿傳統衣著的勞作、兒童大多赤裸身體到處嬉戲等,被視爲生活落後,亟待革除其裸體或半裸體之習慣,勸導其穿著衣褲。

圖5.11 國旗飄揚在最東
南的海疆上（1948）

圖5.12 國旗下的一群耶美族人（1948）

圖5.13 1965年蘭嶼族人被動員列隊歡迎當時的省主席黃杰（在任1962–
1969）的情景

圖5.14 1974年被動員參與歡迎從臺灣來訪的調查團、放問團、救國團所籌辦的青年暑期蘭嶼戰鬥營團員的蘭嶼女性

因此，在1980年代以前，到訪蘭嶼的人見此情景，或鄙視其原始落後，或不免用惻隱之心，從他者的立場，希望能勸募衣物，捐給蘭嶼人，為蘭嶼人作一點事。蘭嶼人也以開放的態度接受外人的幫助。108當一般人不理解蘭嶼文化，也無法嘗試站在族人的觀點。即使到了1980年代，這些歧視偏見仍然普遍發生。

民國68年（1979）國慶日發生的案例，10月11日的《聯合報》便有此類報導：

> 打赤膊、斜掛番刀，穿著丁字帶的蘭嶼民俗遊藝隊，為昨天晚上在臺北市新公園舉行的慶祝國慶晚會掀起了最高潮。
> 許多民眾依依不捨的說：這麼美妙的舞蹈，只表演一場太可惜了。這支來自蘭嶼的民俗遊藝隊，原預定昨天下午在總統府前廣場演出，後來因服裝問題引起議論，經有關單位協調，安排昨天晚上在新公園的晚會中表演。他們將於今天早上返蘭嶼。109

這件事反映在國家的慶典，是為了展示文明國家，對不同於主流國民，展現統治異文化少數民族的華美政治宣傳，但是主流文化的統

治者的心理，卻無法克服讓穿著丁字褲的蘭嶼人公開出現在裝飾國家威嚴的首都臺北總統府廣場。換言之，也就是認為自己統治的子民還保留著原始而落後的生活狀態，是顏面盡失的表現。

另外事是發生1980年代之後的現代都市的臺北街頭。1984年7月10日的《中國時報》有關於此事的報導：

> 專程為「亮不亮沒關係」電影宣傳，第1次來臺北的10多位蘭嶼「明星」，(7月) 9日穿傳統丁字褲，前往西門町觀賞今日戲院上演的「天生一對」時，引起路人圍觀，結果被警察人員取締，認為他們的服裝太「暴露」，有違善良風俗，成為看戲觀眾的「戲外戲」。警察勸導取締的理由是，這些蘭嶼土著在文明的臺北街頭穿「奇裝異服」招搖過市，影響觀瞻。110

此顯示即使是商業利益，或是現代電影文化，在面對保守的行政體系時，仍然妥協挫敗。最值得注意的是，蘭嶼人穿著屬於源自島上文化，毫不愧疚的丁字褲，帶著憤怒與憂愁，為了公平正義與生命尊嚴，自主自發來到國家最高行政首都的臺北，或是國家完全支持的，如同永遠打不倒的大巨人台電公司大樓的腳下，對毫不尊重蘭嶼人的臺灣電力公司，以及國家體制的中央政府，提出公開的挑戰，還我尊嚴的抗議活動，此時蘭嶼人才真正出現在大眾社會和國家政府之前。

這兩件歷史事件，《中國時報》的記者1993年5月32日與1994年9月6日，有以下報導。

> 昨日 (5月30日) 下午走在反核遊行最前面的是二十名蘭嶼雅美人，由於有十餘名雅美老人身著了字褲傳統族服上場，一身涼快的打扮十分引人注目。雅美人一路職"多謝高校利"(不要核廢料) 的意思，最後還共同高聲發出"咦"的聲音，以表示雅美人

怒氣。郭健平表示,蘭嶼出現土地被侵占、觀光業對雅美人的傷害等問題,而核廢料設在蘭嶼後,現在又未經雅美人同意肆意增建儲存廠,令雅美人十分氣憤,所以才北上遊行表示對台電的抗議。111

　　來自蘭嶼地區十數位雅美族人,五日身穿雅美族傳統丁字褲舉行記者會,他們對於政府在當地興建的國宅居然全是海砂屋,表示相當憤怒。自救會負責人郭健平則代表教會發表「我的殼正在碎裂」宣言,宣言指出:「民國55年(1966)至79年(1980),蘭嶼在國民黨政府有計畫漢化政策下,將最具代表性的雅美族傳統建築,以落後為由,強制拆除,興建了566戶每戶面積不過12坪的『現代國宅』,純樸善良的雅美族人被硬擠進火柴盒式的國宅中。由於這一批國宅使用海砂,設計不當及官商勾結圖利、偷工減料,品質不良,未及一年,蘭嶼國宅已經嚴重到了鋼筋外露生鏽,樑柱崩裂,隨時都會傾塌地步。」112

至此,知道蘭嶼人來到臺北街頭,已經不再以政治統治者權威的裝飾品,或是附屬於電影商業市場的宣傳品之角色,而是帶著尊嚴與憤怒來到臺北。儘管他們如今對於臺灣仍然放置核廢料在蘭嶼南邊的角落感到無限無奈,但是他們已經不再需要島外人士的憐憫,他們也可以直接「怒罵」外人不尊重蘭嶼人的生活方式與文化,就如同近日因為COVID-19的防疫,他們可以不盡為經濟收入,而自主決定島外人士到訪蘭嶼的條件。

　　但是應該注意的是,我們知道了在1980年代以前的蘭嶼被政治統治者、擁有強勢經濟力量的臺灣人所忽視,島上資源也被予取予求地欺騙與榨取,承受尚未結束的核廢料遷移問題的精神壓力,還要面對包括海砂屋國宅興建而造成傳統居住文化瓦解的失落感,又因為過去

歧視性不健康的觀光發展事業帶來的觀光文化垃圾，讓現在的蘭嶼居民面對外來者或是外來文化時，將過去遭受的屈辱轉為先行的自覺性的憤怒。

另一方面，因為蘭嶼人的社會組織是屬不同家族間的平權式家父長制，在過去面對世襲的生老病死與家屋村落的問題時，可以用傳統家族內或是相異家族共治的辦法解決，但是面對戰後外來新的時代與社會時，原有的家族組織與平權共治的村落機制不見得可以有效解決問題，而民間的基督宗教教會組織與臺灣政府帶進去鄉村行政組織，也僅能協助解決一部份的問題，無法全面地帶動蘭嶼人共同面對新的挑戰。

現在的蘭嶼面對過去尚未解決的問題，又要面對1980年代以後至21世紀以後新的挑戰時，這沉重的包袱與新問題的挑戰，讓蘭嶼成為還處於尚未掙脫過去遭受忽視與操弄下受傷、因自覺而憤怒、面對外來者之封閉心靈的蘭嶼社會文化。換言之，蘭嶼人要如何奪回自己傳統穿著、傳統住家所代表的公平正義與生命生存的尊嚴，進一步建構一個兼顧重視自己的傳統文化，又能與外來文化取得相互尊敬，與時代並進的和藹親切而開放性社會，1980年反核與海砂國宅重建事件其實只是起步，要面對的問題還非常之多。

參考書目

尤哈尼・伊斯卡卡夫特（Yohani Isqaqavut），〈我們還有夢嗎？原住民族運動的觀察與反思〉，收錄於《台灣原住民族研究學報》8卷2期，2018.6。
方鏗雄，《蘭嶼雅美族傳統住居問題之研究》，淡江大學建築研究所碩士論文，1984.6。
王信，《蘭嶼・再見：王信攝影集》純文學叢書131，臺北：純文學，1985。
林嘉男主持，《戰後蘭嶼地區發展：蘭嶼指揮部等機構沿革與影響調查計劃成

果報告書》,「促進轉型正義委員會」委託「識野環境資源顧問有限公司」
執行,2020.5。

林希娟,《蘭嶼雅美族居住環境探討》,成功大學建築研究所碩士論文,
1980.5。

查台傳總編輯,《輔導會真情故事・第5冊:農林機構篇》,行政院國軍退除役
官兵輔導委員會,2007.12。

柳瑜,《退輔會彰化農場文化資產保存意義之研究》,中原大學建築學系碩士論
文,2016.7。

孫大川,〈神聖的回歸──台灣原住民族祭儀的現況與再生〉,收錄於《臺灣戲
專學刊》第11期,2005.7。

夏黎明等,《放逐孤島的他者 蘭嶼、農場、管訓隊與外省老兵的生命史》,臺
東:臺東縣政府,2007。

張興傑,《國家權力下的達悟(Tao)家屋重精》,臺灣大學建築與城鄉研究所碩
士論文,1988.7。

黃旭,《雅美族之住居文化及變遷》,板橋:稻鄉原住民叢書6,1998。

基督教蘭恩文教基金會,《蘭嶼雙週刊》第100期第一版,臺東縣蘭嶼鄉:財團
法人基督教蘭恩文教基金會,1991.4.14。

蔡筱君,《達悟(tao)人家屋空間之社會性生產》,臺灣大學建築與城鄉研究所
砸碩士論文,1997.7。

劉振河,《蘭嶼今昔》,臺東:臺東縣蘭嶼鄉民眾服務站,1961。

劉可強主持,《IRARALAI(朗島)聚落改善規劃:蘭嶼聚落實質環境改善細部
規劃報告》,臺北市:臺灣省政府原住民行政局,1995。

劉可強主持,《IRANMILUK(東清)聚落改善規劃:蘭嶼聚落實質環境改善二
期細部規劃》,臺北市:臺灣省政府原住民行政局,1996。

鍾華操,〈對闡嶼的體認──兼談政府在蘭嶼施行的福利政策〉,收錄於《臺灣
文獻》25(4): 69–89,1974。

網站

文化部文化資產局,「蘭嶼雅美族野銀部落傳統建築」,《文化部文化資產局國
家文化資產網》,(2021.9.25。https://nchdb.boch.gov.tw/assets/overview/histor
icalBuilding/20021205000007)。

漢珍資訊系統公司系統建置，《臺灣新聞智慧網》，國立臺灣大學圖書館（Internet線上版），2017。（收錄中國時報、聯合報、中央日報、聯合晚報、經濟日報、蘋果日報、民生報、工商時報、自由時報等數十種主要報紙之全版新聞標題索引摘要，部分提供全版報紙影像。）

註釋

1　黃蘭翔，〈從廣域尺度對達悟建築幾項特慣的初步思考〉，收錄於《兩岸傳統民居資產保存研討會論文專輯》，臺北：中華海峽兩岸文化資產交流促進會，1999.3，頁167–202。

2　如同財團法人臺灣大學建築與城鄉研究發展基金會在其規劃報告書《IRARALAI（朗島）聚落改善規劃：蘭嶼聚落實質環境改善細部規劃報告》（劉可強主持，臺北：臺灣省政府原住民行政局，1995）中所言，「『國宅』意指政府以『社會福利金』款項補助興建提供蘭嶼居民居住的住宅。此為民國55年至民國69年（1966–1980）為止，共興建566戶。…雖非精確的用語，但考量大部分居民的使用習慣，為了便於溝通，…採用『國宅』用詞」。本文基於相同理由，也沿用基金會的用詞方式。

3　黃蘭翔，〈重新省思蘭嶼海砂屋重建的經緯與結果〉，收錄於《東台灣鄉土文化學術研討會論文資料》，行政院文化建設委員會中部辦公室主辦；臺東縣政府（文化局）承辦；臺東師範學院社會科教育學系；東臺灣研究會協辦「東臺灣鄉土文化學術研討會」，民國89年（2000），頁57–88。

4　孫大川，〈神聖的回歸－台灣原住民族祭儀的現況與再生〉，收錄於《臺灣戲專學刊》第11期，2005.7，頁261。

5　尤哈尼‧伊斯卡卡夫特（Yohani Isqaqavut），〈我們還有夢嗎？原住民族運動的觀察與反思〉，收錄於《台灣原住民族研究學報》8(2): 163，2018.6。

6　《台灣電力公司》「環境資訊」「貯存場成立沿革」「蘭嶼低放貯存場營運狀況」（2021.8.22。https://www.taipower.com.tw/tc/page.aspx?mid=219）。行政院原子能委員會經邀請專家學者，就全國廢棄礦坑或坑道、高山、無人島與各離島等地點檢討評估後，於民國64年（1975）建議並獲得行政院的核准，於蘭嶼島龍門地區設置國家低放射性廢棄物貯存設施，67年（1978）8月再

獲行政院核准並進行各項工程之興建,於71年(1982)5月正式啓用,早期是由原能會之放射性待處理物料管理處(現變更爲放射性物料管理局)經營管理,79年(1990)7月依據行政院所頒布的「放射性廢料管理方針」交由台電公司接管該場的經營至今。

7 經濟日報,〈我核能電廠廢料 將存貯蘭嶼地區 決予控制 以免輻射〉,《經濟日報》2版,1975年7月14日。

8 聯合報,〈蘭嶼放射性物料貯存場 工程完成近期啓用;有效使用期限達一百年 島上設廿個偵測站測量輻射值〉,《聯合報》第2版,1982年4月12日。

9 楊壽明,〈蘭嶼儲存場已經完工 首批核廢料月中運達〉,《民生報》第6版生活新聞版,1982年5月4日。

10 徐梅屏專題報導,〈放射性廢料儲存蘭嶼 居民們感到驚訝恐懼;三面有山屏障 人跡罕至 設備完善 核能專家表示 安全問題 大可放心〉,《聯合報》第2版,1982年5月4日。

11 〈低強度核廢料貯存場 二期工程規劃中 蘭嶼居民有意見〉,《中央日報》第8版社會新聞,1987年11月7日。

12 林崑成,〈蘭嶼反核三項訴求 台電無明確答覆 辯稱已著手尋找核廢料終極處理地點地人士則 警告:若進行擴建將予抗爭〉,《中國時報》第15版高屏澎東綜合新聞,1991年7月1日。

13 楊惠蘭,〈新的核廢料七年之後不再運至蘭嶼 雅美族旅臺人士昨日反核抗議 臺電澄清新設壕溝主是存放更多核廢料〉,《中央日報》第3版焦點透視,1995年6月2日。

14 鄭朝陽,〈建商趕工交屋省成本 海砂充河砂用 海砂屋日增 後果堪慮〉,《民生報》第17版現代生活,1994年4月21日

15 牟文敏,〈連院長重視海砂屋 指示妥爲建立海砂管制體系〉,《中央日報》第13版綜合新聞,1994年5月27日。

16 中央日報,〈黃大洲接見海砂屋住戶代表 允減房屋稅 研究提高容積率〉,《中央日報》第13版臺北大都會版,1994年5月31日。

17 林守哲、林沂鋒,〈海砂屋泛濫 危害公共安全 監院通過糾正臺灣省政府臺北市政府及營建署〉,《中央日報》第11版綜合新聞,1994年12月21日。「針對國內海砂屋問題,監察院內政委員會,昨日以內政部營建署,臺灣

省及臺北市政府未盡督導管理之責，致類此建物危害公共安全，通過予以糾正。內政委員會係依監委趙昌平、黃越欽所提糾正案，通過糾正營建署等政府單位，並請行政院轉飭所屬改善見復。監委趙昌平、黃越欽所提糾正案中指出，內政部營建署對廠商非法使用海砂之情形，未能制訂周延法令妥善規範，致海砂建築事件，層出不窮。而臺灣省，臺北市多處公共工程及民間建築出現海砂建材、受損民眾日增，除危及公眾安全外，對國家、社會亦造成難以估計之影響。」

18　林照眞調查採訪，許村旭攝影，〈蘭嶼驚奇！政府德政原是海砂屋拆「穴居」住新屋　還是常修修補補　取「自材」蓋國宅　廿年後已成危屋〉，《中國時報》第18版深度報導，1994年8月10日。

19　林照眞調查採訪，許村旭攝影，〈蘭嶼驚奇！政府德政原是海砂屋拆「穴居」住新屋　還是常修修補補　取「自材」蓋國宅　廿年後已成危屋〉，1994年8月10日。

20　林照眞調查採訪，許村旭攝影，〈蘭嶼驚奇！政府德政原是海砂屋拆「穴居」住新屋　還是常修修補補　取「自材」蓋國宅　廿年後已成危屋〉，1994年8月10日。

21　基督教蘭恩文教基金會，《蘭嶼雙週刊》100期第一版，臺東縣蘭嶼鄉：財團法人基督教蘭恩文教基金會，民國80年（1991）4月14日。

22　林崑成，〈國民住宅──宋楚瑜：台東建設比不上西部查看蘭嶼老舊損壞國民住宅　允諾協助整修〉，《中國時報》第14版花縣東縣新聞，新聞綜合，1993年5月15日。

23　林照眞調查採訪，許村旭攝影，〈蘭嶼驚奇！政府德政原是海砂屋拆「穴居」住新屋　還是常修修補補　取「自材」蓋國宅　廿年後已成危屋〉，1994年8月10日。

24　林照眞調查採訪，許村旭攝影，〈蘭嶼驚奇！政府德政原是海砂屋拆「穴居」住新屋　還是常修修補補　取「自材」蓋國宅　廿年後已成危屋〉，1994年8月10日。

25　林照眞，〈熱帶的憂鬱　充塞蘭嶼…　國宅改寫空間感　傳統部落漸失色　文明建築藏危機　偷工減料是主因素〉，《中國時報》第18版深度報導，1994年8月10日。

26 林照真，〈熱帶的憂鬱　充塞蘭嶼… 國宅改寫空間感　傳統部落漸失色　文明建築藏危機　偷工減料是主因素〉，1994年8月10日。

27 林希娟，《蘭嶼雅美族居住環境探討》，國立成功大學建築研究所碩士論文，民國69年（1980）5月。

28 林希娟，《蘭嶼雅美族居住環境探討》，頁50–51。

29 張興傑，《國家權力下的達悟（Tao）家屋重構》，臺灣大學建築與城鄉研究所碩士論文，1998.7，頁22–23。

30 林希娟，《蘭嶼雅美族居住環境探討》附錄二。

31 鍾華操，〈對蘭嶼的體認──兼談政府在蘭嶼施行的福利政策〉，收錄於《臺灣文獻》25(4): 69–89，1974.12。

32 林照真，〈熱帶的憂鬱　充塞蘭嶼… 國宅改寫空間感　傳統部落漸失色　文明建築藏危機　偷工減料是主因素〉，1994年8月10日。

廖大林，〈蘭嶼海砂屋　雅美人的憤怒〉，《中國時報》第11版新聞綜合；時論廣場，1994年9月7日。「早年，蔣宋美齡到蘭嶼視察，見到雅美人的傳統建築，驚訝地說『怎麼還有人穴居？』，就這麼閒話一句，臺灣省政府強拆雅美人的傳統建築，興建近六百戶的國民住宅，雅美人不得已搬入政府所興建的免費國宅，卻無法適應國宅內的燠熱，或是棄屋另築涼台安枕、或是攀至國宅屋頂夜寢，更甚者將整座國宅用以豢養豬羊。」

汪士淳，〈蘭嶼層層剝落的，豈只海砂屋國宅？整修房子得花錢，但是，在國宅打下地基之前，雅美族沒有「交易」這種字眼〉，《聯合報》第39版；探索，1994年9月7日。

羅紹平，〈蘭嶼51戶危屋整建　補助款斷炊　六十餘人陳情第二、三期無下文　鄉所決爭取中央同意以結餘款發放〉，《聯合報》第17版；臺東新聞，2002年3月16日。

33 聯合報，葉政良攝影，〈蔣夫人關懷戍守偏遠地區駐軍〉，《聯合報》第二版新聞綜合；意見論壇，1974年6月8日。

34 中央日報，〈蔣夫人派員赴蘭嶼　慰問戍守官兵　命婦聯會展開組訓服務　輔導改善當地山胞生活〉，《中央日報》第3版國內新聞，1974年6月8日。

35 中國時報，〈蔣夫人關懷蘭嶼山胞　婦聯會輔導改善生活　即訂具體計劃定

下月展開輔導工作〉,《中國時報》第二版新聞綜合；意見論壇,1974年6月9日。

聯合報,〈蔣夫人德被蘭嶼 決改善山胞生活〉,《聯合報》第二版新聞綜合；意見論壇,1974年6月9日。

36　中央社,〈輔導蘭嶼山胞改善生活 婦聯擇定工作項目 具體計畫即可訂定〉,《中央日報》第3版國內新聞,1974年6月9日。

37　林希娟,《蘭嶼雅美族居住環境探討》,頁54。
張興傑,《國家權力下的達悟（Tao）家屋重構》,頁23–24。

38　中央日報,〈改善蘭嶼山胞住的問題 省府全額補助建宅 百廿四戶明年完成〉,《中央日報》第7版財經新聞；財經要聞,1975年10月28日。

39　張興傑,《國家權力下的達悟（Tao）家屋重構》,頁26–28。

40　基督教蘭恩文教基金會,《蘭嶼雙週刊》205期第一版,臺東縣蘭嶼鄉：財團法人基督教蘭恩文教基金會,民國85年（1996）7月28日。張海嶼先生,1977年自玉山神學院學士畢業,並於1985年考入臺南神學院神學研究所,1988年榮獲道學碩士畢業,並獲聖經公會聘任翻譯雅美聖經達4年有餘,於1996年正式封立爲蘭嶼達悟區會第三任巡迴牧師。

41　郭健平,族名爲夏曼·夫阿原（Shaman Fengayan）,國中畢業後來臺灣,曾擔任工人,碩士論文討論達悟族的禁忌,畢業於玉山神學院,街頭運動組織者,1984年12月29日成立的「臺灣原住民族權利促進會」委員,曾任臺東縣議員等職務與工作。

42　林照眞,〈熱帶的憂鬱 充塞蘭嶼… 國宅改寫空間感 傳統部落漸失色 文明建築藏危機 偷工減料是主因素〉,1994年8月10日。

43　「雅美族海砂自救會」在此時呼籲要有各村落的「社區更新規劃」,其實臺灣省原住民行政局已經委託財團法人臺灣大學建築與城鄉研究發展基金會,分別在民國83年（1994）6月1日至84年（1995）7月30日所進行的《IRARALAI（朗島）聚落改善規劃：蘭嶼聚落實質環境改善細部規劃報告》（劉可強計畫主持,臺灣省政府原住民行政局,1995）與在民國84年（1995）6月1日至民國85年（1996）5月31日所進行的《IRANMILUK（東清）聚落改善計劃：蘭嶼聚落實質環境改善第二期細部規劃報告》（劉可強計畫主持,臺灣省政府原住民行政局,1996）。

44 李若松,〈海砂國宅怎堪住？ 政府施德政 蘭嶼惹「塵」埃 卅餘名雅美族原住民昨到台北請願〉,《聯合報》第17版社團公益；新聞綜合；意見論壇, 1994年9月6日。

45 汪士淳,〈蘭嶼層層剝落的,豈只海砂屋國宅？整修房子得花錢,但是, 在國宅打下地基之前,雅美族沒有「交易」這種字眼〉,1994年9月7日。

46 中央日報,〈臺灣東南「烏托邦」,居民仍過原始生活,原稱紅頭嶼現改蘭嶼〉,《中央日報》第2版,1947年2月2日。

47 姚漢秋,〈蘭嶼面貌〉,《中央日報》第8版通訊版；熱門特刊；其他新聞, 1949年12月24日。

48 中央日報,〈蘭嶼鄉山胞 仍蹲著吃飯 原因是房屋太低矮〉,《中央日報》第5版綜合新聞；新聞綜合；政治新聞,1955年1月5日。

49 中國時報,〈改善蘭嶼山胞生活 台東訂定實施辦法 食衣耕作均經規定要點 並將興建山地鄉自來水〉,《中國時報》第4版新聞綜合；意見論壇, 1956年3月19日。

50 劉鎮河,〈蘭嶼山胞的住屋 政府正著手輔助改進〉,《中央日報》,第6版綜合新聞；新聞綜合；政治社會,1958年9月28日。

51 根雨屋,〈當年不能做的事！你不能隨便去山區〉《財團法人小英教育基金會》「想想論壇」「想想副刊」「歷史書寫」,2019年1月14日。(2021.8.30。 https://www.thinkingtaiwan.com/content/7396)。「國防部也在1952年制定『台灣省戒嚴期間山地管制辦法』,再於1965年另定「戒嚴期間台灣省區山地管制辦法」(簡稱「戒嚴山管法」這個辦法是繼承前面的『臺灣省戒嚴時期山地管制辦法』);一度將全台30個山地鄉全域納入管制」。也就是說,蘭嶼鄉是受國防部警備總部所列管的鄉鎮之一,一般人民並非可以自由來往臺灣與蘭嶼的,直到民國76年(1987)廢止「戒嚴山管法」為止。

52 中央日報,〈改善山地管制 迅速開發蘭嶼 省議會通過建議案〉,《中央日報》第3版國內新聞；熱門特刊；其他新聞,1960年8月27日。

53 中央日報,〈臺東議會昨閉幕 請劃蘭嶼為平地鄉 獎勵山胞發展漁業〉,《中央日報》第5版社會新聞；新聞綜合；政治社會,1953年5月30日。

54 中央日報,〈省府撥鉅款 改善蘭嶼山胞生活〉,《中央日報》第3版國內新聞；熱門新聞；其他新聞,1965年9月29日。

55　中央日報，〈改善蘭嶼山胞生活　東縣釐訂二期計劃　自今日起開始實施〉，《中央日報》第8版綜合新聞；新聞綜合；政治新聞，1970年7月1日。

56　幼獅社（中國青年反共救國團所屬之出版社），〈蘭嶼隊第二期昨始業　分訪部落山胞　瞭解風土人情〉，《中央日報》第10版57年暑期青年育樂活動特輯；熱門特刊；其他新聞，1968年8月4日。

57　榮譽國民（簡稱榮民）指在中華民國符合特定服役條件的國軍退除役官兵。在現今臺灣社會中，「榮民」多指曾參與抗日戰爭或國共內戰後隨中華民國政府遷臺的外省籍退伍軍人，然而此類型之「資深榮民」人數已逐年減少，目前之榮民類型以「在臺入伍榮民」居多，總榮民人數約34萬人。《維基百科》「榮譽國民」（2021.8.31）。本文這此所指的當然是前者。

58　中央日報，〈蔣經國向立院委會報告　輔導退役官兵　生產就業情形　東西橫貫公路提早半年完成　並擬開發蘭嶼及海埔新生地　今年將安置二萬退除役官兵〉，《中央日報》第1版要聞；新聞綜合；焦點新聞，1958年1月9日。

59　中央日報，〈改善蘭嶼山胞住的問題　省府全額補助建宅　百廿四戶明年完成〉，1975年10月28日。

60　毛清泉，〈大專教授訪問一團　訪問蘭嶼綠島　逐戶訪問山胞備極關懷　認定蘭嶼開發價值甚大〉，《中央日報》第5版體育新聞；社會新聞；文教新聞；熱門特刊；其他新聞，1956年8月7日。

61　幼獅社，〈教育界暑期訪問團　訪問地區項目決定　決組四團赴金馬蘭嶼橫貫路〉，《中央日報》第4版文教新聞；體育新聞；熱門特刊；其他新聞，1958年7月23日。

62　幼獅社，〈蔣主任電慰　蘭嶼研究隊〉，《中央日報》第3版地圖週刊；國內新聞；熱門特刊；席他新聞，1960年8月19日。

63　幼獅社，〈教育訪問團　昨轉赴綠島　四日上午抵達蘭嶼　山胞歌舞歡娛嘉賓〉，《中央日報》第4版文教新聞；體育新聞；熱門特刊；其他新聞，1958年8月6日。

64　中央日報，〈配合發展觀光事業　蘭嶼開放為遊覽區　期限兩週無船時可延長〉，《中央日報》第3版國內新聞；財經新聞；熱門特刊；其他新聞，1958年7月16日。

65　太平洋旅行協會（Pacific Asia Travel Association，PATA；亞太旅行協會）是

1952年於美國夏威夷創立的一個非營利組織，其宗旨為促進在亞太地區的觀光事業發展，為亞太地區最重要的國際觀光組織之一，會員為政府、航空公司及觀光產業三類的團體會員。今天這個協會擁有會員多達80多個國家及地區的政府單位、數百家旅遊及旅館業、40多個郵輪及航空公司、以及隸屬世界各地PATA分會之數千名旅遊專業人士。《維基百科》「亞太旅行協會」。

66 聯合報，〈遊覽蘭嶼 可留兩週 太平洋旅行協會 助本省觀光事業〉，《聯合報》第2版，新聞綜合；意見論壇，1958年8月26日。

67 美國援助，即美援，在廣義說法是指美國政府在第二次世界大戰期間開始，對中華民國政府正式提供的貸款和軍事物資等援助。而狹義說法是指蔣介石主導的中華民國政府遷移臺灣後，在美國國會通過「共同安全法」（Mutual Security Acts）從1951年10月10日開始到1965年6月30日為止，臺灣島成為美國在亞太地區防堵共產勢力擴張的第一島鏈一環，同西歐、日本、韓國等形成國際中的反共陣營，而在經濟上繼續獲得美國的援助。《維基百科》「美援」。

68 中國時報，〈蝴蝶蘭之家蘭嶼島 將建海上花園 俾供國際觀光〉，《中國時報》第3版新聞綜合；意見論壇，1959年5月3日

69 中國時報，〈開闢蘭嶼島 成海上花園 具觀光經濟雙重價值 已訂四計劃逐步實施〉，《中國時報》第3版新聞綜合；意見論壇，1959年5月13日。

70 職訓（臺灣警備總司令部職業訓導處），於民國35年（1946）5月於臺北圓山（現海軍軍區內，原日遺青年訓練所）由臺灣省警備總部正式成立，並於6月1日開始接訓，專門收容莠民首領、一般煙毒竊盜不受刑事處分者，非法組織有破壞治安之虞者強迫勞動服役；及一般失教失業遊民，加以實施生活訓練與技藝學習，使其改過遷善。《中華民國後輩憲兵論壇》（2021.9.1。https://www.rocmp.org/mp.rocmp.org/kind/lagger/）

71 中國時報，〈蝴蝶蘭之家蘭嶼島 將建海上花園 俾供國際觀光〉，1959年5月3日。

72 中央日報，〈蘭嶼開發計劃實現 可移民三萬人 投資數預計僅三千萬元〉，《中央日報》第3版國內新聞；熱門特刊；其他新聞，1959年5月16日。

73 中央日報，〈便利遊客往蘭嶼島觀光 臺東縣輪船管理處 決在北市設服務

處 石門觀光區域開放時間延長〉,《中央日報》第8版綜合新聞;新聞綜合;
政治新聞,1970年7月17日。

74 經濟日報,〈皇家旅行社近創辦 蘭嶼觀光開發公司 施工擴建蘭嶼別館〉,
《經濟日報》第6版新聞綜合;意見論壇,1971年6月6日。

75 中央日報,〈蘭嶼椰油建綜合觀光區 正在積極勘測規劃 擬建海底水族館
供觀賞熱帶魚 山地文化館陳列各族山胞文物〉,《中央日報》第7版社會新
聞;財經新聞;熱門特刊;其他新聞,1975年9月17日。

76 中央日報,〈謝主席攜大批衣物贈蘭嶼山胞 決贈兩車便利離島內陸交通〉,
《中央日報》第3版國內新聞;熱門特刊;其他新聞,1974年7月7日。

77 林照真調查採訪,許村旭攝影,〈蘭嶼驚奇!政府德政原是海砂屋拆「穴
居」住新屋 還是常修修補補 取「自材」蓋國宅 廿年後已成危屋〉,1994
年8月10日。

78 鍾永祚,〈悠閒樂天的蘭嶼山胞〉,《中央日報》第6版社會新聞;影藝新聞;
熱門特刊;其他新聞,1974年9月30日。

79 中央日報,〈開發東部海上離島 省府主席有新構想 蘭嶼四週沙灘可闢建
海水浴場 增添遊樂設備使成爲觀光勝地〉,《中央日報》第6版社會新聞;
影藝新聞;熱門特刊;其他新聞,1974年9月30日。

80 林嘉男主持,《戰後蘭嶼地區發展:蘭嶼指揮部等機構沿革與影響調查計
劃 成果報告書》,「促進轉型正義委員會」委託「識野環境資源顧問有限公
司」執行,民國109年(2020)5月,頁38。

81 林嘉男主持,《戰後蘭嶼地區發展:蘭嶼指揮部等機構沿革與影響調查計
劃 成果報告書》,頁43–44。

82 柳瑜,《退輔會彰化農場文化資產保存意義之研究》,中原大學建築學系碩
士論文,2016.7,頁43。

83 查台傳總編輯,《輔導會眞情故事·第5冊:農林機構篇》,行政院國軍退
除役官兵輔導委員會,2007,頁303。

84 劉振河,《蘭嶼今昔》,臺東:臺東縣蘭嶼鄉民衆服務站,1961,頁122。

85 林嘉男主持,《戰後蘭嶼地區發展:蘭嶼指揮部等機構沿革與影響調查計
劃 成果報告書》,頁51–52。

86 夏黎明等,《放逐孤島的他者 蘭嶼、農場、管訓隊與外省老兵的生命史》,
臺東:臺東縣政府,2007,頁16–17。

87 林嘉男主持,《戰後蘭嶼地區發展:蘭嶼指揮部等機構沿革與影響調查計
劃 成果報告書》,頁70。

88 林嘉男主持,《戰後蘭嶼地區發展:蘭嶼指揮部等機構沿革與影響調查計
劃 成果報告書》,頁70。

89 林嘉男主持,《戰後蘭嶼地區發展:蘭嶼指揮部等機構沿革與影響調查計
劃 成果報告書》,頁37–38。

90 中央日報,〈蘭嶼調查團返台,採集標本極豐富,島上實為牧畜理想地〉,
《中央日報》第4版熱門特刊;其他新聞,1947年6月25日。

91 中央日報,〈臺東擬定計劃 開發蘭嶼綠島 民航隊在兩島 可能設空運站〉,
《中央日報》第5版工商新聞;地方新聞,1951年5月23日。

中央社,〈綠島蘭嶼亟待開發 開闢漁港加強航運 尤為居民迫切期待 陳尚
文談兩島水利建設計劃〉,《中央日報》第5版社會新聞;新聞綜合;政治
新聞,1953年04月16日。

中央日報,〈臺東議會昨閉幕 請劃蘭嶼為平地鄉 獎勵山胞發展漁業〉,
1953年5月30日。

聯合報,〈台東擬具計劃 開發蘭嶼鄉 配合漁業・建築港灣 開墾耕地・
發展農畜〉,《聯合報》第6版,新聞綜合;意見論壇,1953年4月13日。

聯合報,〈開發綠島蘭嶼 水利局已擬定計劃 建設電力發展農漁〉,《聯合
報》第3版新聞綜合;意見論壇,1953年6月19日。

中央日報,〈開發蘭嶼前奏 五機關工程師 昨赴蘭嶼攷察 開發計劃核准即
行實施 臺東昨舉行防汛搶險座談〉,《中央日報》第5版社會新聞;新聞綜
合;政治新聞,1953年6月24日。

聯合報,〈蘭嶼大部地區 富有水利價值 如加開發有裨經濟 視察人員歸來
談話〉,《聯合報》第5版新聞綜合;意見論壇,1953年7月14日。

中國時報,〈開發蘭嶼 可築漁港〉,《中國時報》第1版新聞綜合;意見論
壇,1953年7月14日。

中央日報,〈開發蘭嶼 預定經費千萬 可能設設治局〉,《中央日報》第3版
國內新聞;熱門特刊;其他新聞,1955年2月20日。

中央日報，〈開發後的蘭嶼　將是人間樂園　玉環縣主祕昨至屏　商討移居開發計劃〉，《中央日報》第5版社會新聞；新聞綜合；政治社會，1955年4月1日。

中國時報，〈改善蘭嶼山胞生活　台東訂定實施辦法　食衣耕作均經規定要點　並將興建山地鄉自來水〉，1956年3月19日。

92　姚漢秋，〈太平洋中訪島民——隨臺東陳縣長視察綠島蘭嶼記〉，《中央日報》第5版工商新聞；地方新聞；熱門特刊；其他新聞，1951年5月26日。

聯合報，〈開發綠島蘭嶼兩鄉　東部各界首長　組團前往考察〉，《聯合報》第4版新聞綜合；意見論壇，1953年4月11日。

中央日報，〈蘭嶼產有奇異昆蟲　日本昆蟲學家　函請協助採集〉，《中央日報》第5版社會新聞；新聞綜合；政治社會，1953年5月1日。

聯合報，〈開發綠島與蘭嶼　勘測隊即可出發　由有關機關派員組成　事業費業經省府撥出〉，《聯合報》第4版新聞綜合；意見論壇，1954年3月4日。

中央日報，〈中美技術專家　抵蘭嶼考察　山姑歌舞慰勞嘉賓〉，《中央日報》，中央日報第5版　社會新聞；影藝新聞；熱門特刊；其他新聞，1956年7月3日。

93　中央日報，〈臺東荒地甚多　歡迎移民開墾　綠島蘭嶼考察團返縣〉，《中央日報》第5版社會新聞；新聞綜合；政治新聞，1953年4月15日。

94　中央日報，〈臺東議會昨閉幕　請劃蘭嶼為平地鄉　獎勵山胞發展漁業〉，1953年5月30日。

95　中央日報，〈改善山地管制　迅速開發蘭嶼　省議會通過建議案〉，1960年8月27日。

96　中央日報，〈臺東荒地甚多　歡迎移民開墾　綠島蘭嶼考察團返縣〉，1953年4月15日。

97　中央日報，〈蘭嶼開發計劃實現　可移民三萬人　投資數預計僅三千萬元〉，1959年5月16日。

98　中央社，〈綠島蘭嶼亟待開發　開闢漁港加強航運　尤為居民迫切期待　陳尚文談兩島水利建設計劃〉，1953年4月16日。

99　中央日報，〈蔣經國向立院委會報告　輔導退役官兵　生產就業情形　東西橫

貫公路提早半年完成 並擬開發蘭嶼及海埔新生地 今年將安置二萬退除役官兵〉，1958年1月9日。

100 中央日報，〈黃杰總司令表示：流氓慣竊累犯 集中蘭嶼管訓〉，《中央日報》第3版國內新聞；熱門特刊；其他新聞，1959年5月14日。

101 幼獅社，〈蘭嶼研究隊昨開座談會 分組展開訪問工作 大同農場舉行迎賓晚會〉，《中央日報》第6版文教新聞；體育新聞；熱門特刊；其他新聞，1960年8月14日。

102 幼獅社，〈蔣主任電慰 蘭嶼研究隊〉，1960年8月19日。

103 幼獅社（中國青年反共救國團所屬之出版社），〈蘭嶼隊第二期昨始業 分訪部落山胞 瞭解風土人情〉，1968年8月4日。

104 軍聞社報，〈榮民開發蘭嶼 已獲相當成就 農牧資源大量開發〉，《中央日報》第6版財經新聞，1960年6月21日。

105 中國時報，〈開闢蘭嶼島 成海上花園 具觀光經濟雙重價值 已訂四計劃逐步實施〉，1959年5月13日。

106 中國時報，〈蝴蝶蘭之家蘭嶼島 將建海上花園 俾供國際觀光〉，1959年5月3日

107 中央日報，〈中美技術專家 抵蘭嶼考察 山姑歌舞慰勞嘉賓〉，1956年7月3日。「臺東蘭嶼考察團，本日下午抵鄉，鄉公所民眾服務站國校等機關首長，特迎於海灘，山胞姑娘就此表演山地舞，慰勞涉水重洋的佳賓。吳縣長、鍾局長、中美技術專家參觀山地舞蹈後，頗為快慰，該團自明日起，正式開始考察，實際體念山胞們的生活及風俗習慣，並調測漁港，以為將來遠洋漁業基地。惟大家提心紅虫，以免受害。」

幼獅社，〈教育訪問團 昨轉赴綠島 四日上午抵達蘭嶼 山胞歌舞歡娛嘉賓〉，1958年8月6日。「由該校（蘭嶼國民學校）學生表演歌舞，歡娛嘉賓。會後，該團將帶來之總統寶照、糖果、香烟等物，分贈山胞。」

幼獅社，〈蘭嶼研究隊昨開座談會 分組展開訪問工作 大同農場舉行迎賓晚會〉，1960年8月14日。「晚間各界在大同農場舉辦一項節目精彩的歌舞晚會，歡迎這些遠來的貴賓。」

幼獅社（中國青年反共救國團所屬之出版社），〈蘭嶼隊第二期昨始業 分訪部落山胞 瞭解風土人情〉，1968年8月4日。「蘭嶼訪問隊第二期學員105

人，昨天在島上完成報到編隊，今天上午7點半在中興營區司令台舉行始業式，然後展開一連串的活動。今天的活動課程包括風土人情等蘭嶼簡介，分組採集標本，山地歌舞聯歡晚會等。」

108 中央日報，〈臺東踴躍捐衣　救濟蘭嶼山胞〉，《中央日報》第5版工商新聞；地方新聞，1951年5月31日。

中央日報，〈臺東議會昨續詢問　東部軍民捐衣　贈送蘭嶼同胞〉，《中央日報》第5版社會新聞，1953年5月26日。

軍聞社訊，〈救濟蘭嶼同胞衣物　昨由花蓮裝船啓運　東部各界踴躍捐贈物品　花蓮女中獨募衣服二千餘件〉，《中央日報》第5版社會新聞，1953年6月23日。

軍聞社，〈蘭嶼島島胞　普遍有衣穿　東部二縣捐衣物已全部發放完竣〉，《中央日報》第4版綜合新聞，1953年7月1日。

中央社，〈衣服千餘件　贈蘭嶼山胞　今日將自高雄運往〉，《中央日報》第3版國內新聞，1954年12月1日。

中央日報，〈救濟衣服蚊帳昨運蘭嶼發放　林金莖隨往視察〉，《中央日報》第5版綜合新聞，1954年12月2日。

中央日報，〈蘭嶼耶美山胞　生活原始衣不蔽體　東縣發起捐贈舊衣　勸募工作下月結束〉，《中央日報》第5版綜合新聞，1956年6月18日。

中央日報，〈捐衣贈蘭嶼山胞　陳學玫小朋友　最先捐廿三件〉，《中央日報》第5版綜合新聞，1956年6月20日。

中央日報，〈舊衣九千件　運達蘭嶼〉，《中央日報》第5版社會新聞；文教新聞；體育新聞，1956年10月10日。

中央日報，〈蘭嶼兒童無衣著　北市學生踴輸將〉，《中央日報》第4版文教新聞；體育新聞，1958年4月24日。

中央日報，〈師大同學募衣捐款　寄贈蘭嶼貧苦同胞〉，《中央日報》第6版社會新聞；影藝新聞，1970年12月28日。

中央日報，〈仁愛國中贈衣　協助蘭嶼山胞　本報洽請警總代爲轉運〉，《中央日報》第6版社會新聞；影藝新聞，1972年6月29日。

中央日報，〈歲暮天寒關懷蘭嶼山胞　臺大同學積極推展　募集衣物書籍活

動　本報社會服務組代收轉〉,《中央日報》第6版社會新聞；影藝新聞,
1972年12月15日。

中央日報,〈謝主席攜大批衣物贈蘭嶼山胞　決贈兩車便利離島內陸交通〉,
1974年7月7日。

109 聯合報,〈番刀丁字褲　蘭嶼勇士舞　雅美青年歌聲雄壯　新公園內大出鋒
頭〉,《聯合報》第3版；新聞綜合；意見論壇,1979年10月11日。

110 中國時報,〈「丁字褲」進城看電影　過分暴露警察曰不可〉,《中國時報》第
34版綜藝,版日期〕1984.7.10〔報刊名〕中國時報〔版次/版名〕第34版／
綜藝〔作者〕臺北訊〔報導地〕〔主題類別〕新聞綜合／意見論壇

111 林照眞,〈「多謝高梭利」蘭嶼雅美族　不要核廢料　身著丁字褲　沿路喊口
號〉,《中國時報》第5版綜合新聞；新聞綜合；政治社會,1993年5月31日。

112 呂理德,〈蘭嶼國宅全是海砂屋　雅美族抗議要求重建　同時希望由原住民
參與社區更新計劃〉,《中國時報》第5版生活新聞；家庭生活,1994年9
月6日。

6

樂舞文化保存和重建

國立臺灣史前文化博物館與
Taromak（達魯瑪克）的合作實例

林建成
國立臺灣史前文化博物館副研究員

6.1 前言

　　歌舞行為、藝術表現是部落整體文化結構的一部份，反映人與部落社會間的關係，歌舞的展現往往具有部落主體的象徵意義。

　　本文透過臺灣史前文化博物館推動「臺灣原住民族樂舞教育傳承計畫」，邀請包括阿美族等6個族群、馬蘭等9個部落，在「博物館搭起部落的舞台」為核心概念下，傳承族群（部落）歌舞文化。

　　為了瞭解歌舞與部落發展的關聯，乃以Taromak（達魯瑪克）為對象，深入部落展開田野調查，由部落太陽傳說與祖靈信仰探索Sa-nga文化藝術的角色；期待藉歌舞溝通與連結媒介的特性，逐步重建部落傳統文化，同時博物館也經此途徑實踐文化平權，達到反饋社會的目標。

6.2 從歌舞看部落生活

　　歌舞藝術是生活智慧，能直接適切地傳達思想與情感，它與原住民聯結極深；歌舞也是部落文化的一環，無分階級與地位，擔綱生活環境中傳播族群（部落）情感的重要功能。（圖6.1）

　　Merriam在《音樂人類學》提到，藝術是某種社會意義的象徵，反映社會結構及角色；音樂、舞蹈是由構成其文化的人們之價值觀、態度和信念，所形成的人類行為過程結果。[1]

　　文化人類學家Boas認為任何一個民族的文化，取決於各民族的社會和地理環境，也決定這個民族如何發展自己的文化材料，我們應把每一個具體問題看作一個單位，然後再逐步弄清它在發展為現狀前的來龍去脈。[2] Suzanne Youngerman說，舞蹈是一種文化現象，一種文

圖6.1　歌舞溝通
情感

圖6.2　透過歌舞
可以認識部落文化

的過程，不只是身體運作的結果，唯有放在文化的內涵中，舞蹈才可以被清楚的解讀。[3]顯示歌舞與族群（部落）文化發展的不可切割關係。

　　因此，以歌舞的行為、觀念和歌舞中的美感經驗視為一整體來探究族群文化，也透過歌舞認識部落，正是民族音樂學的精神，其所呈現文化意涵，及整體部落文化中承載的價值與觀念。（圖6.2）

　　原住民歌舞除了具節奏性的連續動作外，其肢體語言的變化，可以看出每一種族對於動作的偏好、善用身體部位，及肢體語言與整個

圖6.3　魯凱族傳統的男子團體舞

生活的關係，也可藉此比較各族的差異，進而分析整理人類在非語言
的表徵中顯現的普同性與差異性。[4]

　　魯凱族的歌舞文獻資料不多，日治時期伊能嘉矩於1900年臺灣
踏查時曾在日記中記錄。[5] 戰後李桂林（1965）、李天民（1979）、林
美容、王長華（1985）以霧台魯凱族為田野進行調查，大致將傳統舞
蹈分為青年團體舞、老年團體舞及節慶儀禮、結婚迎賓送別等，另
有改良式舞蹈等；團體舞步則分為四步舞、'tuakalalaan'及男子舞步
'wakilikili'。（圖6.3）

　　劉斌雄紀錄好茶魯凱族豐年祭期間，基本上歌舞場面是青年人社
交的重要場合，女子對歌舞仍遵守社會性禮儀──表現儀態、注重大方
氣質、男女相互見面，長輩在旁指點等最具特色；另佩戴百合花及服
飾穿戴整齊女子可以公開坦然參加各項公共活動。至於青年人歌舞多

半配合時下流行歌曲以現代電吉他樂器伴奏，舞步卻仍保持傳統的四步舞。[6]

　　劉鳳學調查魯凱族傳統歌謠分為：工作歌、戀愛歌、田間休息歌、結婚歌、凱旋歌、哭泣歌及童謠等，歌謠內容多是魯凱族人的信仰、生活習俗及個人內心世界的反射。[7] 至於歌謠唱法有獨唱、齊唱、二部合唱、三部合唱，魯凱族與排灣族在合音之運用較為自由，喜歡用大二度不協和音，這點與布農族不同。[8]

　　透過歌舞的美感經驗管道，使部落族人得以聯結相同的族群情感。我們更可以體會部落文化情境，認識族人的生活與審美觀，進而能夠幫助我們深入了解歌舞藝術與其他各領域可能的相互因果關係。

　　近代因環境變遷激烈，部落社會幾乎瓦解，傳統機制瀕於消失，原本在部落生活中傳承的歌舞，靠著學校民族教育或部落自發性成立的文化發展協會或文化成長班等，勉強維繫。

6.3　博物館樂舞展演實踐文化平權

　　1980年代法國新博物館學運動及90年代美國「社區博物館」概念興起，博物館經營理念已朝多元及整合性博物館方向發展，其中「生態博物館」的詮釋，關懷層面涵蓋自然環境、各類型文化資產等，除了既有的研究典藏、展示物件功能外，也延伸至社區或部落，尤其在族群集體記憶與人才培力，建構地域、文化認同受到最多關注。

　　另一方面，博物館提供資源，透過各種展演活動，關心社會弱勢、邊緣化的社群，讓他們能夠親近博物館，同時藉由社區參與知識建構的過程，實踐文化平權與部落（社區）賦權的社會責任。

　　臺灣史前文化博物館自2004年起推動的「臺灣原住民族樂舞教育傳承計畫」，有別於一般商業演出模式，透過「在博物館搭起部落的舞

圖6.4　在史前館
搭起部落樂舞舞台

圖6.5　部落樂舞
表演每年近百場次

台」概念，以民族學理念為基礎、部落為主體的運作，由社區、部落
文化成長班、部落教室及對傳統樂舞文化熱心的族人，進行樂舞教育
傳承工作，並提供博物館舞台讓各團隊定期展演。（圖6.4）

1. 定期演出

　　每星期六、日（上下午各一場次）於史前館玻璃屋餐廳表演，經
常演出的部落有馬蘭（阿美族）、新園（排灣族）、達魯瑪克（魯凱族）、
下賓朗（卑南族）、紅葉（布農族）等，一年高達近百場次。（圖6.5）

圖6.6 杵音舞團
歌舞劇創作

2. 歌舞劇創作

2007年以社區培力方式，結合館方資源包括典藏相關文物研究、影音展演資料，並且深入部落進行田野調查、紀錄，推出「杵音‧響雷‧馬亨亨—阿美族頭目馬亨亨歌舞劇」，首次以歌舞劇型式，直接由族人自己詮釋歷史人物的嘗試，達到實質提升表演內涵的目標。(圖6.6)

3. 研習與觀摩

2008年以加強樂舞研習及交流爲目標，並結合部落史前館日活動，積極讓樂舞團隊到各地進行族群文化交流，藉實地觀摩學習其他表演團隊的經驗，另外舉辦研習會，充實內涵與成長。

4. 原住民創作歌手作品發表會

提供創作歌手舞台，發表其創作歌曲，同時也鼓勵原住民青年投入創作，分享其作品，博物館也紀錄創作人才的創作過程和資料。

至2007年爲止每逢假日在博物館內表演，三年計300多場次，共計扶植涵蓋阿美、排灣、布農、魯凱、卑南、雅美等6個族群，包括2個核心Pinaski（下賓朗）、Taromak（東興新村）部落、7個夥伴部落（南王、馬蘭、紅葉、新園、知本、寧埔、椰油）團隊。(圖6.7)

圖6.7　Pinaski（下賓朗）部落演出

圖6.8　達魯瑪克部落與太魯閣族交流

　　2009–2010年開始將傳統與創新的歌舞，由2個核心部落（Pinaski、Taromak）帶入國內各原住民族分佈區域，進行深度文化交流，兩年下來，由南到北、由東到西，分別接觸了排灣、泰雅、賽德克、邵、賽夏、太魯閣、布農、阿美和西拉雅族等族群。（圖6.8）

圖6.9 博物館舞
台亦肩負社會責任

　　史前館藉由多年來持續辦理「臺灣原住民族樂舞教育傳承計畫」，尋求來自周圍原住民部落社群的參與、支持與認同，的確也和周圍部落團體建立了良好的關係，並累積了許多寶貴的經驗。「在博物館搭起部落的舞台」是2007年樂舞計畫的標題，仔細思考，部落為什麼需要舞台？博物館為什麼要為部落搭起舞台？這或許是原住民族群長久以來的無聲和不被看見的處境，也反映出史前館思索自身發展的條件，以及作為花東地區唯一國家級博物館所肩負的社會責任。[9]（圖6.9）

6.4　近代 Taromak 部落文化復振

　　史前館的原住民樂舞傳承計畫，實施9年後主要核心Taromak、Pinasiki部落傳統樂舞的傳承與創新皆已然成形，同時藉由扶植部落樂舞團隊隨著館內外訪問表演、交流，也培養了豐富的舞台經驗，中程計劃的貫徹更進一步深入整理部落文化，探討歌舞在整體生活或文化脈絡中的角色與功能。

　　Taromak（達魯瑪克）部落，位於臺東平原北邊，行政區屬臺東縣卑南鄉東興村，地理位置背靠中央山脈、面向太平洋，利嘉溪流經部

圖6.10　Taromak（達魯瑪克）部落入口意象

落南岸，山村景緻怡人，距臺東市中心僅11公里，交通便捷，爲東部魯凱族人集中的聚落；周圍鄰近的族群包括阿美、卑南、排灣族等，歌舞文化亦有彼此交融現象。（圖6.10）

　　傳說Taromak祖先在kindoor（肯杜爾山）taipulen建立部落，17世紀荷、清時期，族人發現一群嘴巴會冒煙（吸菸）的紅髮人入侵部落，libalibi與otonga兩兄弟奮勇殺敵，成爲部落尊敬的勇士。後來部落經遷移到kapaliwa（卡帕里瓦，意爲眞正的部落），重新蓋石板屋，並住了較長時間，kapaliwa也成爲當代Taromak部落族人心靈的原鄉。

　　日治時期1923年，日本政府執行「番社集團移住」政策，將部落再遷至doo與irila（比利良，位於東興水利發電廠下方）。1941年被迫遷至平地的大南（東興新村）。1945年部份民房遭洪水沖毀，另於利嘉溪南岸建立蘇巴陽（更名爲sasuaya）部落。

　　因居住區域驟變，族人失去了狩獵耕作環境，造成族人適應上的困難，面臨到部落社會制度與傳統祭儀逐漸式微的危機。1969年颱風夜部落遭遇大火浩劫，全村屋舍全毀於一夕之間，族人流離失所生活無所依恃，大量青壯人口紛紛離鄉背井，進入都會區工作謀生，部落

圖6.11 達魯瑪克文化
復振工作成果展示

圖6.12 收穫節活動中頭目在族人護衛下進入
會場

原本虛弱體質加上實體的崩解,更形雪上加霜,文化傳承無以為繼如
同斷層。

　　1980年代起原住民意識逐漸覺醒,Taromak部落由苦難中復甦,
陸續進行文化復振工作,首先藉由歲時祭儀的恢復,重建部落主體文
化,每年的kalalisiya(小米收穫祭)也成為凝聚部落意識團結認同的重
要象徵。(圖6.11, 6.12)

6.4.1　近代kalalisiya(小米收穫祭)祭儀

　　Taromak部落小米收穫祭的舉行,一般由部落幹部召開會議決定擇
定7月中旬的假日期間辦理:首先是年輕人進駐alakoa(男子會所),族
人將收成的小米、芋頭或獵物送到古明德頭目家旁的祖靈屋去祭拜,
頭目會依家戶人口數分配給族人共享。接著於集會所前交付任務給青
年團挨家挨戶進行「報佳音」,當dawding(導鈴)的聲音在部落中響
起,即表示小米收穫祭展開了。(圖6.13)

　　族人們分別展開各式準備活動,婦女及孩童們夜間在部落廣場上

圖6.13　達魯瑪克部落的Dawding（導鈴）
報訊

圖6.14　頭目為盪鞦韆祈福

練習歌舞，年輕人上山去砍碩大的刺竹，帶回部落架設鞦韆架，這種
巨大的鞦韆，憑的是人力攀爬，工作起來必須有純熟的團隊精神和高
超的膽識。

　　收穫祭正式活動由古明德頭目點燃火把開始，繞行會場接受各部
落族人歡呼，然後在頭目家族陪同下，分別到鞦韆架四個角落祭祀，
祈禱族人平安、來年小米豐收。（圖6.14）祭儀完成後，由頭目夫人唐中
未主持「dalaiysi」——盪鞦韆儀式。以往魯凱族未婚男女各有集會所，
學習不同技能，男女相處、認識有嚴格的規範，藉著鞦韆活動年輕人
可以公開地邀請心怡的對象前去盪鞦韆；女孩子踏上藤索後，兩名族
人各據一邊拉繩來回盪高，俟女孩認為足夠了，才緩緩放下，停止後
男方立即將女孩抱下送回，習慣上女孩願意接受男方的盪鞦韆邀約，
就表示對男方有了好感，日後更可進一步來往，整個情誼的交流在族
人的注目和祝福下，似乎有某種見證的意義。（圖6.15, 6.16）

圖6.15　盪鞦韆是
年輕男女交誼活動

圖6.16　盪鞦韆

　　隨著盪鞦韆的展開，男女族人便進場跳團體舞蹈，歌舞成為年輕
族人在此重要社交場合上相互認識交往的媒介；一連2天的活動還安
排傳統技藝競賽，包括男子射箭、鏢槍、鋸木頭等技藝，女子則以編
花環、盪鞦韆等寓教於樂方式分組進行比賽，獲獎選手頒發給生活上
實用品（例如油、鹽、洗衣粉等）做為鼓勵。（圖6.17）

圖6.17　男子
射箭比賽

6.4.3　社區總體營造計畫

　　1995年Taromak被選定為臺東縣社區總體營造部落，陸續舉辦返回舊部落kapaliwa尋根、重建alakoa男子集會所、頭目家屋、祖靈屋、常民家屋、omaomas部落守護神等。[10]

　　1996年5月4日Taromak社區總體營造成果即以「魯凱族文藝季」呈現，在古明德頭目祈福儀式後，安排傳統鞦韆婚禮儀式及青少年勇士舞表演，並由大南國小學生演唱「小鬼湖之戀」古謠，青少年嘹亮的歌聲在群山環繞的Taromak部落中顯得十分優美。

　　村長蘇金成向在場來賓介紹部落文化傳承者老，包括刺繡編織羅美玉、羅乃娘、蘇秀蘭、溫玉英，傳統屋造景沈文可、杜應亨，木雕製作劉源德、李正雄，豆畫家杜茂中，及山野美食蘇坤山及酒糟釀造林得次等職人。隨後青年們帶領與會來賓跳傳統八步舞、盪鞦韆及饗用傳統美食、小米酒等活動後結束。[11]

　　這場東魯凱族盛會是社區總體營造成果的發表，也是Taromak部

圖6.18 西魯凱勇士舞教學

落傳統舞蹈重建對外展示的場合；其中為了重建勇士舞的歌舞特色，事前部落特別邀請從屏東好茶移居臺東縣金峰鄉嘉蘭村的魯凱族舞蹈家陳參祥前來指導，除了教唱古謠也傳授西魯凱勇士舞的基本舞步。（圖6.18）

　　擔任過部落青年團團長的潘王文賓表示：「為了讓勇士歌舞更貼近傳統文化，並展現東魯凱Taromak部落特色，族人曾經在古明德頭目住家聚會商討，將歌詞稍作修正。」[12]

6.4.3　傳統工藝、歌舞的傳承

　　Taromak社區總體營造成果，將在部落內默默從事傳統工藝的文化工作者搬上抬面，尤其在木雕、刺繡與歌舞成果最為顯著，代表性人物展現後續影響力和近代Taromak部落的文化傳承工作：

1. 木雕

　　潘明德（1954–2002）幼年因家庭環境因素，小學畢業後即四處幫

圖6.19　潘明德
送作品給陳水扁
總統

人打工賺錢養家，32歲時一場車禍奪去他的左腿，成為身心障礙者，曾經消沉了好一段時間，靠著木雕創作重新燃起生命的意志。

　　1995年潘明德參加行政院原住民委員會所舉辦的木雕班訓練班，開始其木雕的生涯，以所學配合自己長期對魯凱族文化的觀察，成功的傳承了魯凱族雕刻工藝，曾分別於1997年參加臺灣省原住民運動會傳統技藝現場木雕展、屏東原住民文化園區木雕聯展、1999年參加臺灣東區文化節民俗文物現場技藝展演活動、第十屆民藝華會民俗技藝現場製作、區中運力與美藝文特區技藝創作木雕指導、至臺中參加臺灣民俗技藝節現場木雕展演、2000年參加縣府舉辦之國際原住民藝文嘉年華會現場木雕製作及2001年臺東南島文化節現場木雕展演。

　　2001年陳水扁總統應邀參加東魯凱族東興村小米收穫節活動時，潘明德並贈送一件木雕作品給陳總統，獲得總統的讚賞與鼓勵。（圖6.19）

2. 刺繡

羅美玉（1955–）於1987年參加卑南鄉公所培訓，成為原住民傳統服飾教師，1989年成立工作室，開啟了教授部落婦女裁縫技巧及傳統服飾的生涯，其作品也曾榮獲地方美展、國家工藝獎等多項獎項肯定。

羅美玉表示，魯凱族服飾以黑布底配合黃色刺繡為最常見，圖案有陶甕形、百合花、蝴蝶紋、百步蛇及人形、幾何形等。少女服裝以紅色為主，綠色代表已婚婦女，黑底表示老人或婦女。部落舉辦婚禮或祭儀等重要場合，魯凱族人習慣盛裝出席，因此婦女們多半學會刺繡，製作自己家人服飾。

多年來羅美玉靠著刺繡撫育多名子女成年，她的創作多元，擅長將魯凱族傳統故事以刺繡技法進行創作，對於魯凱族傳統圖紋意涵應用有深厚的認識，尤其是西方基督宗教傳入部落後，族人信仰改宗也有巧妙的融合，從其刺繡作品可以看到魯凱族傳統在現代社會發展及文化變遷的軌跡。

3. 歌舞

近代東魯凱族達魯瑪克部落的象徵舞碼──「百合花舞」，是陳參祥（1959–）於1989年為了凸顯百合花在魯凱人心中象徵美的意涵重要性，也讓無法插戴百合的婦女們盡情抒發對它的愛意，特別改編傳統舞蹈，並設計了每人手上拿著百合花舞蹈，沒料到這支創作舞碼從學校小朋友舞蹈團推出，立即獲得社區及原住民社會的歡迎，尤其是魯凱族婦女跳起舞來感覺更是貼切。

陳參祥說，傳統上百合花是戴在頭上的，不能拿來「亂摔」，但是在設計該支舞蹈時，特別顧及到傳統文化的規範，一般女孩子未經過佩花儀式，是不能戴在頭上的，只好讓大家拿在手上，配合舞步跳來格外美麗動人。

圖6.20　達魯
瑪克百合花舞

　　除了「百合花舞」，陳參祥還教唱魯凱族古謠和傳授西魯凱勇士舞
的舞步給部落族人，現今這兩支舞碼已成為Taromak部落的代表歌舞。
（圖6.20）

6.5　Taromak部落的樂舞重建

　　1995-2006年間，任職卑南鄉民代表的潘秀枝及謝秀蓮等婦女會成
員，曾召集Taromak部落婦女練習一般傳統歌舞，分別參加「魯凱族文
藝季」及臺東縣府舉辦的各項活動，私下也到「小熊渡假村」表演，成
員可賺取一些生活費補貼家用。[13]

　　Taromak部落唯一的小學——大南國小，全校162名學生中，東魯
凱族佔了113人，學校從2000年前後發展原住民舞蹈教學，2002年曾
獲臺東縣原住民舞蹈國小組第二名，2004年第三名，全國舞蹈比賽第
8名，成績斐然。[14]

　　Taromak部落是東魯凱的代表性村落，在部落文化復振過程中，

因應中央、地方文化政策、節慶推動，例如社區總體營造、南島文化節等，使得歌舞傳承工作有其迫切需求，但在部落長期人口外流、缺乏經濟收入下，要能維持歌舞團隊訓練何其困難，更何況在眾多族群（部落）的環伺下，要找回原有歌舞特色？

史前館2004年起推動樂舞計畫，適時銜接起部落歌舞的推廣與發展需求，透過長期固定的表演時間、舞台，部落裡從事歌舞教學的族人，得以有發展的空間。幼教老師陳秀紅回憶：「以往Taromak部落族人穿著魯凱族的服飾，跳著阿美族的舞、唱阿美族的歌。」[15] 為了傳承部落的傳統歌舞，陳秀紅主動向部落耆老請益採集傳統歌謠，並組成團隊，教導孩童唱童謠、學習傳統舞蹈，針對婦女們則教唱傳統歌謠。

2006年Taromak部落女青年田淑華成立「達魯瑪克兒童劇團」，每逢周六夜晚，在社區活動中心推動樂舞教學工作，包括傳統歌舞的欣賞與學習，成員約15–20位，年齡屆於12–15歲之間，採開放性質，家長們認為孩子在部落成長過程中應該有美好的童年回憶，因此多半抱持著鼓勵參加的態度。

該劇團也是史前館樂舞計畫前期的基本部落團隊之一，田淑華以「寓教於樂」方式陪伴孩子學習歌舞；她常向老人家詢問有關狩獵的傳說、器具、歌謠等生活文化，再從玩樂當中將魯凱族的文化內涵、故事、歌謠慢慢地灌溉在孩子們的心中。（圖6.21）

田淑華表示，史前館推動「在博物館搭起部落的舞台」概念後，劇團充分配合實踐，思考「舞台」的演出方式要如何吸引觀眾？兼具如何引導觀眾認識、欣賞部落文化？更甚者要如何透過舞台練習，讓表演者（族人和小朋友）對於「部落」傳統文化內涵有更深刻的存在與認同。

她說：「宗教信仰、審美觀、風俗習慣等成就了歌舞獨特的生命力。」因此，她嘗試保留傳統歌謠的曲調與原始意義，配合舞蹈的變化，透過肢體線條，融入族人的情感，設計一場30分鐘的表演節目。

圖6.21　達魯瑪克兒童劇團

　　每逢假日的定期演出，Taromak部落歌舞團隊表演的方式，以三段歌舞呈現，以歡愉、輕鬆的生活歌舞開幕，主要是吸引觀眾，也讓表演者熟悉舞台；接著進行「傳統古調」例如勇士舞，過去成年男子要透過集會所實施體力、耐力、狩獵、膽識的訓練，通過上述這些品德考驗，才會成為部落中被認可的男人，同時在會所裡也可以唱著標榜自己英勇事蹟的歌謠。勇士舞步包含蹲、跳等四步或八步舞，有攻有守是力與美的結合，由過人的體力，跳得高、跳得遠來標榜自己的功績，顯示出部落的「傳統生活方式」和「歷史文化面貌」。

　　第三段以整合、創新為方向，推出「百合花之舞」，在魯凱族部落裡，百合花象徵婦女的「貞節」與「婦德」，田淑華表示，表演者除了需體會百合花的柔性之美，還有高雅含蓄的姿態與剛毅的魯凱精神。

　　史前館的玻璃屋餐廳舞台，曾經是許多部落孕育與傳承族群樂舞

圖6.22 Taromak部落孩子從歌舞中學到自信

的搖籃，沒有正式舞台的拘束，沒有台上台下的規劃，讓表演者自然
與觀眾貼近，也讓觀賞者與表演者可以融為一體，經歷一場原住民樂
舞文化的洗禮。在這個展演空間，玻璃帷幕的設計，讓戶外緻青山、
藍天、白雲與舞者相伴，有著天地遼闊的大自然張力，使表演者無形
中更與山神、祖靈貼近。

在近3年的演出中，小朋友舞者培養出自信大方的氣質，不但能
在舞台上展現優美的舞蹈，也能熱情邀請遊客一起下場同歡，同時與
遊客互動，可以介紹自己的文化，可以說是藉由史前館的展演計畫培
訓，使孩子潛移默化之間培育出健全的人格。[16] (圖6.22)

2008年史前館進一步積極讓扶植的部落樂舞團隊分別到臺灣各地
進行族群文化與樂舞交流，Taromak部落歌舞團隊先後也拜訪了太魯閣
族、賽夏族及泰雅族等；部落歌舞的質量均提升，可以完整地呈現部

圖6.23　達魯瑪克與不同族群交流展現團結

落文化，同時與其他族群歌舞相互切磋，甚至於在泰雅族汶水部落搭起鞦韆，傳播東魯凱的鞦韆文化。[17]

　　Taromak部落歌舞團隊整場節目表演舞碼如下：1. 臀鈴祈福報訊（東魯凱Taromak部落特色之一）2. 歌謠吟唱（童謠、部落之歌）3. 田間休閒歌（婦女工作之餘的歌舞）4. 勇士舞（男子傳統歌舞）5. 百合花之舞（近代創作舞曲）6. 歡迎歌（近代創作舞曲）。

　　Taromak部落歌舞展現東魯凱族人生活的智慧和歷史的文化面貌，樸實、單純、自然，是回歸傳統凝聚部落力量的典範。在與太魯閣族水源部落樂舞交流活動，包括古明德頭目夫婦及社區幹部、青年團幹部皆參與此次交流活動，顯現部落對此活動的重視與團結。[18]（圖6.23）

　　經過多年的文化復振與努力，Taromak部落似乎找到了符合現代社會生活的歌舞傳承方式，「現在部落裡的孩子可以驕傲地說，自己會

跳魯凱族的舞，唱魯凱族的歌，自信地認同自己原住民的身分。」[19] 藉由樂舞計畫，積極發揮博物館作爲文化傳播媒介與資源平台的角色，這些寶貴經驗與成果不斷累積，相信能夠讓臺灣原住民樂舞文化展演，因能根植於部落生活深厚的內涵，貼近族人心聲，能反映文化的生命力並傳達出部落的訴求，而博物館與部落之間的距離也能更加緊密。[20]

6.6　博物館進行 Taromak 部落文化調查

2013年教育部策劃「發現『原』生活・開啓原動力」系列活動，同時於5月1日舉辦啓動儀式及聯合行銷記者會，邀請部落團隊現場演出，爲了該項表演，史前館與 Taromak 部落陳秀紅老師合作，擷取傳統文化元素創作一齣符合時事的歌舞劇「雨神公公的鬍鬚」，過去部落於久旱不雨危及農作物生長時就要舉行 mwari udale（祈雨祭），族人跑到 kindoor 後面的 'angbau' 山上摘取 lanlersai（銳葉石松）植物戴在頭上，必須以最快速度跑回部落，隨後在溪邊與等候的族人一起叫喊潑水。（圖6.24）

儀式主要的意涵是藉由位於深山終年不乾涸的崖邊，摘取外觀如鬚狀的 lanlersai 植物（宛若雨

圖6.24　lanlersai植物（宛若雨神公公的鬍鬚）

神公公的鬍鬚），意謂叫醒或激怒雨神，過程中要跑得比雨還快，不能被雨追上否則失效，這項神聖的任務當然就需由'Sa-nga'負責。[21]

返回部落途中，族人仍深深沉浸在舞劇的情境裡，我們理解「Sa-nga」是部落標榜的勇士象徵，這也是過去部落傳統的教育或學習方式，對於現代族人而言，它似乎已經距離很遙遠了，但它卻是部落或族人生命延續的重要價值觀與文化傳承的基礎。

'Sa-nga'的緣由可連結至Taibeleng部落時期，有一個Lrakutaloaw家族的Libalribi、Otonga兩兄弟，他們擅長跑步，曾經在對山割小米，碰上天氣轉變即將下雨，兩兄弟奔跑回部落順利收起曝曬的小米作物，族人稱讚他們可以和雨比賽速度。

荷蘭時期，有婦女到溪邊挑水，發現一群嘴巴會冒煙（抽煙）的紅髮人（荷蘭人）入侵，Libalribi、Otonga奮不顧身地在山林裡追殺敵人，為此頭目特別表揚Lrakutaloaw家為「英雄的家族」，負責保護頭目家族，同時也擁有佩戴裝飾權；後來，部落為了彰顯男子擁有過人的膽識與速度特質，每年在小米收穫祭前讓年輕人競技，逐漸形成了bekas（山林奔跑比賽）和'Sa-nga'制度。[22]（圖6.25）

圖6.25　bekas（山林奔跑比賽）和'Sa-nga'制度形成有很大關聯（潘王文賓提供）

'Sa-nga'角色以aber（救難）、報訊的功能最爲顯著，他們在深山溪谷災難現場身先士卒搶救傷患，在緊急時甚至以最原始的跑步方式聯絡百公里外的親朋好友，目前部落裡受過傳統試煉的耆老仍有4、5位。

　　近代Taromak部落環境的變遷，'Sa-nga'的兩項成因之一的aber工作已被警消救難系統取代，'bekas'則成了唯一可以取得'Sa-nga'資格象徵的要件；爲了深入理解'Sa-nga'角色與部落文化的深層關係，博物館人員著手與Taromak部落展開部落文化的田野調查：

6.6.1　'Bekas'的現況調查

　　近代舉辦的'bekas'，已簡化爲馬拉松競賽方式，雖然失去了原有穿梭森林飛奔的考驗，但Taromak部落與大南國小仍將'bekas'精神保留下來。舉2013年爲例：

1. 部落的bekas

　　2013年7月14日'bekas'於收穫節系列活動首先展開，當天清晨6時許，雖然陰雨綿綿，古明德頭目特別前往爲40多名選手們打氣，強調'bekas'對部落的重要意義，勉勵選手們爭取榮譽。（圖6.26）

圖6.26　清晨6時許陰雨綿綿，bekas於收穫節系列活動首先展開（潘王文賓提供）

隨後選手們出發，總計6公里的路程，起點位於大南溪旁的部落文化廣場，跑出村落後往利嘉油庫，再繞回外環道經村落道路，跑回大南國小終點，接受婦女們獻上花環鼓勵。

2. 學校的 bekas

　　2013年11月28日大南國小舉辦屬於少年組（學校）的‘bekas’，校方特別設計的‘bekas’，高年級的男女生皆可參加，目的是希望學童們從小體驗魯凱族傳統文化。

　　38位小朋友從校門口出發，繞行社區道路到外環道路再折回操場，全長2,500公尺，部落對於學校的‘bekas’十分重視，村長胡進德特別前來鼓勵，婦女們在家中也趕製花環，還特地安排幼稚園小朋友們為跑抵終點的每位參與的小朋友佩戴花環，以示榮耀。（圖6.27）

　　家長會長潘王文賓表示，魯凱族的古語「danonu」，意即全程奔跑

圖6.27　為跑抵終點的每位參與的小朋友佩戴花環（潘王文賓提供）

不停，不能行走或休息蹲坐。小朋友們透過'bekas'比賽學習做任何事情都要「有始有終、全力以赴、勇往直前」的精神，這也是實踐魯凱族的古訓。

6.6.2 'Sa-nga'耆老的經驗紀錄

'Sa-nga'累積的經驗像一本內容豐富的書本，記錄下部落文化變遷的片斷，聽他們回憶起往事宛若歷歷在眼前，每位老'Sa-nga'眼神內仍充滿炯炯光芒，彷彿再度燃起無限的鬥志：

1. 田火本（Masgesge，1937–）

1958年舉辦mwari udale（祈雨祭），由他擔任'Sa-nga'，當時臺東平原上的建和、利嘉、知本、泰安、南王、馬蘭等不同族群部落都有代表參加，盛況空前；這輩子印象深刻的是潛入泰安部落會所取走他們的Dawding（導鈴），他們在後面追不上，老人家到60歲年紀仍可以參加跑步。

他擁有一身技藝本領，不論竹籐編、木雕或是陷阱設計都難不倒，舉凡弓箭、槍矛及杵臼等等生計用品，他都可以自行製作，並且在物品上飾以圖紋，增加美觀；老人家說以前家中生活使用的木碗、湯匙器物，都是靠自己雕刻，甚至連小孩子遊戲用的竹高蹺也可自己DIY，讓人訝異的是80多歲老'Sa-nga'仍可以跳上高蹺上走路，年輕人都得自嘆不如。

18歲時曾被長輩叫去霧台鄉大武部落報訊，早上6時從Taromak部落出發，大約傍晚6時抵達，沿途只帶了三粒地瓜充飢，身上則佩帶另一種長途報訊的tahilisi（由4、5個銅鈴串起來）腰鈴。雖然沿途經過不同族群、部落，但長期來大家都有默契，對於身負重任的'Sa-nga'，迅速予以禮讓通過。

圖6.28　田火本 'Sa-nga' 穿著蝴蝶
紋衣服

圖6.29　田火本 'Sa-nga' 穿著蝴蝶
紋衣服

　　到了60歲年紀仍可以參加跑步，親人曾經製做alivauvan（蝴蝶）圖
紋裝飾的傳統服給他穿著，象徵表現傑出的'Sa-nga'身分。（圖6.28, 6.29）

2. 杜昭明（Tanebak，1944–）

　　第一次看到'Sa-nga'，他正在部落活動中心前，撐著手杖一遍遍認
眞地來回行走，等到和他聊起來，才知道他年輕時期的豐功偉業，不
但是部落或軍中跑步體能健將，曾經奪下無數各項長跑冠軍，還是國
家培訓的馬拉松奧運儲備選手。

　　只是在退役後到清潔隊工作不愼壓傷了腳，導致無法行走，儘管
身障，杜昭明每天不論風雨仍舊在活動中心小廣場上進行復健，他不
向命運低頭的毅力，充分落實'Sa-nga'精神。

年輕時每天清晨打著赤腳，腳踝上綁著沙袋，從Taromak部落旁的大南溪岸邊跑到臺東海邊再跑回來，20歲時曾經沿著南迴公路從Taromak跑步到屏東霧台報喪，部落裡聽到Dawding（導鈴）的聲音就知道有重要訊息，當天抵達後連飯也沒吃就趕回來，沿途都掬水溝的水喝。

當兵時部隊舉辦1千5百到1萬公尺的競賽都是他包辦金牌，退伍後參加各級馬拉松或長跑、公路賽跑等，都遠遠地將其他選

圖6.30　杜昭明 'Sa-nga'

手拋在後面。1969年部落遭遇大火，他牽著妻子，身上還背著一位年老的鄰居婆婆，摸黑爬上部落後山逃難，陡立且雜木叢生的山形，難以想像危急時他是怎麼爬上去的。(圖6.30)

3. 沙秀武 (Tibo，1945–)

小時候參加 'bekas' 一直都是名列前茅，他記得特別受到頭目家的禮遇，成年後古明德頭目也常會在公開場合邀請他站在自己身邊。

從小就是一位標準的 'Sa-nga'，除了 'bekas' 競賽的常勝軍，成年後更是 'aber' 不落人後，老人家對 'Sa-nga' 榮譽一貫抱持著十分嚴謹的態度，將一生中值得留傳的 'Sa-nga' 事蹟鉅細靡遺地記在腦中，家中保存的數項文物更看出他的慎重其事，例如一條鑲滿獎牌的傳統肩帶，仔細觀看新舊夾雜的獎牌，應該是家中兩、三代人共同獲得的成績，該項文物背後正是一門三代的榮耀。

圖6.31　沙秀武Sa-nga

回憶起小時候部落裡舉辦'bekas'，全村人都會做aby（傳統小米糕美食），當天到各家裡去，大人們都會分aby給小朋友們吃。他記得參加'bekas'比賽前'Lavaos'會為他祈福，一直都是名列前茅，雖然沒有獎金，但是到了中午時刻，參加的親友們也會準備糖果、香蕉等禮物前來慶賀，大小朋友一起分享喜悅。

平時跑步訓練時，他不吃熱食、少喝水，比賽前母親則會煮生薑水給他洗澡，如此身體較不會酸痛；一生中經歷多次救難工作，遭遇最危險的都是碰上洪水，在無人敢下水的情況下，他率先涉水救人，背回3名死者和1名生還者。

雖然工作無酬勞，卻擁有屬於'Sa-nga'身分的權力，除了可以受邀坐在頭目身邊，家人也受到部落族人的尊重，盛裝時可以在頭冠佩戴熊鷹、大冠鳩羽毛或服飾上裝飾'alivauvan'圖紋等資格，而不會受到任何指責。（圖6.31）

4. 杜昌一（Baro，1948–）

早年部落年輕人多在alakoa（男子會所）24小時待命，族人在山上工作常會發生意外，例如採愛玉從樹上掉下來，被蛇或野獸咬，不小心掉入懸崖等，'Sa-nga'都會第一個跑到現場。至於參加'bekas'是每個男子都要經歷的事，平常訓練靠自己，有人是晚上偷偷地練跑，他都是跑步爬山練耐力，遇比賽時吃冷飯，這樣比較不易流汗，平時則保持輕瘦的身材，如此比較容易長跑。

'Sa-nga'代表「冠軍」，就像刻在身上的疤一樣，獲得這份榮譽都會很珍惜，也會制約自己的行為，雖然從未有過正式表揚，也沒有任何回報，頂多在村莊有慶功宴時祝賀一下，這是一輩子的榮譽。

　'Sa-nga'已經垂垂老矣，但他們只求為部落、族人付出不求回報的精神，這種即將消失的古道熱腸及為公義捨我其誰的核心價值，不僅Taromak部落需要，放諸四海皆準。

6.6.3　'Sa-nga'的動、靜態藝術表現

　在部落裡'Sa-nga'所發揮的功能是不分男女皆可追求的目標，從Taromak部落女性觀點，強調malagats（勇敢和接受挑戰的勇氣），溫玉英（1933–）、吳美花（1933–）提到，以往部落裡發生大事，大家就會搶先敲擊集會所前的警鐘，聽到緊急的聲響，男的就佩刀、女的提水桶趕到會所集合，以進行各項救援或守衛部落的工作。尊崇'Sa-nga'的風氣，也分別在動、靜態藝術表現中呈現：

1. 動態藝術表現

　崇尚'Sa-nga'文化，對Taromak部落影響是全面的，例如標榜膽識與速度，促使運動風氣的盛行，族人在長期鍛練傑出體能的文化涵養下，培育了不少長跑方面好手，經常在縣、省級大賽中脫穎而出。

　⑴勇士歌舞──在小米收穫祭會場上，男子有專屬的祭儀歌謠，例如獵人勇士演唱報戰功ａｉｙａｏｙ（勇士歌舞），在部落族人聚會時，以歌謠表彰自己年來的狩獵成績，如果無優秀事蹟是無法在眾人面前演唱，特殊的勇士舞則成為Taromak部落的歌舞象徵。（圖6.32）

　⑵'Sa-nga'頌歌──日治時期曾有歌頌'Sa-nga'的歌謠，當'Sa-nga'接受表揚時，婦女們會在旁歌唱，並歡呼「holi　holi　Tanan（大南）」，只是歌謠與歌詞在部落已經沒人會唱了。

圖6.32　達魯瑪克勇士舞

2. 靜態藝術表現

　　部落婦女為表達對'Sa-nga'的尊崇，會特地製作花環或帽飾、服飾等送給他穿戴，'Sa-nga'也擁有專屬的器物與圖紋權利：

　　⑴Dawding（導鈴）——由木雕人頭像和鐵筒兩部份構成，佩掛在'Sa-nga'腰上以便報訊；早年有另一種tahilisi（由4、5個銅鈴串起來）腰鈴，由於較為輕便，尤其用於長途跑步報訊用。（圖6.33, 6.34）

　　⑵頭飾與蝴蝶紋（alivauvan）裝飾權——表現傑出的'Sa-nga'，長輩及婦女會製作如萬壽菊花環頭飾或服飾送給他，近代的服飾上也特別以蝴蝶紋（alivauvan）圖紋做裝飾，象徵其在山林裡可以自由輕盈穿梭。（圖6.35）

圖 6.33　達魯瑪克部落的 Dawling（導鈴）

圖 6.34　達魯瑪克部落的 Dawling（導鈴）

圖 6.35　魯凱族服飾上的蝴蝶紋（alivauvan）

6.7　Taromak 部落的樂舞文化展演

　　博物館與 Taromak 部落合作推動歌舞的中程計畫，採取將歌舞文化的動、靜態藝術表現，放在同等位置思考，一方面深入調查「Sa-nga」的意涵和文化脈絡，規劃特展配合相關神話收集、耆老訪談及文物展出，另一方面持續歌舞訓練同時參與展演，希望在博物館進行整合性「文化展演」實驗，營造一個讓部落認同的空間，以便完整呈現部落傳統歌舞文化，「Sa-nga—飛舞的勇士」特展雛型於焉浮現。

當代社會與族群多元化，博物館功能與時俱進，開始重視友善平權與社會平權等，保障多元族群平等及參與文化的權利。[23] 從文化平權角度，重視原住民文化展演，幾乎已是社會共識，就展示而言，「文化展演」（cultural performances）仍為博物館對社會結合時代趨勢、展現研究成果、關切民眾切身議題的重要指標。當代博物館文化展演，無論內容、技術均有很大的改變，就展示方式而言，相較於過去關注層面也更形擴大。構思規劃 'Sa-nga' 特展也正是史前館推動原住民樂舞進而重建部落文化的實踐工程。

　　就藝術人類學思考，'Sa-nga' 制度形成與部落整體脈絡有密切關係，無論動、靜態藝術表現均連結著部落經驗與情感，構築而成的認同觀念。不同於現代藝術中視覺、表演藝術的專業分工分項展演方式，博物館整合 'Sa-nga' 文化脈絡，嘗試採取展演合一方式。

　　為了該項規劃，特別將特展「神聖空間」、部落參與佈展、南島樂舞交流等工作做為合作的項目，從文化平權角度，讓部落族人直接參與策展，與部落合作在博物館進行「聯合策展」的可行性也寫下特別的意義。

6.7.1 「神聖空間」規劃

　　Taromak 部落早年 alakoa（男子會所）裡樹立了許多部落重要頭目、巫師板雕，成為部落裡的「神聖空間」，這個神聖的意涵，有可能複製到博物館展場嗎？或許部落裡 alakoa（男子會所）空間，傳達的是祖靈信仰，展場規劃的是部落族人的心靈神聖空間，獲取部落認同，其背後重要的意涵是「尊重部落傳統」。

　　Taromak 部落族人談論社會地位習慣直接以 'la taliyalalai'、'kawka'olu' 區分，屬於 'la taliyalalai' 的範圍大致使用 'Taberberlern'、'tangadha' 兩個形容詞，意為在上方（位）或「在前頭」（包括人或植物，例如領頭人、樹頭等），'tangadha' 則為專指一般身份族人。[24]

在傳統社會裡，'la taliyalalai'特別注意他們的世系，更要藉傳說的氣勢和榮耀，來造成他們崇高的、穩固的地位，因而標榜祖先的事蹟，引起大家對祖先的崇拜，使大家對這些神聖的祖先的裔冑，永世服從，是他們重要的工作。25

　　Taromak部落傳說是太陽的後裔，太陽神話和信仰投射的具體象徵，涵蓋使用於板雕、刺繡等的太陽圖紋表現，最顯著的是結合太陽之子、祖靈信仰與祭儀的傳統板雕，尤其是傳統集會所中樹立的太陽神傳說相關的板雕像：

　　早期Taromak部落集會所內設置10件板雕，其中5件主要爲祖靈柱象徵，涵蓋部落傳說中的太陽之子、生下太陽之子的聖母及有尊崇地位的女巫師、輔臣等，依其身份從文獻及訪問頭目古明德和部落耆老，整理其背的意義：

1. Pinalihag-Taromak部落原集會所內除Mutokotokov（聖母）外，另有2件女性板雕，此像爲最早女巫Dalanpan的女弟子。

2. 'Samalalai' —— 爲古時候太陽所生之神子，祖先們所傳下來的「聖子」。（圖6.36）

3. Kalimazau-Taromak部落最著名大頭目Azerliv（太陽所生之神子的兒子）之使臣，曾被派往各地探訪傳統領域，並致送小米種給其他族群。

4. 'Basakanlan' —— 同樣爲Taromak部落之使臣。

5. 'Lipatutuong' —— 早期頭目之輔臣，曾被表揚爲「英雄的家族」，負責保護頭目家族，同時也擁有佩戴裝飾權。26

　　集會所內的祖靈和太陽之子板雕像，其基本造形頂上頭冠刻著族人稱之爲langi（菊花）和'sivare'飾物，額頭上鑲上了一排貝殼圓片，象徵祖靈的靈力；其中五官中的眼部，不刻劃眼睛表示具有靈力（lrekeme）的身份，反之刻劃出眼睛代表一般凡人，「因爲靈不知道長

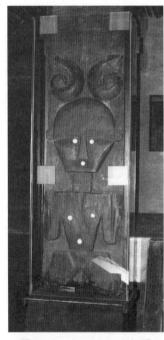

圖6.36　Samalalai（太陽
之子）板雕

圖6.37　古代大頭目Araliyw貝殼圓片具有靈
力（Irekeme）

什麼樣子，如果有形體，無法去想像也難以產生敬畏感。」[27]（圖6.37）

　　當時原集會所內10件象徵祖靈與太陽之子板雕，部落已請木雕家
周文可等重新複刻，放置於大南國小鄉土教育中心暫時保管，策展團
隊於10月9日前往拜訪，向校方商借5件祖靈柱板雕像，做為展場神
聖空間的主要展示文物，這個空間即將做為部落儀式與歌舞展演的聖
地。（圖6.38）

6.7.2　部落動員參與佈展

　　策展團隊特別邀請部落族人潘王文賓加入，除了參與討論展示內

圖6.38　原來設放置於大南國小鄉土教育中心的木雕

容也擔任博物館與部落的中介溝通角色；2013年5月10日夜晚，首次到部落進行正式說明，與社區發展協會、長老及青年團幹部溝通，7、8月間則利用夜晚部落會議時間，報告相關展演規劃與期程，並取得部落全體的認同。

　　因為籌備工作面臨經費缺乏等多方困難，展開田野工作已是10月中旬，我們不得不強調「這是部落的大事」，必須要獲得部落全體的支持與參與方可能完成。在策展團隊展開多次誠懇溝通下，獲得古明德頭目、胡進德村長、東魯凱文化教育協會及大南國小、部落幹部的參與，幾乎部落全體動員，讓我們看到了部落的內聚力量。

　　2013年12月當8人才抬得動的祖靈柱進駐，接下來如何豎立於展廳的龐大工程即是第一道考驗，李張力元、張力文木工的施作克服了重要難題、蘇秀麗在展場綠色植物的生態造景也帶入青年的協力和經

圖6.39　祖靈柱進駐展廳　　　　　　　　圖6.40　祖靈柱進駐展廳

驗學習，族人以收集來的綠色樹葉一片片地佈置完成，伴隨著族人優美的歌聲。來自部落的溫暖湧入，配合策展團隊的展場內部設計和文物展示，整體逐漸成形。(圖6.39, 6.40)

展場上部落族人參與佈展主要為下列三部份：

1. 守護神意象區

在1995年進行社區總體營造時，Taromak曾將守護神石像於部落前方重新豎立起來，成為部落的傳統信仰象徵與入口意象，本項展示為了凸顯部落文化特徵，特別以保麗龍材料重製守護神設置於展場入口，同時也做為開展祭祀祈福的場所。

2. 部落生態造景區

部落生態造景區的設計涵蓋展場入口前方，由部落女青年會及婦女們採集植物綠葉，帶到展場一片片進行佈置；另外為了展現 'Sa-nga' 文化與傳說之間關係，也規劃銳葉石松植物展區。(圖6.41)
值得一提的是工作期間，大家一邊唱著傳統歌謠，一邊合力佈

圖6.41　部落婦女佈置展場

圖6.42　部落族人合力佈置展場

置，不但練習歌謠演唱，也化解了工作上的疲憊，讓展場氣氛頓
時輕鬆不少。(圖6.42)

3. 鞦韆展示區

盪鞦韆是小米收穫節中重要的步驟，族人特地赴山區砍取竹材，
在展場上設立了一座縮小比例的鞦韆架，並且由婦女在鞦韆繩上
加以裝飾，既當成展場展示品，也可以坐在鞦韆架下的長凳子，
觀看持展拍攝的小米收穫節等四支紀錄片。

6.7.3　南島樂舞的交流

'Sa-nga'特展開幕前夕，適逢紐西蘭奧克蘭科技大學電影系毛利
師生一行來臺進行為期兩週的尋根交流，在臺東停留的時間正巧遇上
了12月11日「Sa-nga—飛舞的勇士」特展，特別邀請毛利師生為開幕貴

賓，同時在開展前夕安排至Taromak部落體驗與相互交流，建立南島語族之間的友好關係。

　　為了迎接遠道的南島語族朋友，部落安排Lravorase Lra-dumaralrath（李張力元）在部落守護神處迎接毛利師生，並向祖先秉告，接著參觀大南國小「魯凱族鄉土教育中心」的收藏文物，再去拜訪頭目古明德，聽取部落的歷史與文化。晚上部落準備豐盛的傳統美食招待遠道而來的客人，族人拿起吉他唱歌，大家隨性跳舞，相互交流。

　　開幕當天，古明德頭目以嚴謹而虔誠的祭祀儀式，為展演祈福，（圖6.43–6.46）接著全體貴賓跨過象徵驅除不淨的芒草後進入展場，Taromak部落男女老少各階層就在祖靈柱木雕環繞的神聖空間場域中以傳統歌舞迎賓。隨後帶引出Taromak部落主體的重要元素，介紹傳統'Sa-nga'的表現並向在座獲得此殊榮的長輩致敬。

圖6.43　部落頭目在守護神意象區祈福

圖6.44　展場的神聖空間與木雕

圖6.45　展場
的神聖空間與
木雕

圖6.46　展場
的神聖空間與
木雕

毛利師生接著也表演傳統樂舞，南島語族的樂舞得以在這個神聖的場域相互交流。尤其是當Taromak部落青年團跳起毛利Haka舞那一刻，全場為之驚艷，緊接著毛利師生也立刻回敬Haka舞，現場幾近瘋狂，為展演留下難以忘懷的印象。(圖6.47)

　　毛利人Eruini表示：「毛利的習俗裡，跳Haka表示彼此像兄弟一樣的情誼。此行謝謝史前館的參訪安排，也非常感謝Taromak如家人般的款待，這是讓大家難忘的回憶。」[28]

　　「Sa-nga—飛舞的勇士」特展計畫全面展開到開幕，實際上僅剩一個半月，在短時間加上經費困窘的情況下呈現，從部落動員、田野調查、文物的借用，到展場規劃、佈展與開幕演出，扣緊每一環節，能夠即時圓滿達成任務，尤其是毛利師生開幕時意外的歌舞震撼，更令在場人士驚艷、感動不已。

圖6.47　「Sanga—飛舞的勇士」特展，特別邀請毛利師生為開幕貴賓，同時在開展前夕安排至Taromak部落體驗與相互交流

6.8 結語

部落文化保存和重建牽涉面向廣泛，本文 Taromak 部落以傳統樂舞為核心推動族群（部落）文化的實例觀察，透過祖靈柱具像木雕重塑，找回太陽祖源傳說與信仰，除了凸顯藝術結合靈力象徵，也完整再現部落社會階層制度，充分印證文化人類學與藝術跨領域整合研究的必要性。

1. 歌舞藝術與部落文化的表裡關係

歌舞與部落生活、歷史發展息息相關，Taromak 部落以復振傳統樂舞，對外演示部落文化，展現部落主體的象徵，對內歌舞擔任傳達、溝通族群情感、凝聚團隊意識的重要載體，藉由歌舞重新喚起族人的歷史記憶，也激發了高度的部落認同與榮耀。

2. 展演合一的跨專業整合

當代學界重視視覺、表演藝術的專業劃分，但從展演實作經驗來看，在博物館場域展示重建部落 'Sa-nga' 文化，同步考量歌舞現場演出，實踐「文化展演」的整體性功能，佈展期間歌謠也擔任起凝聚部落向心力與紓解工作勞累的角色，族人親身體認部落文化藝術的自信，而與來自南島語族的朋友一起同歡交流，更擴大了歌舞的意涵。

參考書目

中文書目

王嵩山，《差異、多樣性與博物館》，臺北：稻香出版社，2004。
伊能嘉矩，《伊能嘉矩的臺灣踏查日記》，臺北：臺灣風物雜誌社，1992。
呂炳川，《臺灣土著族音樂》，臺北：百科文化公司，1982。

林美容、王長華，《霧台鄉誌》，屏東：霧台鄉公所，1985。

林建成，《Sa-nga——飛舞的勇士》，臺東：國立臺灣史前文化博物館，2013。

張家銘，《傳承與希望——九十三年原住民教育成果展演交流活動成果專輯》，臺東：國立臺灣史前文化博物館，2004。

漢寶德，《博物館談片》，臺中：國立自然科學博物館，1995。

劉斌雄、胡台麗，《臺灣土著祭儀及歌舞民俗活動之研究》，臺北：中研院民族所，1987。

劉鳳學，《與自然共舞——臺灣原住民舞蹈》，臺北：商周編輯顧問公司，2000。

期刊、論文

古馥維，《達魯瑪克部落國kapaliwa拜訪與分享活動之研究》，國立臺東大學綠色科技產業碩士專班碩士論文，臺東：國立臺東大學，2013。

古馥維，〈讓世界看見Taromak：「Sa-nga——飛舞的勇士」特展開展感言〉，《史前館電子報》第266期，2014。

任先民，〈魯凱族大南社的會所〉，《中研院民族學研究所集刊》第1期，臺北：中央研究院，1956。

李天民，〈臺灣山地各民族舞蹈之研究〉，《藝術學報》第23期，1979。

李桂林，〈霧台魯凱族歌舞〉，《政大邊政學報》第4期，1965。

林建成，〈讓我們一起盪鞦韆吧〉，《激盪與綻放：98年原住民教育成果暨神話展演計畫成果專輯》，臺東：國立臺灣史前文化博物館，2009。

林建成，〈「回家」的路——「發現『原』生活・開啓原動力」系列活動記者會側記〉，《史前館電子報》第227期，2012。

洪瓊君，〈飛舞的精靈——一場傳統與現代的碰撞〉，《舞動與跨越：部落的史前館日活動成果專輯》，臺東：國立臺灣史前文化博物館，2008。

黃芳琪，〈舞躍生命的悸動——魯凱族達魯瑪克劇團〉，《在博物館搭起部落的舞台：96年原住民教育成果暨南島樂舞展演活動成果專輯》，臺東：國立臺灣史前文化博物館，2007。

許善惠，〈遇見部落文化的新博物館經驗〉，《舞動與跨越：部落的史前館日活動成果專輯》，臺東：國立臺灣史前文化博物館，2008。

西文書目

Boas, Franz（金輝譯），*Primitive art.*, Dover Publications, New York, 1989(1955).

Merriam, Alan P., *The Anthropology of Music*, Northqestern University Press, pp. 145–184, 1964.

Youngerman, Suzanne "Method and Theory in Dance Research: An Anthropological Approach," *Yearbook of the International Folk Music Council* 7, pp. 116–133, 1975.

註釋

1   Merriam, *The Anthropology of Music*, Northqestern University Press, 1964, pp. 145–184.

2   Boas, *Primitive art* 8, Dover Publications, New York, 1989 [1955].

3   Youngerman, Suzanne, "Method and Theory in Dance Research: An Anthropological Approach," *Yearbook of the International Folk Music Council* 7, 1975, pp. 116–133.

4   劉斌雄、胡台麗等，《台灣土著祭儀及歌舞民俗活動之研究》，臺北：中研院民族所，1987，頁73。

5   詳見伊能嘉矩，《伊能嘉矩的臺灣踏查日記》，臺灣風物雜誌社，1992，頁68。

6   劉斌雄、胡台麗等，《台灣土著祭儀及歌舞民俗活動之研究》，臺北：中研院民族所，1987，頁123–124。

7   劉鳳學，《與自然共舞──臺灣原住民舞蹈》，臺北：商周編輯顧問公司，2000，頁82。

8   呂炳川，《臺灣土著族音樂》，臺北：百科文化公司，1982，頁73–75。

9   許善惠，〈遇見部落文化的新博物館經驗〉，《舞動與跨越：部落的史前館日活動成果專輯》，臺東：國立臺灣史前文化博物館，2008，頁169–170。

10 古馥維，〈達魯瑪克部落國 kapaliwa 拜訪與分享活動之研究〉，國立臺東大學綠色科技產業碩士專班碩士論文，臺東：國立臺東大學，2013，頁3。

11 《中央日報》，1996年5月5日3版。

12 訪問潘王文賓，2021。

13　訪問潘王文賓，2021。

14　張家銘，《傳承與希望──九十三年原住民教育成果展演交流活動成果專輯》，臺東：國立臺灣史前文化博物館，2004，頁71–74。

15　洪瓊君，〈飛舞的精靈──一場傳統與現代的碰撞〉，《舞動與跨越：部落的史前館日活動成果專輯》，臺東：國立臺灣史前文化博物館，2008，頁113。

16　黃芳琪，〈舞躍生命的悸動──魯凱族達魯瑪克劇團〉，《在博物館搭起部落的舞台：96年原住民教育成果暨南島樂舞展演活動成果專輯》，臺東：國立臺灣史前文化博物館，2007，頁100–115。

17　林建成，〈讓我們一起盪鞦韆吧〉，《激盪與綻放：98年原住民教育成果暨神話展演計畫成果專輯》，臺東：國立臺灣史前文化博物館，2009，頁32–42。

18　洪瓊君，〈飛舞的精靈──一場傳統與現代的碰撞〉，《舞動與跨越：部落的史前館日活動成果專輯》，臺東：國立臺灣史前文化博物館，2008，頁93–105。

19　洪瓊君，〈飛舞的精靈──一場傳統與現代的碰撞〉，《舞動與跨越：部落的史前館日活動成果專輯》，臺東：國立臺灣史前文化博物館，2008，頁113。

20　許善惠，〈遇見部落文化的新博物館經驗〉，《舞動與跨越：部落的史前館日活動成果專輯》，臺東：國立臺灣史前文化博物館，2008，頁171。

21　林建成，〈「回家」的路──「發現『原』生活‧開啓原動力」系列活動記者會側記〉，《史前館電子報》第227期，2012。

22　訪問林得次耆老，2013。

23　中華民國博物館學會網站，2014年。（網址：http://www.cam.org.tw/professional committees/committee-for-access-and-equality/）

24　訪問潘王文賓，2014。

25　任先民，〈魯凱族大南社的會所〉，《中研院民族學研究所集刊》1: 156，臺北：中央研究院，1956。

26　任先民，〈魯凱族大南社的會所〉，《中研院民族學研究所集刊》1: 156，臺北：中央研究院，1956。

27 訪問李張力元，2013。

28 古馥維，〈讓世界看見Taromak：「Sa-nga──飛舞的勇士」特展開展感言〉，《史前館電子報》第266期，2014。

代結論

以蘭嶼為例思考原住民族建築研究
之可能進路

黃 蘭 翔
國立臺灣大學藝術史研究所教授

這近15年來，臺灣企圖將舊有的九大原住民族與平埔族的文化，放在南島語族廣域性區域裡，企圖接上國際學術界在研究東南亞，甚至整個南島語族分布地區的世界學術舞台，以理解臺灣原住民族文化的定位與智識。但是這十數年臺灣學者儘管改變了研究對象指稱術詞，但是能夠真正跨出臺灣的國界，進行世界性的研究者並不多。

　　就如同蘭嶼的研究，在1980、90年代，曾經曇花一現，有方鏗雄的《蘭嶼雅美族傳統住居問題之研究》、[1] 黃旭《雅美族之住居文化及變遷》，[2] 以及關華山與陳玉美先後寫的〈雅美族的生活實質環境與宗教理念〉[3] 與〈夫妻、家屋與聚落—蘭嶼雅美族的空間觀念〉[4] 等文章的出現，但似乎有如強弩之末，是接續在凌純聲、張光直、曹永和等戰後第一代學者大家之後；而且有如在1970年代臺灣開始被孤立於國際之外，將焦點與企圖轉為向內，分析臺灣內部相關課題。因此上述這些關於蘭嶼的研究，即使有前輩學者之啓發，亦屬當時國際學者共同研究之風氣影響下的優秀作品，但就是無法體察文章有向外連結的企圖。

　　基於不想讓臺灣的研究停留在成就外國人學者建構普世理論的個案研究，在本書的最後，想提供幾個發想、資訊與研究的示範案例，思考即使田野在臺灣，若有寬廣的國際性脈絡體系，也可以主動思考以臺灣觀點之南島語族建築文化之相關研究。在此我想重提我在1999年，曾經嘗試以干闌構建築思維，解析蘭嶼地下屋形式的主屋屬於干闌構建築文化體系，[5] 並且介紹乾尚彥、三富正隆等學者所整理達悟與其他南島語族的同類母語表現，證明蘭嶼達悟族擁有與其他南島語系民族相同，同類母語述說的宇宙空間觀。

　　最後想以一篇示範性文章作為本書的結束。是足立崇發表於日本建築學會，又獲得建築學會獎勵賞的文章〈臺灣達悟族的宗柱tomok與「居住」〉，[6] 該文就是繼承了上述先行學者的研究，又重新從事親身的田野調查，建構出他自己獨創的、具未來發展性的，又與南島語族

根幹的、宇宙觀共通的「住居場所論」。期待臺灣人學者可以此文爲啓發，進行臺灣原住民族建築之研究。

7.1　從干闌構建築型態所見的蘭嶼建築

7.1.1　千千岩的蘭嶼建築

　　一般描述達悟族的住家建築，如以千千岩助太郎所著《台湾高砂族の住家》[7] 爲例，都指出是由主屋（bai）、高屋（makaran）、[8] 涼臺（tagakal）所構成，也有附屬設置產房（waragu）[9] 之建築者。[10] 主屋與產房爲地下屋式[11] 建築；高屋看起來雖爲地面式，但是地板下挖有地下室，涼臺爲干闌式建築。就整體配置而言，將主屋的地面向地下挖出甚深的坑，由前庭的石階梯上下相連。主屋的前面、兩側邊以及背面與壁體之間都留有狹窄的空間。高屋以及涼臺蓋在主屋的前面或是側面的地面廣場上，其各建築的山牆面均面向海的爲多。基本上蘭嶼的建築結構爲木造茅草頂的房子爲主，但現存的建築屋頂大都改爲鐵皮塗柏油、包油毛氈方式的屋頂。（圖7.1–7.4）

圖7.1　蘭嶼達悟族傳統聚落照片

圖7.2　蘭嶼達悟族的
涼臺

圖7.3　達悟族的住家
建築。照片左下中間
為主屋，上側中間為
高屋，右上角為涼臺
（著者攝，2000）

圖7.4　蘭嶼達悟族
主屋入口（inaorod-
no-susuripan）與前檐
（susuripan）

1. 主屋（bai）

　　主屋主要作為寢室之用，基地自地面下挖約1.5–2公尺的深度，屋脊稍露出地面。平面為矩形，入口垂直於中脊的長邊，前方有前檐（susurupan）。[12] 室內分為前室（rusupaniru）與後室（sasuiran）。以縱剖面看，自前而後為前檐、前室、後室，前檐的前庭有臺階狀地面可登上外部空間。前室鋪有木板，作為小孩睡寢處，一端有火爐，另一端為儲藏用的箱形架子。後室約中央位置有宗柱（tomok），宗柱前的空間鋪有木地板，左為主人或老人的睡寢處，宗柱後為泥土、卵石地面，有火爐與倉儲的架子。通常前面有4個、背面有1個出入口，約為60×60平方公分大小，設拉門板的小開口，於前、後室的隔間牆位置，同樣有4個開口，但是沒有拉門板。（圖7.5, 7.6）

2. 高屋（makaran）

　　高屋是白天的工作空間，在炎熱的夏天時也可作為睡寢的場所。雖然蓋於地面上，但總高度很低。有地下室作為倉儲的空間。高屋的平面為四方矩形，室內鋪上木地板而為單一無隔間的空間。一般都是

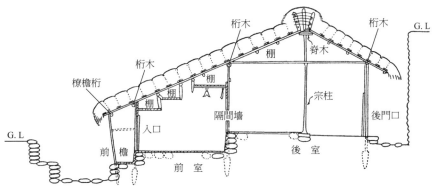

圖7.5　千千岩助太郎所繪達悟族主屋剖面圖

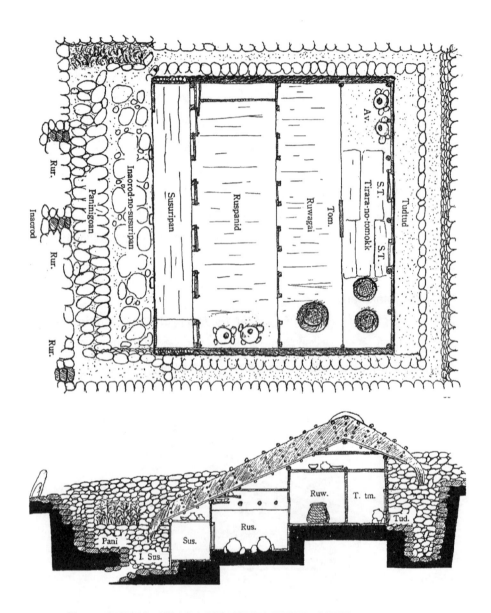

圖7.6　鹿野忠雄、瀨川孝吉所繪達悟族主屋平面、剖面圖

自山牆面進出，爲避免海風的直接吹襲，前面作有簡單的擋風板，也有在兩側附設出入口的例子。露出地面的部分多做成雙層牆，室內也裝有天花板，或許是爲了防熱使然。(圖7.7, 7.8)

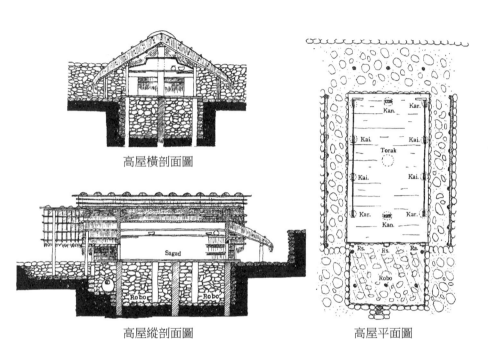

高屋橫剖面圖

高屋縱剖面圖

高屋平面圖

圖7.7　鹿野忠雄、瀨川孝吉所繪高屋橫、縱剖面圖、平面圖

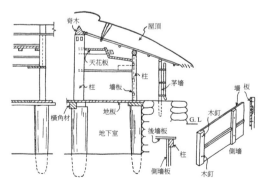

圖7.8　千千岩助太郎所繪高屋剖面及細部圖

3. 涼臺（tagakal）

涼臺為白天納涼的建築，多置於廣場通風之處。而且於天氣炎熱的時候，又作為吃飯、作業之場所。平面為四方矩形，立有四根或是六根柱子，屬於約於1–2公尺高度設有木板的干闌式建築，有梯子上下，再蓋上簡單的屋頂即成。

4. 產房[13]（waragu）

產房為新婚婦人於初產時所建的房子，一旦生產之後就作為年輕夫婦的暫時居所者為多。為地面約往下挖0.5–1公尺之小規模建築，平面為四方矩形，一處出入口設於垂直於中脊方向的長邊，屋內為鋪木板之單一空間，一頭設有火爐。（圖7.9）

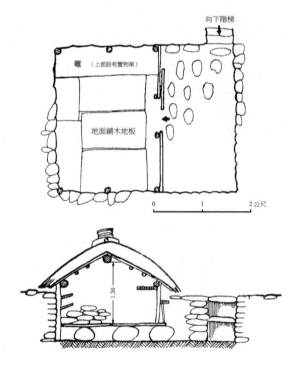

圖7.9 蘭嶼紅頭村（Imurad）達悟族的產房平面與剖面圖

圖7.10 蘭嶼
紅頭村達悟族
的穀倉

5. 穀倉（ararin）

一般而言，達悟族人很少有獨立的倉庫，即使有，其規模也很小。穀倉為干闌式建築，立有四根柱子，於地上約1公尺的位置鋪上木板，牆壁用竹或是細的木頭組成主要結構，屋頂與牆壁圍以茅草，用茅草作為簡單的懸山頂。柱頭處作有圓盤（abiguna）用以防鼠。（圖7.10）

6. 船（tatara）與船屋（kamarigu no tatara）

達悟族的男人主要以魚撈為職業，魚撈船隻結構的技術遠超過其他文化與科學技術。蘭嶼的船不是一般在原始部落所看到的獨木舟，而是用龍骨組成的堅固結構，貼以數塊側板，兩端高翹，外部刻以幾何形圖案，並塗以赭色、白堊及黑色的彩色圖案。依船的大小可分為：10、8、6人乘坐的tinurukuran，4人的pinononogan，2人的pikabagan，1人的pikatagian。船屋也依此而有大小的不同，但入口一律為面海的方向，地面向下挖出長方形凹下空間，內部堆石砌牆，屋頂用圓木或粗竹交叉，架以中脊木蓋以茅草的懸山屋頂。（圖7.11）

圖7.11　蘭嶼椰油村（Yayu）達悟族的船屋

7. 豬舍（pagakanan 或是 bai no koesu）[14]

豬舍大多為複數家庭共用一處者為多，是在住家之周邊圍以石圍牆的小舍，用圓木頭，蓋以茅草的屋頂。

8. 雞舍（pagabiran 或是 bai no manokku）

有於主屋周圍空地所造的雞舍與吊於主屋屋簷下的雞舍，均是由樹枝或是空箱盒所作的簡單雞舍。[15]

根據戰前的鹿野忠雄在《人類學雜誌》、《新亞細亞》與《大南洋：文化と農業》等雜誌發表的文章，以及昭和21年（1946）、27年（1952）所出版的《東南亞細亞民族學先史學研究》（上、下卷）[16] 裡的多篇文章，可以發現到蘭嶼達悟族與東南亞原住民文化密切的關係。其菲律賓的巴丹島的關係尤為值得注意。藤島亥治郎在《台湾の建築》中也作如下的陳述：

> 住在臺灣本島東南海上的紅頭嶼之雅美（達悟）族的建築，在臺灣原住民族群中，要屬最具南方色彩的建築類型。紅頭嶼在地質學上是與菲律賓呂宋島北方的 Babuyan 群島、Batan 群島一脈相連的

火山島，島上動植物也與菲律賓相近。雅美族與巴丹島上的舊馬來族相比也較臺灣本島上各族要近得多，言語相似是近來各研究者最常提到的證據之一，更進一步的證據是在他們的發祥地傳說之中，有從海外移來的說法。17 所以站在要瞭解蘭嶼建築的立場上，實有必要去調查瞭解巴丹島上的建築。

7.1.2　位於東南亞干闌構建築之一角落的蘭嶼建築

在〈從廣域性觀點看達悟建築諸項特質〉（簡稱〈達悟建築〉）文章中，我們可以看到有關臺灣原住民族的文化，已有國內外的文化人類學者做過長期的觀察與研究，戰後聲名顯耀國際的人類學者或是考古學者，如凌純聲、張光直、曹永和等大家，仍然從廣域尺度來從事臺灣的文化系統、文化源流的探索。後來可能受到政治環境的影響，學者逐漸將精力在單一族群細微的調查研究上，有了豐碩的研究成果，如今也有把臺灣視為一整體，逐漸跨越單一族群，討論臺灣島內多族群及其所含有的多重文化的問題。另一方面，從1980、90年代以來，因為臺灣經濟的發展以及國際局勢的變化，東南亞研究逐漸成為顯學，因而使得超越臺灣去找尋文化源流脈絡變為重要的工作，當時即是站在這樣的背景之下所作的一些初步嘗試。

針對蘭嶼達悟族的建築，到底怎麼去解釋蘭嶼「凹穴式」建築形態與東南亞、臺灣其他原住民族群的建築截然不同？換言之，它是如何產生的？因為巴丹島上的建築形態已經受到西班牙殖民文化嚴重的破壞，很難進行田野比對的研究。所以該文藉助前人的研究整理了蘭嶼周邊的建築脈絡，如密克羅尼西亞、玻里尼西亞到臺灣南部平埔族的高臺式建築，以及東南亞干闌構建築分布、臺灣九大原住民族群的建築特徵；以這種蘭嶼周遭的文化網絡之地理分布，提出蘭嶼主屋臺階

地板建築隱含了高臺式或是干闌構的建築文化因子之假說，特別是干闌式建築的鋪木地板與坐臥於地板的生活方式，更是與一般干闌構建築的特徵無誤。甚至宗柱之後的泥土地面空間，除了反應出達悟建築往地底下發展之後，建築物的背面與土地接觸的神聖化觀念之外，從建築形態的演變而言，應該可以看成高臺式或是干闌構建築下降後，所遺留下來的痕跡。

達悟住家中的宗柱（tomok）是建築最為神聖的建築構件。這根宗柱與祖先有密切的關係，附著有祖先祝福的力量。這種特質可從近在咫尺的排灣族住家中看到類似宗柱的設置，排灣族更為清楚的將祖先的圖像刻於宗柱上。蘇門答臘的喜瑪路恩巴塔克（Simalungun Batak）族人的村長之住家群中（王宮），有一棟獨立的集會所，也有一根受祖先指引，附有超自然力量，上刻有傳統日月曆的立柱。甚至日本的民宅中也有支撐整棟建築最主要的「大黑柱」，這根大黑柱是代代相傳的精神支柱，每天上香膜拜禱告。從東亞日本開始，臺灣的排灣族、達悟人、到蘇門答臘，住家中設置有與祖先密切相關的宗柱，其實這反應人類從事住家營塑的普遍性意義。

與宗柱的繼承有直接關係的是達悟建築物之惡靈的信仰。因為屋主一旦過世就化為惡靈，過世時的屍骨會很快的被包裹起來運往墳墓場掩埋。在世的人盡量不要提起往事，以免惡靈出現。而屋主的房子若有兒女繼承還好，若是沒有人居住，那麼惡靈就會住進建築內，所以住家就要被拆除分解。即使有子嗣居住的住家也會被拆除重建。這種拆除重建的行為，透過落成禮的舉辦，也可被解釋為自己在村落中社會地位的確立，也說明了前一屋主的社會除名。儘管如此，宗柱的繼承仍被重視，它（或是包括房子）的繼承是在房屋落成禮的「套藤圈」儀式中進行。

因為自然環境的影響，讓主屋下降到地下，自然造成室內黑暗

的特質，但是也因爲有惡靈的信仰，所以如何確保房屋緊閉以防惡靈的侵入，也是造成主屋黑暗的原因。蘭嶼對於自然界的風有分爲「惡風」、「善風」、以及兩者都不是的風，爲了避免惡風所以主屋四周密閉，涼臺要接納善風所以平臺高築以納涼風。而且蘭嶼的住家也作爲寶物的貯藏所，如金銀的器皿、水壺、古代的紅玉髓，以及更重要的是住家落成典禮或是船隻舉行進水式時，男人所穿戴的大銀帽的放置場所。蘭嶼這種深入地下有如處在母親子宮內的安全場所，是達悟建築營塑生活場域重要的特質之一。

〈達悟建築〉是對於沒有歷史文獻可徵的原始部落研究的一種新嘗試，到底該用什麼研究方法，過去從事單一種族的民族誌研究是一種重要的方法。但是在過去漫長的歷史中，原始部落也不是一成不變的，他們頻繁的交流遠遠超過我們的想像世界。或者是因爲人類本身有一些世界共通的特性，不需要文化的傳播與交流也能共享特性。而這些現象就不是只集中注意力在單一種族上就可以瞭解，必須以廣域尺度去追問一些本質的現象，才能更進一步掌握。該文也是基於這種想法所作的工作。

7.2 從南島語族「海—山軸線」空間宇宙觀看蘭嶼建築

就如前述，〈達悟建築〉就是從廣域性地理範圍的干闌式建築型態對蘭嶼建築所作的一種嘗試論述。針對蘭嶼的建築，在1980年代以來，發展出從「海—山軸線」空間宇宙觀觀點蘭嶼建築研究。最早提及這樣的空間概念的是方鏗雄，也就是他在他的碩士論文《蘭嶼雅美族傳統住居問題之研究》（1984）[18] 中所提「主屋橫向平面空間組成」概念。他做了如下的說明，如圖7.12所示，有所謂的 'sekez' 邊，其位於

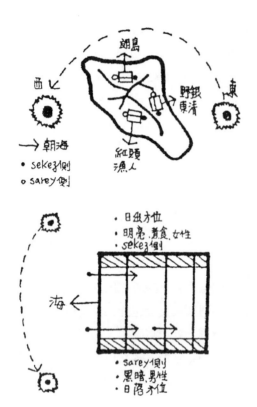

圖7.12　蘭嶼達悟人主屋橫向平面型態

太陽東昇方向，因而富有明亮、起始的空間意義，反映於生活上則爲煮食機能和女性生活的範圍。另一方面，有所謂的'sarey'邊，其位於太陽西落的方向，因而富有黑暗、死亡的空間意義，反映於生活上則爲藏物機能和男性生活的範圍。[19]

太陽運行的軌道，是人類最早遵循和認定的自然方向，日出而作，日沒而息，因而太陽起落的方向常代表著光明和黑暗的兩面。推想主屋上的'sekez'和'sarey'的分化位置，乃因此而定，在生活觀念上，光明處隱喻著生火起灶場所的產生，黑暗處則隱喻著較不被外人發現的藏物空間的產生；而實際生活上，女性起居於煮食處較爲便利，而男性起居於藏物處則易於監護重物，以防被盜。從整個生活習慣而言，習慣上男子上山下海工作回家，進入主屋或主屋內部，大致由'sarey'邊的右階及門洞進入，而女子上山掘芋回來，則由'sakez'邊進入；又在主屋中，男子的起居、工作、睡覺等均靠近'sarey'邊，進行，而女子的起居、育嬰、家事、睡覺等則在

'sakez'邊進行；又一般死人的網亦在'sarey'邊進行，並由'sarey'邊的門洞抬出埋葬。[20]

　　方鏗雄在這裡所提出的「'sarey'海—'sekez'山軸線」概念（簡稱「海—山觀」），對於後人研究蘭嶼有絕對性的影響，但是方氏並沒有清楚記載文獻出處，也沒有詳述田野調查的經過。不過這是理解蘭嶼住家屬於南島語族文化之一，以及理解蘭嶼人的空間空間宇宙觀重要的脈絡根源重要根據。關於南島語族「海—山觀」，在本書第二章，佐藤浩司所寫的〈理解臺灣原住民族住家的序言：印度尼西亞的木造建築〉中，提及印尼巴厘島（Bali）島民以古農阿貢（Gunung Agung）聖山為中心，根據山邊／陸地的方位之'kaja'與海的方位'kelod'之相對性方位，形塑出巴厘人的世界觀。面對聖山的'kaja'方位與「生」有所關連，相反的，'kelod'則與「死」有所關連的方位，因此所有的聚落與家屋的配置都跟從這個方位來決定。[21]

　　另外，乾尚彥在1985年所寫的〈蘭嶼の居住空間〉，[22] 引用山田氏1974年的研究業績，指出「蘭嶼的語言屬於南島語族西部語派別。南島語族的分布從東南亞的島嶼部到大洋洲Oceania），西邊達馬達加斯加島（Madagascar Island）是一非常廣大的範圍，述說了以海洋為舞台所進行的壯大之民族遷移史。蘭嶼語言屬於西部語派別，特別近似於伊瓦坦語（Ibatan languages）和伊巴雅特語（Itbayat languages）等語。這些語言被總稱為巴希克語（Bashiic languages）。[23]

　　乾氏還在1986年7月，於日本建築學會大會上發表〈バシイック諸族の研究　その2：蘭嶼ヤミ族における居住空間の展開〉，[24] 文中敘述了蘭嶼的空間規範。指稱達悟族（雅美族）居住空間由2種方位所規範。一為「'tilaod'—tirala'方位」，亦即「海—山方位」，住家依據這個方位配置。於高屋或是涼台的副屋的就寢，男性睡於'tilaod'邊，女性睡於'tirala'邊，爐火則設置於'tirala'一邊。[25] 另一規範為

「'sarey'—'sckez'方位」，它也是與上述「'tilaod'—'tirala'方位」成直交的方位。'sarey'邊也是與祖靈結合的方位，例如在稱為'manaod'的儀禮，奉獻給祖靈的水芋、豬肉擺在屋外的'sarey'邊。在主屋的就寢，因性別而分為兩個方位，男性在'sarey'邊，女性在'sekez'邊（頭要向'tilaod'海的方位），日常煮食的稱為'rarapoyan do sepanid'的日常性火爐要置於'sekez'邊。'sarey'邊是日落的方位，會依聚落所在的位置，而有所不同方位。年輕小孩的就寢場所也遵從這個規範，但是成長到一定的年齡之後，其自身或是在友人的住家，與友人一起就寢過夜（原則上，男子睡在副屋，女子則睡在主屋），並沒有類似其他族群的青年住宿會所，也沒有青年群體組織。一般的飲食則在生父母家用食。[26]（圖7.13）

三富正隆在1993年撰寫了〈台湾蘭嶼ヤミ（Yami）族における空

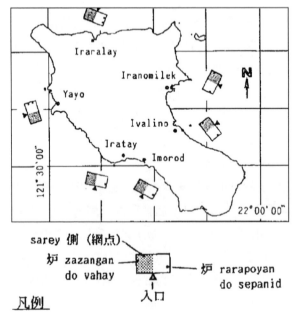

凡例

sarey 側（網点）
炉 zazangan
do vahay
入口
炉 rarapoyan
do sepanid

圖7.13　蘭嶼達悟族各聚落「'sarey'—'sckez'方位」之差異示意圖

間認識と世界観の変容〉,27 回顧了前人研究蘭嶼及東南亞共有的對空間之「海—山觀」及蘭嶼的核心信仰之「死靈」觀的研究。我們可以藉以知道蘭嶼及臺灣原住民族是爲南島語族之一的密切關係。

其中的第一項的「'sarey'海—'sekez'山軸線」空間宇宙觀,鄧普沃爾夫（Dempwolff）透過對南島語族母語之重建後,指出存在「daja': 內陸的方向」與「la'ud:海洋的方向」兩個相對應的2個方位名稱,在印度尼西亞語、爪哇語、馬來語、他加祿語（Tagalog）等有同系語的存在,或是留下了痕跡。28 根據吉田禎吾或是合田濤的研究,它們應該是存在於在發生印度尼西亞發生印度教化或是伊斯蘭教化之前,29 倉田勇與吉田禎吾指出巴厘島有'kaja'與'kelod'('ke'是接頭語)用詞;30 而斯威雷貝爾（Swellingrebel）與倉田勇指出於蘇拉威西（西里伯斯）島的馬卡薩市（Makassar）有'raja'與'lâoe';31 詹森（Jensen）也指出於馬魯古（摩鹿加）群島中的塞拉姆島,有'lodaja'與'lolau'('lo'是接頭辭)之對應。32 還有,關於菲律賓,合田濤指出於伊羅克語（Ilocano）有'dáya'與'lá'ud',他加祿語（Tagalog）則有'iláya'與'láot',邦托克語（Bontoc）與卡林加語（Kalinga）則有'dáya'與'lágod'等的對應詞,33 進一步,關於臺灣原住民部分,移川子之藏說排灣族有'izaya'與'iraol'('I'是接頭辭),卑南族（Puyuma）有'daya'與'raol'的對應等,至於泰雅族的賽德克族群（Seediq people）、魯凱族以及在此所指稱的雅美族（達悟族）等也都屬於同系語,詞語含有很重要的方位觀意思。34

根據這些調查報告,屬於'daja'的同類用語,不只是表示向內陸的方向,也是向山的方向、高山的一側,河川的上游等意思;另一方面,'la'ud'的同類語,不只向海的方向,也有向外海、海的一邊,河川的下游等意思。但是,前者附隨有優位、聖、淨、生、幸、善等的觀念,而後者附隨有劣等、俗、污穢、不淨、死、不幸、惡等觀念,

這種二元對應，或二元對立的雙重的象徵關係，個別扮演民俗文化世界觀很大的功能角色。[35]（圖7.14–7.16）

第2項則是表徵人們死亡後的靈魂，也是「死靈」的'anito'及其相關同類語詞，它是文化複合性的存在。這個'anito'也是南島語族母語所生成的用語，上面所記述具有普遍性的元素，大概也分布於南島語族分布的區域。特別是內堀基光與山下晋司就棲息於婆羅洲棲

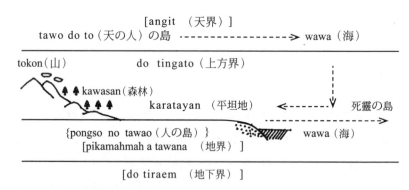

圖7.14　達悟族的基本類別的空間

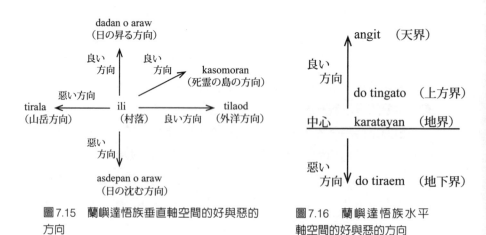

圖7.15　蘭嶼達悟族垂直軸空間的好與惡的方向

圖7.16　蘭嶼達悟族水平軸空間的好與惡的方向

西部的達雅克族（Dayaks）的伊班人（Iban people），發現的'antu'用語，[36] 村武精一與合田濤發現在分布在呂宋島北部的邦托克（Bontoc）人所用的'anito'，並進行詳細的解析其意涵。[37] 還有，關於臺灣原住民族，馬淵東一指出布農族有'qanito'用辭，阿美族（潘古扎哈人）有'dito'，泰雅族有'otox'，'lyotox'，'alyotox'等用辭，[38] 關於蘭嶼的達悟族（阿美族），也有鳥居龍藏與馬淵東一及劉斌雄說明了'anito'用辭所表示的觀念之重要性。[39]

　　根據這些報告，知道這些用辭來掌握被區別為人們的身體與靈魂之二元性之觀念，靈魂寄宿於生活在這個世界的人們身上，但是一旦罹患病痛，一部份的靈魂就會浮游脫出身體之外，若是若一旦死亡，靈魂就會從身體離脫，這個死靈就會奔向他處，事隔一段長的時間之後，靈魂又會回到這個人們生活的世間，蘭嶼存在這種重生「死生觀」。[40]（圖7.17, 7.18）

　　後來，民俗建築學者關華山與民俗歷史學者陳玉美分別撰著了〈雅美族的生活實質環境與宗教理念〉（1989）[41] 與〈夫妻、家屋與聚

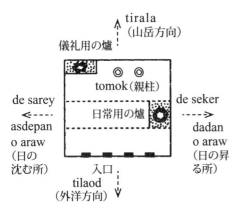

圖7.17　蘭嶼家屋主屋室內的構成

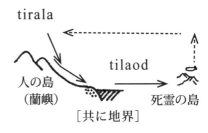

圖7.18　蘭嶼達悟族以祖靈中心之世界觀裡的靈魂移動圖

落─蘭嶼雅美族的空間觀念〉(1995),[42] 繼承了達悟人空間宇宙觀與住家配置的文化價值觀。另外一位值得給予注目的學者是足立崇,他從1998年至2002年,先後在日本建築學會「黃表紙」《日本建築学会計画系論文集》發表了一系列的論文,[43] 在此將他在2002年獲得「日本建築學會獎勵賞」[44] 論文〈台湾ヤミ族における親柱tomokと「住まう」こと〉翻譯成中文置於此處,作為回應本書編輯宗旨要開拓新的臺灣原住民建築研究方向之一個示範案例,作為本書未完的結論,期待新的研究論文之出現繼續撰寫下去。

7.3 足立崇的居住場所論:〈台湾ヤミ族における親柱tomokと「住まう」こと〉

論文題目:〈臺灣達悟族的宗柱tomok與「居住」〉(作者:足立崇),[45] 關鍵詞:達悟族、雅美族、居住、場所、中心、中間、通道。論文內容如下(翻譯:岸野俊介、綱川愛實):

7.3.1 序言

蘭嶼島位於臺灣南端的東方約74 km處,是周圍38.4 km、面積45.7 km²的火山島。島內大部分為山地,中央有海拔548 m的芳蘭山,東南部有海拔480 m的望南峰。雖然是島嶼,卻有年間水量較為豐富的9條河流,其下游形成沖積平原,此外平地稀少。臺灣原住民的達悟族居住在此,在沖積平原形成靠山向海的聚落。達悟族靠農耕、漁撈、飼養家畜討生活,[46] 至今相當保持其傳統文化。現在於蘭嶼島有六個部落(紅頭Imorod、漁人Iratay、野銀Ivalino、東清Iranumilek、朗島Iraralay、椰油Yayu的各部落),其中只有野銀Ivalino、朗島Iraralay的兩個部落作為傳統聚落而保存。[47]

關於達悟族的調查研究，自1897年開始，以鳥居龍藏的人類學調查為起源。在日治時期，由主要為臺北帝國大學的日本人研究者，進行人類學、語言學、生物學、地理學等研究。第二次世界大戰後，由主要為中央研究院民族學研究所的臺灣人研究者交接，深入人類學、語言學、生物學、地理學、社會學等不同角度的調查研究。另一方面，建築學的調查研究，以1934年以後長期進行臺灣原住民房屋調查的千千岩助太郎《臺灣高砂族的住家》（1960）為代表。此調查是可以了解當年達悟族房屋的寶貴資料。近年有如林希娟《蘭嶼雅美族居住環境探討》（1980）關於達悟族居住環境的規畫面研究、如黃旭《雅美族之居住文化及變遷》（1995）以達悟族的居住環境變化為主題的研究。另有，乾尚彥展開由亞洲東南部及大洋洲建築的觀點探討達悟族建築生產及居住空間的研究，關華山及地理學者三富正隆的達悟族空間意識及世界觀的研究等，吸引關心的研究成果。

本研究一方面參考這些先行研究成果，[48] 一方面自行進行調查，企圖以場所論的觀點釐清達悟族「居住」場所的構造。在此所說的「居住」，是指人在具有其意義的世界上活著的原本樣態。本研究特別注意達悟族家屋中最為受到重視的主屋vahay。上述研究已提出主屋vahay，其中許多研究者指出主屋vahay的宗柱tomok所蘊含的象徵性高價值。本研究將宗柱tomok作為線索，讀取宗柱tomok與「居住」人的關係所產生的場所意義，並釐清主屋vahay的場所秩序。進入主題前，首先概觀達悟族主屋vahay是何種建築。

7.3.2　主屋vahay 的空間構成

1. 方向規定
⑴海方向—山方向

對達悟族而言，海方向teylaod、山方向teyrala的方向概念比東西

南北的方位更重要，因此建築配置方向及睡覺、用餐時的身體方向都由此方向概念規定。[49] 據達悟族的洪水神話，海是喪失居住場所及生命的具有否定性質場所，山是從海逃走的最後據點的具有不動性質場所。再加上，他們相信海的遙遠處有靈魂anito[50]的島或天上世界，山是鬼靈居住的可怕處，又是祖先誕生處。如此，海與山都蘊含多層及雙面的意義，且與海方向、山方向的方向概念結合。達悟族「居住」處位於其兩方向角力的空隙。[51]

⑵ sarey側—sekez側

平交海方向—山方向的方向概念是sarey側—sekez側。據說，sarey側—sekez側相當於日落側—日出側，但其方向不是完全一致。在野銀Ivalino、東清Iranumilek、朗島Iraralay的各部落，朝海左側爲sarey側，右側爲sekez側；在位於島的另一邊的漁人Iratay、紅頭Imorod、椰油Yayu的各部落，其方向爲相反。此外，sarey側被視爲男性，sekez側被視爲女性，因此在主屋vahay睡覺或用餐時，原則上男生位於sarey側，女生位於sekez側。再加上，向靈魂anito供奉山芋、豬肉的manaod儀禮時，供品放在戶外的sarey側，因此sarey側是與靈魂anito結合的方向。[52]

2. 配置

⑴ 家屋及建築基地

家屋稱sako，原則上由前庭aorod、主屋vahay、工作房makarang、涼台tagakal組成（圖7.19）。工作房makarang是建造於主屋vahay同等高層基地的木造干欄式建築，爲製作漁具、接待客人、小孩休息的空間而使用。涼台tagakal是建造於前庭aorod的木造干欄式建築，因四方開放，夏天在此納涼，又爲接待客人、休息、飲食的空間而使用。主屋vahay建造於海方向—山方向的平行方向，工作房makarang及涼台tagakal建造於其平交方向。曾經另外建造高倉alilin、雞舍vahay no

manok、產屋 valag 等建築，但已
經不見了。在前庭 aorod 舖裝圓石
及草皮，在其角落有幾顆靠背石
pananadngan[53] 及曬魚架 rarawan。

⑵主屋 vahay

本研究主要對象的主屋 vahay
是挖掘大概 2m 深度而建造的木
造地下屋，從地上外面只能觀看
其屋頂。一般來說，由小而大重
建，按照門口處數有不同形式
及名稱。達悟族原則上結婚後居
住於男方老家附近，當初在可用
的土地上建造具一門或二門的主
屋 vahay，[54]，稱 valag。後來，要

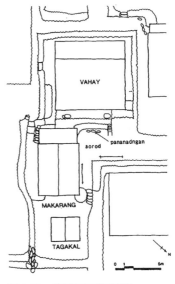

圖 7.19　家屋平面配置圖

看家族構成的變化或財力，重建爲具三門主屋的 nijingjing、四門主屋
的 cinangbadan。建造主屋 vahay 時舉行的主屋落成典禮 mivaray 是達悟
族最重要的建築相關儀禮。主屋落成典禮時，屋主要向客人分配大量
的水芋及豬肉，因此具有相當財力者才能舉行此儀禮，且據說 3 年以
前就要開始準備。[55] 此主屋落成典禮只是建造三、四門的主屋 vahay 時
舉行。由此，可以知道三、四門主屋 vahay 的重要性。在此，概觀主屋
vahay 完成型的四門主屋 vahay。

四門主屋 vahay（圖 7.20, 7.21）稱 cinangbadan，又稱 apat so sesdepan。
cinangbadan 是「具有 tangbad」的意思，[56] apat so sesdepan 是「4 處門口」
的意思。

四門主屋 vahay 由前廊 sesdepan、前室 doespanid、後室 dovahay 的三
個細長型房間形成階梯型構成。在後室 dovahay 安裝宗柱 tomok，由宗

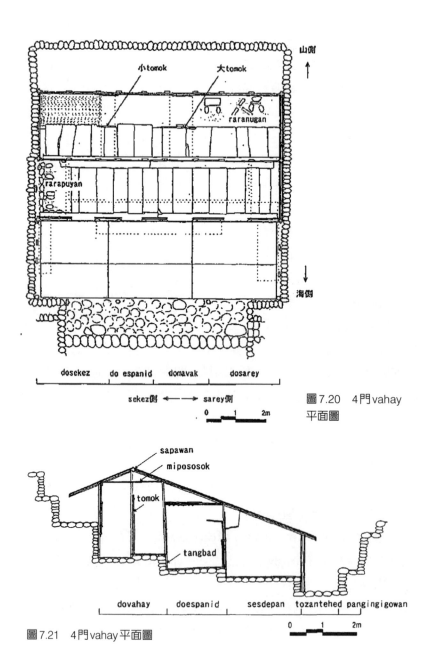

山側

小tomok   大tomok

raranugan

rarapuyan

海側

dosekez   do espanid   domavak   dosarey

sekez側 ←——→ sarey側

0   1   2m

圖 7.20   4 門 vahay
平面圖

sapawan
mipososok
tomok
tangbad

dovahay   doespanid   sesdepan   tozantehed pangingigowan

0   1   2m

圖 7.21   4 門 vahay 平面圖

柱tomok爲界線，區分舖設地板房間與泥土地房間。另外，每處門口有個別名稱。4處門口有dosarey、domavak、do espanid (dobosongaran)、dosekez的名稱。dosarey、dosekez的門口符合sarey側—sekez側的方向。domavak是「中心、中間avak的場所」的意思，相當於sarey側—sekez側的界線。在此，通常家長固定睡覺或用餐，且是有宗柱tomok的重要場所。do espanid (dobosongaran)是有四門主屋vahay時才出現。[57]

設有2處灶，但用途不同。設於後室dovahay的dosarey的raranugan是烹調飛魚、鬼頭刀等洄游魚的灶，前室doespanid的dosekez的rarapuyan是烹調其他海鮮類、芋類、豬、山羊、雞的灶。一般來說，男生負責raranugan的使用，女生負責rarapuyan。

本研究注意的宗柱tomok是在三門以上的主屋vahay出現的中柱，其形狀如琵琶的撥子，前面刻有山羊角ozon no kagling。宗柱又稱「主屋vahay的靈魂」pahad no vahay，原則上由長子相繼（但如果父親有其他意志，可以更換相繼人），假設由兄弟拆解家屋分配遺產，只有宗柱tomok不離開原地，也不會被燒掉，於原地放置至腐朽。[58] 四門主屋vahay設有兩只宗柱tomok，但大小及名稱不同。位於後室dovahay的domavak的大宗柱tomok稱rakorako a tomok，製作時舉行儀禮；位於後室dovahay的do espanid與dosekez之間的小宗柱tomok稱aliyalikey a tomok，如同其他建材，不經儀禮製作。rakorako的意思是「大的」，aliyalikey的意思是「小的」。本研究爲區分上的便利性，各稱大宗柱tomok與小宗柱tomok。

7.3.3　以宗柱tomok爲主的主屋vahay場所秩序

1. 主屋vahay的深奧及內外的場所秩序

達悟族人拜訪別人的主屋vahay時，通常站在前庭aorod上招呼主屋vahay內的人，得到許可後才進入。但假設得到許可，只能進

入至sesdepan。這樣規矩表示，前庭aorod是他人不需經許可進入的領域，sesdepan是迎接他人的接客場所。考慮sesdepan裡面連續前室doespanid、後室dovahay等房間的構造，可將sesdepan視爲內部與外部的中間領域。在四門主屋vahay，自sesdepan經前室doespanid至後室dovahay，越走進深奧部，越變成具封閉性的內部領域。稱「主屋vahay的靈魂」代代相傳且與祖先關係密切的宗柱tomok、烹調達悟族認爲神聖的飛魚的灶raranugan都設在主屋vahay最深奧處的後室dovahay，呈現出其情形。[59]

野銀Ivalino部落的創世神話提出有關主屋vahay的深奧及內外場所秩序的有趣故事。朗島Iraralay部落的男人Si-Zogzog爲談成自己女兒的婚姻，帶著女兒拜訪Imasik部落的男人Siaman-Keynaban的主屋vahay。以下引用其故事：

> Si-Zogzog說道，「她是我談過的女兒」。Siaman-Keynaban跟他家人清潔主屋vahay。他佣人的臉很黑，彷彿被燒焦。他們在門口處排隊。「朋友，你跟你女兒一起進來吧！」Siaman-Keynaban說這樣，他把自己的兒子隱藏於宗柱tomok的後面。「了解。不過，從哪裡可以進去？」「你從dosekez進來吧！」Si-Zogzog走過去dosekez窺見裡面，裡面黑暗得如煤炭。他跟女兒說，「我們好像在怪怪的地方」。Si-Zogzog跟女兒仍站在門口處。「怎麼辦，女兒。我們回去好嗎？」Siaman-Keynaban說留著。「如果你們不願意從dosekez進來，也可以從do espanid進來」。Si-Zogzog跟女兒將進去，但裡面有彷彿黑色魚兒的人。「這是怪異的，女兒」。然後，他跟女兒回過頭，回到門口。此時Siaman-Keynaban說，「朋友，還沒到回去的時間。你們可以從domavak進來」。Si-Zogzog跟女兒進來domavak窺見裡面，裡面有黑臉的男人，他的臉彷彿被燒焦。

Si-Zogzog說，「我們還是回去吧，女兒！這裡是怪怪的」。Siaman-Keynaban說，「爲什麼這樣，朋友！還沒到帶女兒回去的時間」。Si-Zogzog跟女兒留在石梯處。終於Siaman-Keynaban帶著兒子出來。他兒子擦椰子油清潔身體，穿正裝。穿好正裝，還針著胸飾ovey。「兒子，有什麼忘記嗎？」「沒有忘記的」。Siaman-Keynaban從dosarey出來到sesdepan。「好吧，朋友！進來吧！」「怎麼進去？」「可以從domavok進來」。Si-Zogzog一進去，就看見宗柱tomok。「女兒，進來吧！你的朋友在這裡。」他女兒踏sesdepan進入。來自朗島Iraralay部落的女孩Si-Rayos（Si-Zogzog的女兒）實在很漂亮。她第一時間看的是raranugan，不是Si-Keynaban（Siaman-Keynaban的兒子）。因爲Si-Keynaban的相貌很整齊，她離開父親前往他的地方，他們一起站著。他們很光輝。然後，他們聚餐。來自朗島Iraralay部落的女孩已經不想回去。她不想離開他。此後，他們建造另外一棟主屋vahay。[60]

門口名稱有dosekez、do espanid、domavak、dosarey，可以知道此主屋vahay是四門主屋vahay。在故事中，將兒子隱藏於宗柱tomok後面，後來經過domavak門兩個年輕人碰面，因此其宗柱tomok應該是大宗柱tomok。Si-Zogzog從dosekez門窺見裡面時，看見黑暗；從do espanid門窺見裡面時，看見如黑魚般的人；從domavak門窺見裡面時，看見黑臉男人。總之，從這三處門窺見的主屋vahay內部是黑黑的、怪怪的樣子。Si-Zogzog跟女兒不敢進入，想還是回去。這樣令人躊躇的場所是主屋vahay內部與外部的中間領域sesdepan。最後，他們被勸導經過domavak門進去主屋vahay內部，經此門進入。Si-Zogzog一進入domavak門，就看見大宗柱tomok；他女兒一進入domavak門，就看見raranugan。經過domavak門，首先大宗柱tomok與raranugan出現，

接著穿正裝的兒子出現。兩個年輕人碰面，站在一起。兩個人作為光輝的夫婦站在一起的場所，即是安裝大宗柱tomok的後室dovahay的domavak。此時，最深奧領域的後室dovahay成為迎接本來屬於外部的來自他部落的新娘的場所，domavak成為將新娘送到等在後室dovahay大宗柱tomoko邊的新郎的通道。

此類在domavak的海—山方向的結合，在達悟族的生活上看得見具體的事例。譬如，主屋vahay落成典禮中，有向部落內外週知基地相繼人的儀式maparaka，[61] 在此儀式，兒子與站在大宗柱tomok前的家長面對面站著，將miparaka的圈掛在家長的肩膀。在此，兒子、家長、大宗柱tomok的位置關係符合及結合後室dovahay的domavak的海—山方向，舉行相繼基地的儀式。此外，在日常的休息及飲食的方式，透過家長固定位於domavak的習慣，可以知道家長、大宗柱tomok與海—山方向的結合。[62] domavak的海—山方向結合，應該有關大宗柱tomok及家長。那麼，有關大宗柱tomok及家長而出現的海—山方向的通道，到底有何種意義？在神話裡，海—山方向作為從天界落到山頂及海岸的兩個祖先遇見的軌跡。尤其是在洪水神話，山是從海逃避的最後場所，且是祖先誕生的最初場所，一直是達悟族依據的，具有不動性的場所。另一方面，海是具有翻覆這樣不動性的否定性質的場所。domavak的海—山方向出現的通道，在與家長及代代相傳的大宗柱tomok的關聯下，不是祖先誕生以來的軌跡及具有不動性的山為起源嗎？在此，暫時保留這樣推測，試圖釐清成立海—山方向通道的場所domavak的意義。首先，以在建造主屋vahay過程的domavak場所形成為主題，進行討論。

2. 主屋vahay的「中心、中間avak場所」
(1)主屋vahay建造過程
在此介紹1995年的主屋vahay建造事例。主人是野銀Ivalino部落

的長老，原本住在四門主屋vahay，但柱子腐蝕嚴重，因此決定重建新的四門主屋vahay。我們開始調查時，新的主屋vahay已經大概蓋好了，只是未施作sesdepan的地板、外牆工程、石牆維修，也未製作架子、灶架、灶。以下為訪談那位長老的四門主屋vahay建造過程。

主屋vahay建造時，首先製造柱子，並舉行minyanyau so ayi no vahay的儀禮。這是通常主屋vahay落成禮的3年前。砍伐其木材前，人們唸祈禱語toyotoyonen，以祈願後續作業順利。這只柱子在前庭aorod淋雨，因此可以燒掉，但如果保存情形良好，也可以作為簷柱ayi no sesdepan。[63] 這次作為前廊sesdepan的dosekez側牆壁的柱子使用。

其他材料從主屋vahay落成禮的大概2年前起開始準備。達悟族人建造新的住家時，盡量重複使用舊住家的建材，因此通常不需要準備所有材料。首先，砍伐地板tapi、桁架hatatena、屋頂木架mipaosokna的材料。其後1年，為主屋vahay落成禮，在田地種植水芋。種植水芋的準備完畢後，入山砍伐柱子材料。然後，拆解舊的主屋vahay。

拆解作業完畢後，在基地安裝柱子。安裝兩只側柱kananarowan後，屠宰一隻豬，將豬肉分配給幫忙的人。側柱kananarowan支撐主脊sapawan，通常位於dosarey的側牆外側、dosekez的側牆內側，但本事例不如此。

接著，架上桁架，安裝宗柱tomok。然後架上主脊sapawan。兩只宗柱tomok（大宗柱tomok、小宗柱tomok）安裝於早晨。據過去的研究報告，安裝大宗柱tomok時，將山羊用繩子綁住大宗柱tomok，慢慢安裝。[64] 此外，安裝新的大宗柱tomok時，屠宰其綁住的山羊，並將其血液塗上大宗柱tomok。本事例使用主人從父親繼承的舊大宗柱tomok，因此未執行這些作業。

安裝宗柱tomok，固定主脊sapawan後，一邊祈願長壽，一邊將家長在海岸撿起來的小石頭圍繞後室dovahay的大宗柱tomok、四方柱

子、小宗柱tomok依序安置於其下方。其後蓋屋頂，在前室doespaid與後室dovahay安裝地板架ransan，在前室doespanid的domavak安裝三張地板。這時候大概是達悟族日歷的吉日matazin。[65] matazin的早晨，家長身上裝飾銀兜、腕圈、胸飾ovey，帶著刀子去採榕樹tapa的枝葉。帶回來的榕樹tapa枝葉，家長在祈願長壽，掛在大宗柱tomok上面的屋頂木架（通常，榕樹tapa掛在宗柱tomok上的棚子mipososok）。然後，在前室doespanid的domavak的三張地板上，家長跟妻子、長子用新的主屋vahay最初的餐。自此日起，才能在新的主屋vahay的前室doespanid休息、用餐、唱歌。[66] 最後，安裝剩下部分的地板及牆壁，除製作灶的作業外，主屋vahay的型態完成。

(2)身為中心及通道之domavak

以上是vahay的建造過程。當建造大宗柱tomok時，一隻山羊被綁在大宗柱上，並塗上牠的血液。對達悟族而言山羊為長壽的象徵，因此是受尊重的動物。[67] 在大宗柱tomok前面刻有山羊角ozon no kagling、且塗上山羊血液，與前述有關。實際上Ivalino部落的耆老所說，由於大宗柱tomok塗上山羊的血液，因此大宗柱有生命。意味著，塗上山羊的血液是將生命融入大宗柱，可說是將大宗柱tomok視為「vahay的靈魂」pahad no vahay的行為。此外，由於將山羊的血液塗抹時，家長高呼祈禱長壽，因此建造「vahay的靈魂」大宗柱tomok，可視為與vahay的長存、以及家長的長壽有關聯。有趣的是，他們將來自山上的動物山羊當做長壽的象徵。上述提及長壽與vahay的長存有所連結，而vahay的長存又以大宗柱tomok的建造為前提。加上，大宗柱tomok建造得是否堅固，是由大地的不動性支撐。因此，當建造大宗柱tomok的時候，將山上的動物且長壽的象徵山羊，綁在大宗柱上並作為犧牲品；他們試圖透過這樣的過程，將帶有不動性之山，與「vahay的靈魂」大宗柱tomok連接。

然而，有了如此過程而建起了大宗柱tomok，這個地方仍不是人會「居住」之所在。vahay會成為可以睡、吃、唱等基本生活的地方，是在完成tapa儀式之後。在神話裡，榕樹tapa用於住屋vahay或工作房makarang上可以招財，如同榕樹tapa堅如磐石，祈願代代相傳。[68] 榕樹tapa代表著房屋的堅固及繼承、以及祈願長壽，因此由家長披掛在代代相傳之大宗柱tomok上。另外值得注意的是，從山上採之榕樹tapa掛在大宗柱tomok上，從海岸採取之小石頭則會放置於大宗柱tomok的下方。與祈願vahay的堅固長壽連接起來的這些物品，收集在大宗柱tomok下，到底意味著什麼？

　　大宗柱tomok具有「宗柱」之意以外，還有「盾」之意。而延伸出的語彙tomoken具有「擋住、防止」之意[69] 這意味著大宗柱tomok之所以被建造，是為了擋住負面的東西。大宗柱tomok的形狀如琵琶的撥子狀，是帶有強烈正面性的板柱，也許其形狀反映出大宗柱tomok的意義。如上述提及，越是走進vahay的深奧部，就越變成具封閉性的內部領域，作為「擋住」之角色的大宗柱tomok，應該是用以區隔vahay內部與外部、或者是區分出深奧部。由此窺見在空間配置上，即以大宗柱tomok為境界，在大宗柱tomok前方為外部領域，而大宗柱tomok後方是最為內部領域的泥土房間。總而言之，大宗柱tomok佇立以面對外部領域，並且守護著vahay最內部的領域，如此規範並保持內外的場所秩序。然而，大宗柱tomok後方之泥土房間，不僅是最為內部領域，例如族人之間還有著，與泥土房間相關的神話故事，如下所述：

> 　　一個從掉在Ji-Peygahngen之石頭中出生的人之後裔說，「我的生命剩一個月，當我過世後必須將我的身體埋在大宗柱tomok的後面」。他們約好了。「十天後，就算你們來看我，我已不在那裡，我要去上界」。十天後他們去看，但他已經不在他們安置的地方，

他已經飛去上界了，他過世前曾說過「這個世界要結束了，我們活太久了，你們人數也變得太多了，你們將要追我過來。將海逼山，你們人數會減少」。這是他的最後一句話。當他說完這句，突然間發生地震，也發生洪水。[70]

在神話裡，泥土房間描述為死者埋葬的地方，以及死者出發前往上界的場所。泥土房間是最內部的領域，同時，會是與死亡和上界等、超越之外部空間連結的場域。[71] 最內部的場所，亦可成為最外部的場所。而這樣跟超越的外部連結的泥土房間的位置，被指定在大宗柱tomok的後方。上述神話故事還值得注意的是，由大宗柱tomok規定之內外場所、遭遇秩序崩潰時，換言之，最為內部的領域之泥土房間變成最為外部領域的時候，便發生世界的危機——即洪水。vahay之內外的互相爭執，與發生洪水時、海與山的相互爭執，是息息相關的，而在爭執中所建造的，即是大宗柱tomok。

經過上述討論能夠了解，將山上採集的榕樹tapa，掛在大宗柱tomok上，而將海岸採集的小石頭，放置於大宗柱tomok的下方，有祈願vahay堅固而長壽的意義。這些從山與海取得之物品，被安置在大宗柱tomok的上下方，意味著否定大地的海、及具有不動性之山，皆匯集於大宗柱旁邊。此時，大宗柱tomok蘊含否定性之海及具有不動性之山的爭執，再現了這內外分開的原始型態。大宗柱tomok所擋住的前方外部，即是具有吞沒一切、否定性的海，而大宗柱tomok的後方，則是具有不動性之山。如上述，大宗柱tomok的堅固，是由山之不動性所支撐，同時山之不動性亦由大宗柱tomok所護持。由這些可以說，作為「居住」場所之不動性，是成立於大宗柱tomok及山互補的連繫上。而這種不動性所發生的因素，是海與山匯集於大宗柱tomok所在；且具有否定一切的海與具有不動性的山互相爭執，僅在如此的場所，族人們祈願vahay的堅固與長壽。

順便一提，關於榕樹tapa的儀式更值得注意的是，前室doespanid的domavak裡鋪設三張地板之稱爲pagayanu so rasaina之建造行爲。透過此儀式，鋪設三張地板的domavak便成爲由家長、妻子以及兒子的休息、用餐以及唱歌的場所（家長定位於domavak的三張地板的sarey邊，妻子則定位於sekez邊，兒子位在其中間）。此時，domavak的地板的意義如何？解決此問題可參考對孕婦的對應方式。達悟族的孕婦出門必須攜帶小刀，而坐在旱田或路邊時，先用小刀刮一條線後再入座。此外，坐在前庭aorod要站起來時，也要在座位的地面上，以小刀畫一條線後再站起來，否則死靈anito會糟蹋孕婦，而生出雙胞胎。由此可見畫線的行爲，是隔開孕婦與死靈anito之間的境界，分隔兩者的動作。另一方面，在vahay、makarang以及tagakal鋪設地板，因此不必戒備死靈anito。[72] 懷有胎兒之孕婦的身體，是不穩定的狀態，曾經在房屋宅地內建造產屋valag，應該是爲了隔離並保護孕婦的需要。由於許多族人禁忌可窺見，最應該遠離孕婦的是死靈anito。在此反而代表著，孕婦比一般人更容易招引死靈anito。而在房屋裡，孕婦由地板守護著。由此可推測，之所以經過在前室doespanid的dovamak裡鋪設的三張地板，之所以從那一天開始，才可以放心在這裡休息、用餐以及唱歌，是因爲這麼做之後，這個場所才成爲由地板保護、免受死靈anito傷害的地方。在這邊值得注意的是，domavak被選爲最初可以放心的場所。如上述，domavak爲日常生活中，家長要休息、用餐的地方，也是海―山方向，與大宗柱tomok和山結合的場所。也就是在dovamak鋪設三張地板代表著建造免受死靈anito傷害的地方，同時代表著由海―山方向形成大宗柱tomok和山結合的通道。經過此過程，domavak成爲代代相傳之大宗柱tomok，對於海―山方向產生不動性的場所。同時domavak成爲可以放心地用餐、休息以及唱歌的最初的場所。

　　如上所述，domavak此名稱意味著「中心、中間avak場所」，對

於達悟族而言domavak為可停留在此地、並可以自足的，擁有大宗柱tomok及具有不動性之山結合的中心，同時代表祖先的軌跡，以及代表海與山互相爭執之海—山方向的通道。筆者從前進行之關於神話的考察，[73] 討論達悟族「居住」的最初的場所，過程中發現互相爭執的、具有否定性之海及具有不動性之山之間的場所，此場所被解釋為「中心、中間avak場所」。將此神話作為背景，domavak扮演著大宗柱tomok和山結合之具有不動性的中心，加上作為海與山互相爭執之海—山方向的通道；如同「中心、中間avak」的名稱，型構出domavak。達悟族生活於domavak—即具有不動性的大宗柱tomok和山，同時空間朝著祖先誕生軌跡的海—山方向的通道開放，族人身處於海及山的互相爭執裡。

7.3.4 結語

對於達悟族而言，「vahay的靈魂」之大宗柱tomok建造，為vahay作為「居住」空間的憑據，或者是為了「居住」的人而所建造。相對於海，山是為了「居住」、具有不動性的中心；大宗柱tomok之所以能夠成為「居住」的人的中心，是因為有山支撐，而山的不動性，是根據大宗柱tomok的建造。海—山方向及沿著其方向的domavak，會讓大宗柱tomok和山的互補關係成立。domavak是跟著海—山方向，與大宗柱tomok和山結合的、具有不動性的中心，再加上，代表著祖先的軌跡，及海與山相爭執的通道。domavak是具有上述意義的場所，因此能夠成為在住屋vahay的飲食、休息以及唱歌的，最初的場所。

另外，雖然本篇未提及，domavak也作為男性的方向sarey、和女性的方向sekez的境界。作為海與山爭執的中間之domavak，同時也是男性（sarey）和女性（sekez）的中間。若要解釋domavak的意義，應該要考慮此關聯。另外，透過家長，domavak展現為海—山方向的通道，亦具有不動的中心性。由此可知，domavak和家長的關聯性很深。未來進

一步探討，以domavak為焦點的達悟族之中心的概念，以及「居住」的關聯，應該更需要仔細觀察家長和domavak的關係。

註釋

1 方鏗雄，《蘭嶼雅美族傳統住居問題之研究》，淡江大學建築研究所碩士論文，1984。

2 黃旭，《雅美族之住居文化及變遷》，東海大學建築研究所碩士論文，1989。

3 關華山，〈雅美族的生活實質環境與宗教理念〉，《中央研究院民族學研究所集刊》（臺灣土著宗教祭儀研討會專號）67: 143–173, 1989。

4 陳玉美，〈夫妻、家屋與聚落──蘭嶼雅美族的空間觀念〉，收入黃應貴主編，《空間、力與社會》，臺北：中研院民族所，1995，頁133–166。

5 黃蘭翔，〈從廣域尺度對達悟建築幾項特質的初步思考〉，中華海峽兩岸文化資產交流促進會，《兩岸傳統民居資產保存研討會論文集》，1999.3，頁167–202。後來改以〈從廣域性觀點看達悟建築諸項特質〉章名，收錄於《臺灣建築史之研究：原住民族與漢人建築》，臺北：南天書局，2013.4，頁67–130。

6 足立崇、西垣安比古，〈台湾ヤミ族における親柱tomokと「住まう」こと〉，收錄於《日本建築学会計画系論文集》522號，1999.8，頁321–327。

7 千千岩助太郎，《台湾高砂族の住家》，臺北：南天書局復刻版，1988，頁69–75。

8 Makaran在日治時期稱爲「工作房」，但是達悟話的原意爲「高的」意思，近來有人用「高屋」稱之，本文採用「高屋」。

9 在朗島村的田野調查，地方上的意見領袖王田區說，正常的情形是不蓋產房的，女人生小孩是在主屋內生，若是生小孩不順利，才會另外建產房。當地傳道王榮基的回憶也同王田區所述雷同。

10 若仔細觀察蘭嶼住宅的建築類型，其實要複雜得多。如夏本奇伯愛雅，《雅美族的社會與風俗》（臺北：臺原出版，1994，頁19–29）中，對主屋就分爲幼房（palalawan）、二門房（valag）、三門房（atlososesdepan）、四門房（pazakowan），而工作房又分稱爲raong, makarang, sazah此3種。而衛惠

林、劉斌雄的《蘭嶼雅美族的社會組織》(1952)中，則稱正式的主屋為tsinag balan，較簡化者為dzinindzin，更簡化者為pinatoi。鹿野忠雄稱主屋為wagai，並且室內空間所分的前檐、前室、後室，以及在下述的足立崇的〈台湾ヤミ族における親柱tomokと「住まう」こと〉中所用的術語，都與千千岩助太郎與黃旭的調查都有所差異。孰是孰非？或是皆是？本文無法判斷。在這一節文裡所用的專有術語，則以千千岩助太郎的調查為準。

11 關於主屋的地面的高低，千千岩助太郎用「階梯式」、鹿野忠雄用「豎穴式」來描述，這裡用地下屋式來敘述，但是經過論述之後，本文想採用「凹穴式」術語，詳見後述。

12 達悟族主屋之「前檐」，千千岩助太郎稱為「susurupan」，而鹿野忠雄、瀨川孝吉稱為「susuripan」。

13 如註4–39所述，現今傳統建築少有產房設施，但千千岩助太郎《台湾高砂族の住家》有產房此項，為求完整，在此一併介紹他當時所調查的資料。

14 依據稻葉直通、瀨川孝吉的《紅頭嶼》，野人、姍姍譯，臺北：《臺灣風物》2: 46, 1952，當中所述：豬是蘭嶼人重要的財產，為主婦所管，通常採放牧或是在聚落內圍以柵欄飼養之。

15 雖然千千岩助太郎作如此的敘述，但是著者於1998年作現地調查時，那種風景已不復見。

16 鹿野忠雄，《東南亞細亞民族學先史學研究》上卷，1946.10；下卷，1952二刷，東京：矢島書房；臺北：南天書局復刻版，1995.9。

17 藤島亥治郎，《台湾の建築》，東京：彰国社，1948，頁23。

18 方鏗雄，《蘭嶼雅美族傳統住居問題之研究》，淡江大學建築研究所碩士論文，1984。

19 方鏗雄，《蘭嶼雅美族傳統住居問題之研究》，頁36。

20 方鏗雄，《蘭嶼雅美族傳統住居問題之研究》，頁36。

21 請參閱本書頁49–50。

22 乾尚彥，〈蘭嶼の居住空間〉，收錄於《住宅建築研究所報》11: 337–351，1985。

23 乾尚彥，〈蘭嶼の居住空間〉，頁339。

24 乾尚彥，〈バシイック諸族の研究 その2：蘭嶼ヤミ族における居住空間

の展開〉，收錄於《日本建築學會大會學術梗概集》（北海道），1986.8，頁
13–14。

25 合田濤，〈方位名與方位觀〉，收錄於《日本民族と黒潮文化》黒潮文化の
会編輯，東京：角川書店，1977，頁270–281。

26 乾尚彥，〈バシイック諸族の研究　その2：蘭嶼ヤミ族における居住空間
の展開〉，收錄於《日本建築學會大會學術梗概集》（北海道），1986.8，頁
13。

27 三富正隆，〈台湾蘭嶼ヤミ（Yami）族における空間認識と世界観の変容〉，
收錄於《地理學評論》66A(8): 439–459，1993。

28 Dempwolff, O. (1938): Austronesisches worteruerzeichnis, Vergleichende Lautlehre
des Austronesischen Wortschatzes, 1. pp. 42–93.

29 吉田禎吾，《宗教と世界觀：文化人類學的考察》，福岡：九州大学出版会，
1983，頁106。
合田濤，《首狩りと言霊：フィリピン・ボントツク族の社会構造と世界
觀》，東京：弘文堂，1989，頁95。

30 倉田（1964, pp. 2–3; 1965, pp. 2–4）倉田勇（1964, 1965）：バリ島の方位観
(1)&(2).無憂樹, 5, 6, 1–3, 1–4.
倉田勇，〈バリ島の方位観(1)〉，收錄於《無憂樹》5: 2–3。
倉田勇（1964, 1965）：〈バリ島の方位観(2)〉，收錄於《無憂樹》6: 2–4，
1965。
吉田禎吾，《宗教と世界觀：文化人類學的考察》，頁104–105。

31 Swellingrebel, J. L. (1960): Introduction. Wertheim, W. F. ed.: Bali: Studies in Life,
Thought and Ritual, W. van Hoeve, Hague, pp. 36–40.
倉田勇，〈民族方位の一考察〉，收錄於《天理大學學報》82: 130，1972。

32 イエンゼンA. E.著，岡千曲日文翻譯，〈試合組双分組織と方位観〉，大
林太良編，收錄於《神話：社会・世界觀》，東京：角川書店，1972，
頁169。Jensen, A. E. (1947): Wettkampf-Parteien, Zweiklassen-Systeme and
geographishe Orientierung, Studium Generale, 1.

33 合田濤，〈ボントック・イゴロット族の方位観覚書〉，收錄於《社會人類
學年報》2: 83–91，東京：弘文堂，1976。

合田濤，《首狩りと言靈：フィリピン・ボントツク族の社會構造と世界観》，東京：弘文堂，1989，頁89–109。

34 移川子之藏，〈方位名稱と民族移動並びに地形〉，收錄於《安藤教授還曆祝賀記念論文集》，安藤教授還曆記念会編，東京：三省堂，1940，頁127–154。

35 三富正隆，〈台湾蘭嶼ヤミ（Yami）族における空間認識と世界観の変容〉，頁440。

36 内堀基光・山下晋司，《死の人類学》，東京：弘文堂，1986，頁38–109。

37 村武精一，《祭祀空間の構造》，東京：東京大學出版會，1984，頁111–145。
合田濤，《首狩りと言靈：フィリピン・ボントツク族の社會構造と世界観》，東京：弘文堂，1989，頁311–361。

38 馬淵東一，《馬淵東一著作集》第3卷，東京：社會思想社，1974，頁283–285。

39 鳥居龍藏，《鳥居龍藏全集》第11卷，大阪：朝日新聞社，1976（初版1902年），頁322。
馬淵東一，《馬淵東一著作集》第3卷，東京：社會思想社，1974，頁263。
劉斌雄，〈蘭嶼雅美族喪葬的一例〉，收錄於《中央研究院民族學研究所集刊》8: 161–167，1959。

40 三富正隆，〈台湾蘭嶼ヤミ（Yami）族における空間認識と世界観の変容〉，頁441。

41 關華山，〈雅美族的生活實質環境與宗教理念〉，《中央研究院民族學研究所集刊》（臺灣土著宗教祭儀研討會專號）67: 143–173，1989。

42 陳玉美，〈夫妻、家屋與聚落—蘭嶼雅美族的空間觀念〉，收入黃應貴主編，《空間、力與社會》，臺北：中研院民族所，1995，頁133–166。

43 足立崇、西垣安比古、前川道郎，〈台湾ヤミ族における神話と「住まう」こと〉，收錄於《日本建築学会計画系論文集》514號，1998.12，頁257–262。
足立崇、西垣安比古，〈台湾ヤミ族における親柱tomokと「住まう」こと〉，收錄於《日本建築学会計画系論文集》522號，1999.8，頁321–327。

足立崇、西垣安比古，〈中心と境界に住まうこと：ヤミ族の住まいの場所論的研究〉，收錄於《日本建築学会計画系論文集》539號，2001.1，頁297–304。

足立崇，〈葬送儀礼にみるヤミ族の住まいの場所論的研究〉，收錄於《日本建築学会計画系論文集》553號，2002.3，頁319–324。

44 日本建築學會獎勵賞，設置於1989年，就建築學會會員在當年或是其前幾年內，爲表揚就建築相關議題，發表了具有獨創性、萌芽性與將來未來性的論文之貢獻者而設置。與建築學會大會會場，舉行頒獎儀式，贈予受獎者獎狀、獎牌、獎金。每年有15件受獎名單。

45 譯者註：本論文發表於1999年，因當年習慣，日語原稿使用「雅美族」的稱呼。但依照現今臺灣學術界及官方的慣用稱呼，中譯版改成「達悟族」。只是過去文獻資料的題目部分，仍保留「雅美族」的稱呼。

46 達悟族的農耕是利用扇形地，在水田和田園種植芋頭（在水田種植水芋，在火田種植芋艿）、山藥以及地瓜。在火田種植少量的栗子。在這些農作物中，水芋和栗子是儀式上被重視。一年之間都舉行漁撈，尤其是3月至6月爲重要的飛魚等洄游魚的季節。在此時期達悟族進行小型船（1至3位）的白天的漁撈、大型船（6至10位）以及小型船的晚間漁撈。但近年來減少大型船和晚間的漁撈活動。飼養家畜有豬、山羊及雞，這些家畜在儀禮時及招人幫忙時被食用。豬畜舍設於聚落的周圍，山羊和雞爲放牧。

47 以下描述本研究主要的調查地保持傳統聚落的Ivalino村的現況。Ivalino村位於蘭嶼島的東側之扇形地，建築物集中在聚落內部。田園和水田裡有開墾時所休息、煮飯以及保存工具之小房屋，在港口有放置船的小房屋，聚落外圍有豬畜舍。傳統聚落主要是由各個家族的房屋宅地和共用的道路而構成，不規則地配置各個房屋宅地，各之間的區隔不明顯。原本沒有作爲聚落的中心之廣場或聚會設施，但第二次世界大戰後，隨著基督教的宣教建立了長老教會（新教）和天主教會（天主教）的教會堂。在這些傳統聚落旁邊有國民住宅區，所謂國民住宅（國宅）是由於中華民國政府推動的同化政策下，在蘭嶼的6個部落免費提供之鋼筋水泥造的住宅。在Ivalino地區的國宅位於斜面上以梯田狀展開，敷設有規則的水泥道路並配置國宅。現在許多年輕人居住國宅地區，而年長者在傳統聚落裡生活。國宅地區旁

有國小的分校。另外，聚落前方有環島公路，沿著公路逐漸增加商店及鋼筋水泥造的住宅。這些聚落的附近有墓地、棄穢地以及泉，對達悟族而言，尤其是墓地爲與死靈anito有關的場所，因此被視爲是禁忌的地方。

48 在此所說的場所論是解釋人跟場所之間的具體的關連，試圖釐清場所的意義的行爲。

49 關於海方向（teylaod）和山方向（teyrala）的由來，可視爲在南島語族的各個文化中共同看出之「la'ud：海的方向」「daja'：內陸的方向」此兩種名稱。
　　三富正隆：「台湾ヤミ（Yami）族における空間認識と世界観の変容」，《地理学評論》66A-8: 439–459中之頁440，1993。

50 達悟族相信過世的人的靈魂即死靈anito。死靈anito具有幾個意思；它可分爲惡靈與祖靈，也有時候會指遺體或正在哀悼的家族（另外，祖靈有komiln的名稱）。許多學者已經指出關於死靈anito對達悟族生活的重要性，根據先前研究，人的身體具有靈魂pahad，若靈魂的一部分飄散離去會得病，萬一死亡會變成anito。

51 達悟族的神話或海－山方向的研究，在敝稿試圖進行由場所論的考察。
　　足立崇、西垣安比古、前川道郎，〈台湾ヤミ族における神話と『住まう』こと〉，《日本建築学会計画系論文集》514號，1998，頁257–262。

52 乾尙彥，〈バシイック諸族の研究　その2　蘭嶼ヤミ族における居住空間の展開〉，《日本建築学会大会学術講演梗概集》，1986，頁13–14。

53 靠背石pananadngan立於面向海，通常的功能爲讓人坐著休息，而有些報告指出在喪禮時將遺體安置於靠背石上。此外，有死人時推倒一個靠背石，這也許象徵著什麼意義。但現在此意義沒有在相傳。
　　關華山，〈雅美族的生活實質環境於宗教理念〉，《中央研究院民族學研究所集刊》67: 143–175中之頁158，1989。

54 乾尙彥，〈バシイック諸族の研究　その2　蘭嶼ヤミ族における居住空間の展開〉。

55 關於達悟族的住屋落成禮，在敝稿試圖進行由場所論的考察。
　　足立崇、西垣安比古，〈台湾ヤミ族の主屋落成礼──儀礼としての「住まい」建設〉，《民族藝術》13: 134–142，1997。

56 董瑪女，〈野銀村工作房落成禮歌會（中）〉，《民族學研究所資料集編》4 號，1991，頁1–111中之頁30。

關於四門vahay名稱相關之tangbad是位於四門vahay之doespanid和dovahay 之間門限的拱肩牆，在建造四門vahay是最早開始製作的。通常製作時舉 辦與宗柱tomok和支撐主脊sapawan一樣的儀式。此外，在繼承和分配時也 如同宗柱tomok被重視。

57 在Ivalino村、Iranumilk村及Iraralay村被稱呼為do espanid，而蘭嶼島的另一 邊Imorod村、Iratay村及Yayu村稱之為dobosongaran。

根據Benedek（1987）的研究，do espanid為「第二個」的意思。在本篇為了 區分同音之前室doespanid，將被規定為門之場所表記為do espanid（do為表 示場所的格）。此外，dobosogaran是「無名」之意。

58 乾尚彥，〈地域小集団による建築生産の研究──蘭嶼の居住空間〉，《住宅 建築研究所報》11: 337–351中之頁344，1985b。

59 乾尚彥推測：「valag・nijingjing型的住宅的主房、cinangbadan型的住宅的後 房部分稱之為dovahay。do表示場所的前綴，vahay是表示房子的最為一般 的詞彙。這件事可能表示原本的住宅為dovahay的部分，而其他空間是為 了擴大房子時追加的」。

乾尚彥，〈蘭嶼ヤミ族における居住空間の成立過程〉，《民俗建築》89: 19–28中之頁24，1985a。

60 Benedek Dezso, A COMPARATIVE STUDY OF THE BASHIC CULTURES OF IRALA, IVATAN AND ITBAYAT, a Dissertation in Comparative Literature, The Pennsylvania State University, 1911 pp., 1987, pp. 550–556.

61 乾尚彥，〈バシイック諸族の研究　その2　蘭嶼ヤミ族における居住空間 の展開〉。

62 足立崇、西垣安比古，〈台湾ヤミ族における『住まう』ことの場所論的 考察2〉，《日本建築学会九州支部研究報告》35(3): 441–444，1995。

63 乾尚彥，〈地域小集団による建築生産の研究──蘭嶼の居住空間〉，頁 349。

64 方鏗雄，《蘭嶼雅美族傳統住居建築之研究》，淡江大學建築研究所碩士論 文，1984，全書163頁，1984，頁158。

65 達悟族以30日為個月，而稱為matazin者，是一個月的第8日。根據耆老此日適合出產、結婚、死亡。

66 在住屋落成禮時，於vahay舉辦以家長為中心的歌會。聚落內外的客人來參與。歌會在白天開始，中間有用餐時間，歌會繼續至整個晚上。乾尚彥指出：「當地板快要完成時開始練習落成禮的歌，此時可以在此過夜」（乾尚彥，〈地域小集団による建築生産の研究──蘭嶼の居住空間〉，頁351）。實際上，當三張地板鋪設好，家族將會每晚唱歌（偶爾邀請耆老）。但不見得此可以算是唱歌練習。總之，唱歌是將vahay作為「居住」之空間的過程中，如同休息、飲食一樣重要的行為。另外，根據皆川氏的說法，達悟族對於語言擁有特殊的信念，他們拒絕暗喻死亡的有些壞話。在落成禮時唱的歌詞也必須特別小心，過於誇獎對方或自己的歌是不適當的，需挑選毀譽雙方之歌曲。

皆川隆一，〈言葉の槍──ヤミ族の言語観〉，《三田文学》7: 17–25，1987。

67 鹿野忠雄，〈紅頭嶼ヤミ族の山羊の崇拝に就いて〉，《人類學雜誌》45(1): 41–45，1930。

外山卯三郎，《ヤミ族の原始芸術》，東京：造形美術協会出版局，1970，總共有346頁中之頁99。

方鏗雄，《蘭嶼雅美族傳統住居建築之研究》，頁40。

鹿野提及以下神話：「很久以前，有羊頭的人從南洋來，首先創造小紅頭嶼，接著創造此紅頭嶼，再回到南洋」，他指出超越人類之神話故事中的人物與山羊的關係。山羊頭的人的故事也出現於許世珍〈雅美族紅頭社傳說一則〉（《中央研究院民族學研究所集刊》9: 285–298，1960）。而在此論文中，山羊頭的人扮演使用妖術讓死人復生的角色。

68 劉斌雄，〈雅美族漁人社的始祖傳說〉，《中央研究院民族學研究所集刊》50: 111–169中之頁155，1980。

69 劉斌雄，〈雅美族漁人社的始祖傳說〉，頁141。

70 Benedek Dezso, A COMPARATIVE STUDY OF THE BASHIC CULTURES OF IRALA, IVATAN AND ITBAYAT, a Dissertation in Comparative Literature. pp. 237–240.

71 關於泥土房間與上界的連結，在關華山的〈雅美族的生活實質環境於宗教理念〉（頁166–167）也在討論。

72 鹿野忠雄，〈紅頭嶼ヤミ族の出産に関する風習〉，《南方土俗》5(35): 6–17 中之頁8–9，1939。

73 足立崇、西垣安比古、前川道郎，〈台湾ヤミ族における神話と『住まう』こと〉。

編 後 語

　　1990年代初期，我在日本京都大學留學期間，當時適逢亞洲建築史與世界建築史著名學者布野修司教授初到京都大學任教，他邀請了佐藤浩司教授前來京大演講。聽後，被他用雙腳踏遍東南亞的田野工作，以及從田野第一手資料所獨創的「人們住進穀倉的干闌構住家發展理論」所吸引。這種作學問的方法不但日本國內少見，放眼世界也甚爲稀少。

　　佐藤先生的曾外祖父是臺灣著名的農田水利工程師八田與一，偶而佐藤先生也會前來臺灣從事原住民住家的調查。長期以來，即已心生引介他的工作與作學問的方法到臺灣來，讓臺灣原住民族的研究可以打開門窗通向外面的世界。終於在2019年11月，臺中國立臺灣美術館舉辦「2019重建臺灣藝術史」國際學術研討會時，有機會邀請他來臺發表「從南島語族世界觀點下的臺灣原住民族住家」（Indigenous Taiwanese Architecture seen from the Austronesian World）論文。

　　這次獲得原住民委員會原住民族文化發展中心我的朋友祖祖樂（kaka Zuzule）女史的協助，得有機會申請原民中心以佐藤教授的工作爲中心的出書計畫，得以實踐長期以來的願望。因爲這份計畫的執行，也邀請了目前站在臺灣研究原住民族建築文化第一線學者林建成教授、吳金鏞教授、許勝發教授、足立崇教授等人共襄盛舉，提供他們的論文，讓本書不但在世界史的時間與空間上定位臺灣原住民建築文

化的特質，也讓現在正在進行的原住民族文化之保存與居住的住宅聚落的新建議題收錄於本書裡，供讀者閱讀參考。

　　本書得以出版還要感謝吳瑞眞女史在行政方面的大力支持，以及在公司業務繁忙下的好友岸野俊介先生與繁重課業壓力之下的綱川愛實女史，願意在編輯的最後階段，出書在即的情況之下，毅然撥開手邊的工作，全時全心地協助論文的翻譯。最後能夠成書要特別感謝的，是我的好友呂權豪先生及臺灣師範大學藝術史研究所在籍的吳宥葳小姐，因為他們細心的潤稿校閱，讓本書的錯誤減到最低。

黃蘭翔

國立臺灣大學樂學館

2021年冬初

圖片來源

第1章

1.1 Human migration.png, Wikimedia Commons (2021.10.01. https://commons.wikimedia.org/wiki/File:Human_migration.png)

1.2 File: Y-DNA migration route.png - Wikimedia Commons (2021.10.01. https://commons.wikimedia.org/wiki/File:Y-DNA_migration_route.png)

1.3, **1.4** 曽布川、谷豊信責任編輯，《世界美術大全集》東洋編2・秦・漢2，東京：小學館，1998.8，頁104。

1.5, **1.6** 田中淡，〈中国の高床住居──その源流と展開〉，收錄《住宅建築》1990年4月號，建築資料研究社，頁29。

1.7, **1.8** 曽布川、谷豊信責任編輯，《世界美術大全集》，頁103。

1.9 布野修司編，《インドネシアにおける居住環境の変容とその整備手法に関する研究》，東京大学学位論文，1991，頁20。

1.10(p. 21), **1.27**(p. 35) Waterson, Roxana, *The Living House: An anthro-pology of architecture in South-East Asia, Singapore*, New York: Oxford Uni-versity Press, 1991.

1.11(p. 345), **1.12**(p. 337) Kano, Tadao and Kokichi Segawa, *An Illustrated Eth-nography Formosan Aborigines*, Vol. 1 *The Yami*, Tokyo: Maruzen Company, Ltd, 1956.

1.13 布野修司，《世界住居誌》，京都：昭和堂，2005，頁105。

1.14 布野修司編，《インドネシアにおける居住環境の変容とその整備手法に関する研究》，東京大学学位論文，1991。

1.15, **1.16** 著者攝，1998。

357

1.17, **1.18**, **1.19**, **1.20**, **1.21**, **1.22**, **1.23**, **1.24**, **1.25**　千千岩助太郎，《台湾高砂族の住家》，東京：丸善株式會社，1960；臺北：南天書局復刻版，1988。

1.26　李亦園，〈臺灣南部平埔族平臺屋的比較研究〉，《中央研究院民族學研究所集刊》第3期，1957。

1.28　著者自繪。

1.29, **1.30**　國立中央圖書館臺灣分館，《六十七兩采風圖》（合卷），臺北：國立中央圖書館臺灣分館，1997。

第2章

2.1, **2.2**, **2.3**, **2.4**, **2.5**, **2.6**, **2.17**, **2.18**, **2.19**, **2.21**, **2.22**, **2.23**, **2.24**, **2.25**, **2.26**, **2.27**, **2.28**, **2.29**, **2.30**, **2.31**, **2.32**, **2.33**, **2.34**, **2.35**, **2.36**, **2.37**, **2.38**, **2.40**, **2.41**, **2.42**, **2.43**, **2.44**, **2.45**, **2.46**, **2.47**, **2.48**, **2.49**, **2.51**, **2.52**, **2.53**, **2.54**, **2.55**, **2.56**, **2.57**, **2.58**, **2.59**, **2.60**, **2.61**, **2.65**, **2.67**, **2.68**, **2.69**, **2.70**, **2.71**, **2.72**, **2.73**, **2.74**, **2.77**, **2.78**, **2.79**, **2.80**, **2.81**, **2.82**, **2.83**, **2.84**, **2.85**, **2.86**, **2.87**, **2.88**, **2.89**, **2.90**, **2.91**, **2.92**, **2.93**, **2.94**, **2.95**, **2.96**, **2.97**, **2.98**, **2.99**, **2.100**, **2.101**, **2.102**, **2.103**, **2.104**, **2.105**, **2.106**, **2.107**, **2.108**, **2.109**, **2.110**, **2.111**, **2.112**, **2.113**, **2.114**, **2.115**, **2.116**, **2.117**, **2.118**, **2.119**, **2.120**, **2.121**, **2.122**, **2.123**, **2.124**, **2.125**, **2.126**, **2.127**, **2.128**, **2.129**, **2.130**, **2.131**, **2.132**, **2.133**, **2.134**, **2.135**　作者提供。

2.7, **2.8**(1981)　李亦園，〈臺灣南部平埔族平臺屋的比較研究〉，《中央研究院民族學研究所集刊》3: 117–144，1957。

2.9, **2.15**　千千岩助太郎，《臺灣高砂族の住家》，東京：丸善書店，1960。

2.10　鳥居龍藏攝影「内社の風景」1896–90 〜「東京大学総合研究資料館標本資料報告」18，鳥居龍藏資料アーカイブ推進協議会，1990。(http://www.muse.or.jp/torii/page11.html#paiwan)

2.11　LINTON, Ralph "The Material Culture Of The Marquesas Islands", Memoirs of the Bernice P. Bishop Museum 8-5, pp. 271–297, 1923.

2.12　CHRISTIAN, F. W. "EASTERN PACIFIC LANDS ; TAHITI AND THE MARQUESAS ISLANDS", Robert Scott, London, 1910.

2.13　FROBENIUS, Herman "Oceanische Bautypen", Zeitschrift für Bauwesen

49 with Atlas, pp. 553–580 and pl. 57–59, 1899. KUBARY, J. S. "ETHNOGRAPHISCHE BEITRÄGE ZUR KENNTNIS DES KAROLINEN ARCHIPELS" 3 vols, P.W.M. Trap, Leiden, 1895.

2.14 "Scientific American Supplement" 26 August 1899, with the caption: "A native hut on Yap Island, showing stone money leaning against the right wall." Microbuds (https://microbuds.smugmug.com/).

2.16 乾尚彦，〈棲み方の生態学１－隠された高床：フィリピン・北部ルソン島ボントック族の住居〉，收錄於《住宅建築》91: 93–104，1982。

2.20 Riedel, J. G. F. "DE SLUIK- EN KROESHARIGE RASSEN TUSSCHEN SELEBES EN PAPUA", 1886.

2.39 SCHÄRER, Hans "DIE GOTTESIDEE DER NGADJU DAJAK IN SÜDBORNEO", E.J. Brill, Leiden, 1946.

2.50 HEINE=GELDERN, Robert "The Drum Named Makalamau", India Antiqua, pp. 167–179, 1947.

2.62 石毛直道，〈文化人類学の眼⑭　ニューギニア高地の住居〉，《都市住宅》6911，1969。石毛直道，《住居空間の人類学》SD 選書54，284頁，東京：鹿島出版會，1971。

2.63 SVOBODA, W. "Die Bewohner des Nikobaren-Archipels", International Archiv fur Ethnographie 5, pp. 185–195, 1892. KLOSS, C. Boden "In The Andamans And Nicobars; the Narrative of a Cruise in the Schooner "Terrapin", with Notices of the Islands, their Fauna, Ethnology, etc.", J. Murray, London, 1903.

2.64 Elio Modigliani "L' isola delle donne: viaggio ad Engano", 1894.

2.66 伊能嘉矩攝影，〈卑南族集会所〉，1907。（伊能嘉矩，《臺灣原住民寫眞集》）。

2.75 WEHRLI, Hans J. "BEITRAG ZUR ETHNOLOGIE DER CHINGPAW (KACHIN)", 83P, E.J. Brill, Leiden-Zurich, 1904.

2.76 Photograph by John THOMSON "Old Pe-po-hoan women, Lan-long, Formosa", 1871. Wellcome Library (https://wellcomecollection.org/works?wellcomeImagesUrl=/)

第3章

3.1 修改自許功明，《魯凱族的文化與藝術》，臺北縣：稻鄉出版社，1991，頁84。

3.2 森丑之助原著，宋文薰編譯，《臺灣蕃族圖譜》第53版圖版，臺北：南天書局，1994。

3.3 高業榮，《原住民的藝術》，臺北：臺灣東華書局股份有限公司兒童部，1997，頁100。

3.4 修改自許勝發，《傳統排灣族群「北部式」家屋裝飾初步研究》，未出版之碩士論文，臺南：國立成功大學建築系，1996，頁117。

3.5, 3.6, 3.10, 3.11, 3.12, 3.13, 3.14, 3.15, 3.16, 3.18, 3.19, 3.20, 3.21, 3.22, 3.23, 3.24, 3.25 著者提供。

3.7 森丑之助原著，宋文薰編譯，《臺灣蕃族圖譜》，臺北：南天書局，1994。

3.8 臺灣總督府臨時臺灣舊慣調查會原著，中央研究院民族學研究所編譯，《番族慣習調查報告書·第五卷·排灣族（第三冊）》，臺北：中央研究院民族學研究所（原著書名：《番族慣習調查報告書·第五卷·排灣族（第三冊）》），2004，頁257。

3.9 千千岩助太郎，《臺灣高砂族の住家》，臺北：南天書局，1960，頁212, 213。

3.17 改繪製自網站:http://guan16.blogspot.tw/2006/11/03.html，2013.7.29 截取。

第4章

4.1 底圖來源：Google Map，2008年製。

4.2, 4.4, 4.17 規劃設計團隊、研究者攝影。

4.3, 4.25 于欣可攝影。

4.5 研究者繪圖，2008。

4.6 薛孟琪繪圖，2008。

4.7, 4.9, 4.10, 4.12, 4.13, 4.16, 4.19, 4.20, 4.21, 4.22, 4.23, 4.24, 4.26, 4.27, 4.32, 4.33, 4.34, 4.35, 4.36, 4.37, 4.38, 4.40, 4.41 研究者攝影。

4.8, 4.28, 4.29 延藤安弘攝影。

4.11, 4.14, 4.15, 4.18, 4.42 規劃設計團隊攝影。

4.30 規劃設計團隊，2010。

4.31 規劃設計團隊、林易蓉繪圖，2009。

4.39 呂欽文建築師事務所，2009。

第5章

5.1 「時代記憶：許伯鑫》達悟人的夢魘」,「言論」,《中時新聞網：真道理性、真愛臺灣》。（2021.8.22. https://www.chinatimes.com/opinion/20160818 006177-262104?chdtv）

5.2, 5.3, 5.5, 5.9, 5.10 著者攝。

5.4 林希娟,《蘭嶼雅美族居住環境探討》,國立成功大學建築研究所碩士論文,民國69年（1980）5月,頁56。

5.6 資料來源：109–110年度臺東縣文化資產個案資料同步更新維護計畫-陳源琳提供（此處直接引用自《文化部文化資產局國家文化資產網》https://nchdb. boch.gov.tw/assets/overview/historicalBuilding/20021205000007）。

5.7 引自google照片；陳奕辰2016年9月攝影。

5.8 黃旭,《雅美族之住居文化及變遷》,板橋：稻鄉原住民叢書6,民國87年（1998）,頁126。

5.11, 5.12 中央日報,〈原始之島──台灣蘭嶼〉,《中央日報》第10版熱門特刊；其他新聞,1948年6月2日。

5.13 資料來源：《國家文化資料庫》。

5.14 王信,《蘭嶼·再見：王信攝影集》純文學叢書131,臺北：純文學,1985,頁130。

第6章

6.1, 6.2, 6.3, 6.4, 6.5, 6.6, 6.7, 6.8, 6.9, 6.10, 6.11, 6.12, 6.13, 6.14, 6.15, 6.16, 6.17, 6.18, 6.19, 6.20, 6.21, 6.22, 6.23, 6.24, 6.28, 6.29, 6.30, 6.31, 6.32, 6.33, 6.34, 6.35, 6.36, 6.37, 6.38, 6.39, 6.40, 6,41. 6.42, 6.43, 6.44, 6.45, 6.46, 6.47 作者提供

6.25, 6.26, 6.27 潘王文賓提供

第7章

7.1(p. 36), **7.2**(p. 70), **7.4**(p. 39), **7.6**(pp. 38–39), **7.7**(p. 60), **7.10**(p. 69), **7.11**(p. 282)　Kano, Tadao and Kokichi Segawa, *An Illustrated Eth-nography Formosan Aborigines*, Vol. 1 *The Yami*, Tokyo: Maruzen Company, Ltd, 1956.

7.3　作者提供

7.5(圖43), **7.8**(圖44), **7.9**(圖383, 384)　千千岩助太郎，《台湾高砂族の住家》，東京：丸善株式會社，1960；臺北：南天書局復刻版，1988。

7.12　方鏗雄，《蘭嶼雅美族傳統住居問題之研究》，頁36。

7.13　乾尚彥，〈バシイック諸族の研究 その２：蘭嶼ヤミ族における居住空間の展開〉，頁14。

7.14(頁445), **7.15**(頁447), **7.16**(頁447), **7.17**(頁448), **7.18**(頁453)　三富正隆，〈台湾蘭嶼ヤミ（Yami）族における空間認識と世界観の変容〉。

索 引

第1章

干欄式建築　4–5, 9, 14, 18, 23–24, 31

弓形梁建築　18–19

古代中國南方建築　3–4, 30

伊能嘉矩　24–25

印度尼西亞木造建築　26

地面建築　9, 14

芒加萊族　19

卑南族青年集會所　14, 17, 20, 26

東南亞建築　9

阿美族太巴塑社住家　14, 18, 25

南島語族文化　31

原住民建築　1, 26

泰雅族雞舍穀倉　14, 25

畚箕式建築　22–23

高臺式建築　21, 23

排灣族穀倉　14, 17–18, 25

望嘉社部落　26

船型建築　24, 26

鳥居龍藏　25

番社采風圖　24–25

新巨石文化　11

新船進水儀式　11

鄒族集會場　14, 25

豎穴式住宅　14, 16, 18, 31

黏板岩屋頂建築　18–19

藤島亥治郎　13, 25, 29

蘇門答臘米南加保人傳統住家　9, 12–13, 20

第2章

4根柱子所支撐的抬高地板倉庫　46, 53

干欄構結構變遷　49

巴努阿（Banua）普通現代住宅　92

文化資產修復　76, 87

佟科南（Tongkonan）家屋　61, 91

芒加萊人（Manggarai）的Mbaru家屋　69–70, 81

松巴島（Sumba）的馬拉普（marapu）祭祖象徵空間　93

長屋（long house）　68, 71–74

南島語族分布之前的建築　67

南島語族的建築　41, 43

屋頂裏側的儀禮性　48

363

建築文化論　40

砌石基壇　43–45, 69

家屋與穀倉　70

恩加達族（Ngada）貝納村（Bena）的
　　Sao家屋　78

眞實性（Authenticity）　89

船型屋頂　44, 55, 59–62, 64, 66,
　　85–86

普蘭巴南寺院（Candi Prambanan）牆
　　面雕刻　84–85, 87

森巴瓦島王宮 Dalam Loka　76–78

圓形家屋　67–71

摩鹿加群島（Kepulauan Maluku）的
　　adat house 慣習家屋　89

鍍鋅鐵板　89

蘇拉威西島（Sulawesi）的托拉杰
　　（Toraja）聚落　61, 90, 92

蘇門答臘的巴沃馬塔洛村
　　（Bawömataluo）的大型聚落　89–
　　90

第3章

千千岩助太郎　105, 115–116

出草　104–112, 114, 117, 120–121,
　　124, 127–129

古樓　114, 123–124

古蹟　104

武勇象徵　107, 127–129

南島語族群　104

紀念碑　103–106, 116–130

祖靈　107, 110–111, 117

高砂義勇隊　120–121, 123, 127–129

排灣族　103–104, 108–110, 114,
　　117–118, 120, 123–124, 129

望嘉　103–105, 113–121, 123–124,
　　126, 129–130

森丑之助　105, 110, 114–116

魯凱族　107–110, 114, 120

頭骨架　104–124, 126–130

頭骨塚　103–106, 116, 118–124,
　　126–130

靈力　107–111, 127–128

第4章

Patawsi　142, 146–150, 155, 169–170,
　　172, 184

工作坊　162, 165–168, 172

呂欽文　178

亞歷山大（Christopher Alexander）
　　191

周錫瑋　138

延藤安弘　160–161

參與式規劃設計　133, 136, 139, 141,
　　145–146, 160–161, 163–164, 170,
　　174, 178–181, 183–190

都市原住民　133–37, 152–153, 181,
　　183–184, 188–190

童子賢　182

新店　135–137, 180

溪洲部落　133–140, 142–149, 151–

152, 157, 159–161, 164, 167, 172,
174, 179–181, 183–185, 188–189
聚會所 145–146, 154, 161, 166,
169–170
模式語言 149

第5章

中華青年反共救國團（救國團）
219–223, 228, 239, 243
中華婦女反共聯合會（婦聯會）
209–210
反廢料貯存場運動 195, 198
主屋（bai） 214, 216
加強社會福利措施改善蘭嶼鄉山胞
住宅計畫 203, 208, 210
示範住宅 206, 220
地下屋 213, 217
改善蘭嶼山胞生活計畫 203, 206–
207
南島語族建築文化 194
洞室式主屋 216
朗島村 198–200, 226–227, 232
海砂屋 194–195, 198–202, 207–208,
211–213, 218, 221, 241, 245
高屋（makaran） 216
國民住宅 194, 198–203, 205–206,
209, 211–213, 219, 221, 228, 232,
240–241
國軍退除役官兵輔導委員會（退輔
會） 221, 223–224, 228, 230–233,

237–240
國軍退除役官兵蘭嶼安置辦法 230
涼臺（tagakal） 216
產房（waragu） 214
雅美族海砂屋自救會 212
雅美族傳統住屋 212
達悟族 195, 197, 219–220, 223–224,
226, 228, 233, 235–237, 241
榮民安置 220, 239
漁人部落 207, 226
管訓農場（或稱「離島監獄」） 230,
237
聚落建築物群文化資產 226
臺灣省主席謝東閔 205, 210, 226–
227
臺灣省保安司令部蘭嶼指揮部（保安
蘭指部） 229, 235, 237
勵德班 232–234, 237
職訓蘭嶼建設研究隊 223, 238–239
警備總部職訓二總隊 224, 228, 230,
233, 240
蘭嶼地區警備指揮部（警備蘭指部）
229–230, 233, 237
蘭嶼訪問隊 220
蘭嶼農場組織規程 230

第6章

alakoa（男子會所） 273, 276, 292,
296
dalaiysi（盪鞦韆） 274

Dawding（導鈴） 273–274, 289, 291, 294

kalalisiya（小米收穫祭） 273

Sa-nga 文化 264, 293, 296, 300, 305

Samalalai（太陽之子） 297–298

大南（東興新村、達魯瑪克） 263–264, 268–274, 279–280, 282, 284, 294–295

文化展演 285, 295–296, 305

田火本（Masgesge） 289–290

田淑華 281–282

杜昭明（Tanebak） 290–291

沙秀武（Tibo） 291–292

祖靈柱 297–300, 302, 305

部落樂舞 268, 271, 283–284

陳秀紅 281, 285

主屋 vahay 場所秩序 331, 335–336, 341

死靈（Anito） 327–329, 343

足立崇 312, 330

身爲中心及通道之 domavak 340

宗柱（tomok） 312, 315, 322, 330–331, 333, 335–344

「居住」最初的場所 344

空間宇宙觀 323, 325, 327, 330

室內黑暗的特質 322

海—山軸線 323, 325, 327

臺灣達悟族的宗柱 tomok 與「居住」 312, 330

廣域性觀點 321

蘭嶼「凹穴式」建築 321

蘭嶼建築 313, 321, 323

第7章

千千岩助太郎 313, 315, 317, 331

主編、作者與譯者簡歷

〰〰〰〰〰〰〰〰〰〰〰〰〰〰〰〰〰〰〰〰〰〰〰〰〰

【主編‧作者‧翻譯】

黃蘭翔

1959年生於臺灣新竹縣

日本國立京都大學工學博士

國立臺灣大學藝史所教授

〔專門領域〕臺灣都市史、臺灣建築史

〔主要著作〕

《他者與臺灣：臺灣建築史之研究》（空間母語文化藝術基金會，2018）

〈初期中国仏教寺院の仏塔とインドのストゥーパ〉（《仏教藝術》，2011）

〈中国古建築の鴟尾の起源と変遷〉（《仏教藝術》，2004）

【作者】

佐藤浩司

1954年生於日本東京

日本國立東京大學建築學科修士／工學博士課程修了

日本國立民族學博物館退休教授/兼任研究員

〔專門領域〕一級建築師、建築史、民族建築學（東亞、東南亞）

〔主要業績與著作〕

編著《シリーズ建築人類学『世界の住まいを読む』》全4卷（學藝出版社，
　　1998–1999）

〈東南アジア木造建築史〉（《南の島の家づくり：東南アジア島嶼部の建築と
　　生活》（*Tropical wooden construction: Architecture and life styles of insular Southeast
　　Asia*），竹中大工道具館展示圖錄，2018）

『3次元CGで見せる建築データベース〜東南アジア島嶼部の木造民家』，日
　　本國立民族學博物館（http://htq.minpaku.ac.jp/databases/3dcg1/）

許勝發

1970年生於臺灣臺中市

國立臺北藝術大學建築與文化資產研究所助理教授

國立成功大學建築學系博士

〔專門領域〕南島語族群文化、建築史

〔主要著作〕

共著《岩雕岩畫史前藝術特展專輯》（臺北縣立十三行博物館，2009）

《原住民部落起源及部落遷移史：以魯凱族下三社群爲例》（原民會、國史館臺
　　灣文獻館，2006）

吳金鏞

1967年生於臺灣臺北市

國立臺灣大學藝史所專案助理研究員

國立臺灣大學建築與城鄉研究所博士

〔專門領域〕建築規劃設計師、都市原住民研究

〔主要業績與著作〕

專責執行「新店阿美族溪洲部落家屋重建規劃設計」（2008–2021）

"Amis Aborigine Migrants' Territoririalization in Metropolitan Taipei." Cross-Currents:
　　East Asian History and Culture Review, 2012. No.1 (1).

林建成

1959年生於臺灣臺東縣

國立臺灣史前文化博物館副研究員

國立政治大學民族系博士

〔專門領域〕原住民文化、藝術研究

〔主要著作〕

《臺東縣史・藝文篇》（臺東縣政府，2018）

《美感臺灣：多元閱讀臺灣之美》（藝術家出版社，2017）

《臺灣原住民藝術田野筆記》（藝術家出版社，2002）

足立　崇

1972生於日本島根縣

大阪產業大學建築環境設計學科准教授

國立京都大学人間環境學博士

〔專門領域〕建築論、建築史

〔主要著作〕

〈日本統治時代最初の紅頭嶼調査で撮影された写眞について〉(《大阪産業大学論集》,自然科学編,2021)

《台湾ヤミの住まいの建築論——中心・通路・境界の場所》(中央公論美術,2010)

〈日本統治時代における台湾建築史研究〉(《民族藝術》,2009)

【翻譯】

岸野俊介

東京水道國際有限公司經理

國立臺灣大學工學院建築與城鄉研究所碩士

〔專門領域〕臺灣研究、自來水研究

綱川愛實

國立臺灣大學圖書資訊學研究所碩士班在籍

〔專門領域〕博物館學

國家圖書館出版品預行編目(CIP)資料

探索臺灣原住民住家研究的出路：兼談博物館展示與部落文
化的重建 = Exploring the directions of Taiwanese indigenous
housing research : the museum display and reconstruction tribal
culture / 黃蘭翔作. -- 初版. -- [屏東縣瑪家鄉] : 原住民族委
員會原住民族文化發展中心 ; [新北市] : 定錨點文化事業有
限公司, 2021.12
面 ; 公分
ISBN 978-986-5435-51-6（平裝）

1.臺灣原住民 2.民族建築 3.民族文化 4.文集

536.3307   110019277

探索臺灣原住民住家研究的出路
兼談博物館展示與部落文化的重建
EXPLORING THE DIRECTIONS OF TAIWANESE INDIGENOUS HOUSING RESEARCH
The Museum Display and Reconstructing Tribal Culture

指導單位　原住民族委員會
出版單位　原住民族委員會原住民族文化發展中心
　　電話　(08)7991219
　　傳真　(08)7993551
電子信箱　info@mail.tacp.gov.tw
　發行人　曾智勇
　　策劃　簡明雄、謝美蘭、蔡美琴

執行單位　定錨點文化事業有限公司
　　主編　黃蘭翔
　　作者　黃蘭翔、佐藤浩司、許勝發、吳金鏞、林建成（依章節順序）
　　翻譯　黃蘭翔、岸野俊介、綱川愛實
　　校對　呂權豪、吳宥葳
封面設計　許雅婷
　　印刷　秀威資訊科技股份有限公司
　總經銷　秀威資訊科技股份有限公司
　　地址　臺北市內湖區瑞光路76巷65號
　　電話　+886-2-2796-3638
　　傳真　+886-2-2796-1377
　　版次　2021年12月初版一刷
　　定價　新臺幣480元
　　GPN　1011001952
　　ISBN　978-986-5435-51-6